KB043317

오늘부터
내 몸의 이야기를
듣기로 했어

Today, I Decided to Listen to My Body's Stories
For More Freedom in Feminism

오늘부터 내 몸의 이야기를 듣기로 했어
더 자유로운 페미니즘을 위하여!

초판 1쇄 펴낸날 2017년 7월 5일

지은이 하리타
펴낸이 이건복
펴낸곳 도서출판 동녘

전무 정낙윤
주간 곽종구
책임편집 최미혜
편집 구형민 이환희 사공영 김은우
미술 조정윤
영업 김진규 조현수
관리 서숙희 장하나

디자인 공간 나날 **인쇄·제본** 영신사 **라미네이팅** 북웨어 **종이** 한서지업사

등록 제311-1980-01호 1980년 3월 25일
주소 (10881) 경기도 파주시 회동길 77-26
전화 영업 031-955-3000 편집 031-955-3005 **전송** 031-955-3009
블로그 www.dongnyok.com **전자우편** editor@dongnyok.com

ISBN 978-89-7297-883-1 03300

• 잘못 만들어진 책은 바꿔 드립니다.
• 책값은 뒤표지에 쓰여 있습니다.
• 이 도서의 국립중앙도서관 출판시도서목록(CIP)은 서지정보유통지원시스템 홈페이지(http://seoji.nl.go.kr)와 국가자료공동목록시스템(http://www.nl.go.kr/kolisnet)에서 이용하실 수 있습니다.
(CIP제어번호: CIP2017014684)

오늘부터 **내 몸의 이야기**를 듣기로 했어

더 자유로운 페미니즘을 위하여!

하리타 지음

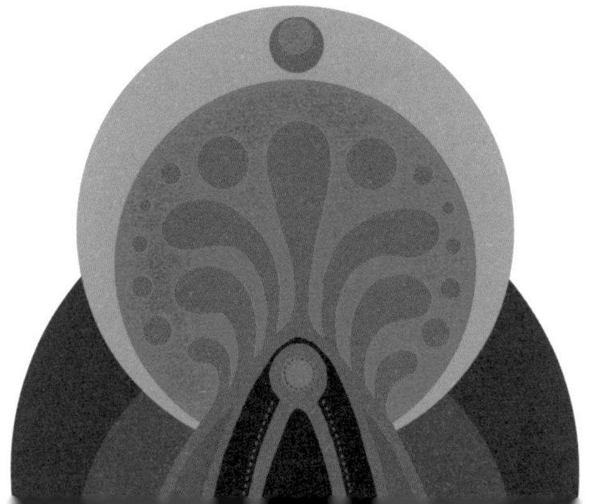

일러두기

1. 맞춤법과 띄어쓰기는 〈한글 맞춤법〉에 따랐다.

2. 외국 인명이나 지명 등은 되도록 국립국어원의 〈외래어 표기법〉을 따르되, 필요에 따라서는 원어에 가깝게 표기하는 것을 원칙으로 삼았다. 단, 굳어진 용례는 관행을 따라 표기했다.

3. 외서와 영화는 국내에 번역된 명칭을 따랐다. 번역본이 없는 경우에는 저자가 직접 우리말로 옮겨 썼다.

4. 기호의 쓰임새는 다음과 같다.

《　》: 단행본, 잡지 등
〈　〉: 영화, 단편, 논문, 시 등
"　" : 인용 및 대화
'　' : 관용구 혹은 강조
볼드체: 의미상 특히 중요한 부분

여는 말

거대한 태풍이 불었다. 꽤나 오래, 낮과 밤들을 연이어. 나는 바닷가에 있었다. 회색 하늘 아래 비바람이 휘몰아치고 성난 파도가 큰 키로 일어서 뒤엉켰다. 달그락대는 해변의 자갈들이 천둥소리보다 컸다. 나는 무섭지 않았다. 되려 자꾸만 물가로 나가고만 싶었다. 바람에 머리칼이 헝클어지고, 물방울이 얼굴로 튀어 올라 부서졌다. 옷깃을 여며도 계속 떨었다. 어떤 흥분으로 인한 잔떨림. 태풍의 바다와 하늘을 노려보며 나는 말했다. "더 커져 버려. 금방 가라앉으면 안 돼." 자고 일어나면 그물에 말語들이 걸려 나와 팔딱이고 있었다. 매일 불어나는 말들, 더 많은 말들이. 그건 여자들의 한숨이고 고함이고 환호였다. 이윽고 나, 당신, 그녀, 우리는 태풍 속으로 돌진했다. 파도에 몸을 맡겼다. 광적인 춤을 췄다. 물, 땀, 눈물에 젖은 짭짤한 춤이었다. 이토록 아프지만 통쾌하고, 그만큼 빠르고 멀리 말들이 퍼져나가는 시간을 우리는 통과했다.

페미니즘의 태풍. 누구도 부인할 수 없는 이 시간을 떠올리면 내게는 매서운 태풍의 이미지가 떠오른다. 내가 살면서 무척 기다려온 이 기상이변은 자꾸만 반복되며 이 땅의 새로운 기후가 되어가고 있다. 큰 태풍이 지나고 나면 방파제의 높이가 올라가듯, 한국 사회의 표준은 돌이킬 수 없이 올라가고 있다. 이 사회가 여자로 분류된 사람들을 바라보고 논하고 대하는 표준, 나아가 그 여자들과 잘 공존할 수 있는 남자와 법과 시스템에 대한 표준 같은 것들 말이다. 많은 여성은 이제 여성을 대상화하는 언행과 차별대우를 쉽사리 용인하지 않는다. 폭력과 차별이 여전히 일상적인 장소가 있다면 이를 호명하고 비판하며, 해체와 저항의 수단과 방법을 함께 모여 익힌다. 우리 자신도 모르게 순응하고 내면화해버린 사회적 억압은 얼른 깨부수고 내던지려 한다. 성차별에 대응할 문장을 고르고, 원하는 것을 분명히 할 화법을 익힌다. 브래지어 훅을 풀고, 월경혈은 표백된 비닐이 아닌 컵에 받아내며, 자기방어 훈련 수업에 나간다. 사람은 공정하지 못한 규칙이나 불평등한 대우를 알아채는 감각을 타고난다. 이 타고난 감각을 속이고 억눌러온 가부장제는 적어도 어떤 장소들에선 이전처럼 힘이 세지 않다. 나는 이제 자꾸 꿈을 꾼다. 수많은 여성이 이렇듯 더욱 강하고 자유로운 존재가 되어감에 따라 일어나는, 이 사회 시스템의 균열에 대한 파괴적인 꿈을 꾼다.

그리고 또한 간절히 묻는다. 이 반란의 시간, 여성들은 어떻게 하면 지금보다 더 빨리, 더 많이 자유로워질 것인가? 아직 우리를 짓누르는 과거의 상처와 고통으로부터. 성차별과 폭력이 오늘도 되풀이될 때 우리 안에서 나오는 길들여진 반응으로부터. 매 순간 세상을 경험하고 스스로를 표현하는 매개체이면서 우리 존재를 오롯이 담고 있는 그릇, '몸'의 관점에서 나는 여성들의 치유와 해방, 탐구와 성장을 고민했다. 이 책은 그 고민의 기록이다.

나는 스스로를 매우 흔한 성폭력 경험자로 여긴다. 내 기억 속에는 은밀히 파고드는 손길, 교묘한 눈속임, 아닌 척하는 말들, 거절할 수 없는 부탁, 순간적인 접촉 같은 것들이 있는데, 다른 여성들도 다들 비슷한 기억을 지녔음을 매일 확인한다. 그래서 먼저 우리들의 내면이 어떤 모습인지, 그 때문에 몸에 어떠한 신체적, 정서적, 감정적 어려움이 있는지 바라본다(1부 〈생존자의 내면세계〉). 다음으로 묻는다. 우리는 지난날의 나를 위로하고 오늘과 내일의 나에게 힘을 실어주기 위해 무엇을 할 수 있는가? 외부의 폭력적 현실(정책, 제도, 사회통념, 고정관념, 집단적인 행동 패턴 등)을 바꾸려는 노력 못지않게, 우리 내면의 풍경을 응시하고 바꾸는 것이 중요하다. 나는 한 가지 사례로 내가 독일에서 했던 트라우마 치료 이야기를 풀어본다(2부 〈치열한 시간여행, 심리치료〉). 치료실 밖에서 바삐 흘러가는 일상에서도 스스로를 잘 돌보고 굳건한 마음으로 살아가는 데 도움 되는 여러 가지 자가 치유 기법들도 나눠보았다(쉬어가기 〈치료실 밖에서 나를 돌보기〉). 치유의 기술과 시공간을 얻고 난 뒤에는 본격적으로 몸 해독-해방을 추구한다. 성적 대상화에 억눌려온 가슴을 당당하게 드러내는 의식과 선언, 폭력적인 잣대 없이 내 몸을 바라보는 연습을 한다. 미처 돌보지 못한 내 몸의 리듬, 월경에 새로운 의미를 부여하고 앞으로 강인하고 자유롭게 피 흘리기로 한다. 강요된 여자다움을 위한 소비의 굴레에서 탈출해버린다. 내 몸의 타고난 야성을 회복하고 기꺼이 흙에 살을 부빈다(3부 〈몸 해방 프로젝트〉). 나는 성적인가? '여성'이라는 것은 무슨 의미인가? 내가 원하는 고유한 섹슈얼리티는 무엇인가? 이제 궁금해진다. 나의 성애와 성욕을 똑바로 마주본다. 이를 실현하는 몸의 기관과 감각을 구석구석 탐구하고, 몸으로 하는 실천에 있어선 더 과감해지기로 한다. 정치적으로 올바르고 건강하면서도 발칙함을 뽐내는 새로운 포르노그래피들을 음미한다. 지나간 연애와 섹스를 추억하며 나는 사실 양성애자, 아니 범성애자라고 요란하게 커밍아웃한다. 나의 섹슈얼리티가 진정 행복하고 충만한 이상적 미래엔 이분법적 성별 구조가 다 무너지고 없다고, 야무진 꿈을 꾼다(4부 〈섹슈얼리티 탐구생활〉).

이 책을 내기로 하고 한동안은 마음의 부담이 컸다. 나의 내밀한 이야기를 잔뜩 내놓는다는 것이 두려웠다. 그러나 나에게도 깊숙이 내재된 자기검열, 가만히 있기, '조신하게'와 같은 습성들을 떨쳐버리고 싶다는 열망이 더 컸다. 그래서 자꾸 되새겼다. 내 삶이 단 하나뿐인 동시에 무수한 평범과 보편 속에 놓여 있다는 것을. 스스로에게 자꾸 말해주었다. 내 삶과 만나는 무수한 다른 삶, 그리고 이 시대의 보편적 문제에 대한 이야기가 더 많이 필요하다고, 그러니까 내 이야기도 내어놓자고. 이렇게 나는 조금씩 마음을 다잡으며 여기에 이르렀다. 이 책에는 통계치와 같은 숫자가 거의 나오지 않는다. 의도적으로 배제했다. 여성들의 이야기는 어떤 충격적인 숫자 없이도 온전히 전해질 수 있고 또 그렇게 되어야 한다고 믿었으며, '팩트'라고 쓰이는 숫자들의 실상 초라한 민낯을 알고 있기 때문이었다. 솔직하고 일상적인 우리 각자의 이야기로도 충분하다. 자, 이번에는 내 차례다.

_ 2017년 6월 독일 프라이부르크에서

감사의 말

이 책의 씨앗이 처음 나오고, 이내 여린 잎이 나고, 잎과 줄기가 무성하게 뻗어나기까지 지난 일 년 반의 시간은 아주 특별했다. 긴 호흡으로 글을 쓰고 책으로 만든다는 것은 괴롭고 외롭고 또 초조한 일이었지만, 짜릿하고 뿌듯하고 황홀한 작업이기도 했다. 이 시간 동안 곁에 가까이 있어준 사람들에게 몇 마디 건넨다. 이 책이 이들에게 나의 우정과 연대의 증표이자, 우리 삶에 보내는 뜨거운 응원이었으면 한다.

나의 친구들을 떠올린다. 응소와 서진, 우리는 그야말로 같이 성장했다. 서로의 입학과 졸업, 연애와 결별, 우울증을 지켜보고 그때마다 음악과 술과 수다로서 '무조건 네 편'이 되어주었다. 이제는 나란히 유럽에 사는 페미니스트 아시아 여성들로서 또 비슷한 질병과 고민을 나누며 30대에 들어섰다. 서로의 취약점은 다독여주고 자립의 꿈은 계속 부추기면서 '뭐라도 되겠지'에서 '같이 뭐 차릴까'로 우리는 나아가는 중이다. 선하고 검소한 생태주의자로 살 수 있도록 늘 귀감이 되어주는 막달레나, 나를 어엿한 한 사람의 창작자로 대우하는 성숙한 음악가 유영, 모나니 모났던 사춘기 때의 나도 사랑해줬고 여러 번의 한계와 좌절에도 겸허히 일어선 심리학자 재형, 낯선 뉴질랜드에서 용감하게 아이를 낳고 시골살이를 실험중인 유림, 젊고 새로운 감수성으로 나의 글에 호응하고 급진적인 나를 대신해 부모님 앞에서 대변인을 자처하는 미송이. 이들과의 진솔하고 섹시한 대화와 교감에서 나는 영감의 불씨를 가득 얻었다. 섹스와 자위에 대한 기술과 깨달음을 나누고, 섹슈얼리티와 관계에 있어 감당하고 있는 트라우마들을 같이 통찰했다. 치유의 에너지를 주는 예술과 액티비즘에 열광하기도 했다. 우리는 스스로의 약함을 인정하고 내보임으로써 서로를 지탱해왔고, 내일도 또 그렇게 살아낼 것이다.

나의 동반자 코뿔소에게. 있는 그대로의 나를 온전히 감당하는 이 세상 유일한 사람. 나의 장점에는 감탄하고 결점(잦은 변덕과 병치레, 독단)은 견뎌주는 사람. 하나부터 열까지 아주 다른 시공간에 살다 이제야 만났는데도, 벌써 이만큼 높은 이해의 경지에 오른 것이 걱정스럽다. 우리는 배타적이지 않은 사랑의 철학과 실천을 고민 중인데, 실은 내 평생 주어진 사랑의 운을 여기 다 써버린 건 아닐까 싶어서. 그에게 참 고맙다. 독창적인 자기 세계를 구축하고 싶어 하는 야심만만한 나를 믿어주고 극진히 존중해주어서. 헌신적인 성격과 다재다능한 기질을 발휘해 나의 첫 책을 위한 '안전지대'를 든든히 지켜주어서. 그는 나를 위해 기꺼이 강아지가 되어주고, 토론자나 페이스메이커가 되어주었다. 목수, 물리치료사, 요리사도 되고, 정원사, 운전기사, 배달원 역할도 해주었다. 그 덕분에 돈도 체력도 턱없이 부족한 내가 한동안 이 일에 전념할 수 있었다. 그리고 그는 내게 보여주었다. 살면서 무수한 상처와 배신, 낙담을 겪더라도 여전히 모든 걸 던져 사랑할 수 있다는 것. 그게 행복이라는 것을.

마지막으로, 여러 달 동안의 공동 작업을 통해 이 책을 끝내 세상에 낸 이름들을 불러본다. 2015년 말, 연재 제안을 흔쾌히 받아들이고 꼭 필요한 순간마다 조언과 지지를 표해준, '뜨겁게 보고 차갑게 쓰는' 사람 《일다》 조이여울 편집장님. 오랜 시간 페미니즘의 다양한 목소리를 꿋꿋이 전해온 이분은 멋진 롤모델이다. 그리고 도서출판 동녘의 최미혜 과장님. 읽을 게 넘쳐나는 인터넷에서 하필 내 글을 발견해 손 내밀어 주었다. 출판전문가로서 안목과 내공이 높은 과장님과 함께 일하며 기쁘고 즐거웠고, 질병과 격무에도 불구하고 삶의 균형을 위해 고민하고 반려견들을 잘 길러내는 그 모습에서 많은 힘을 받았다. 아름다운 그림들로 이 책을 더 풍성하게 해준 아니카에게도 감사한다. 그녀와의 협업 과정 자체가 독창적인 한 편의 작품 같았다. 어릴 때 헤어진 이란성 쌍둥이처럼 비슷한 점이 참 많은 우리는, 서로에게 자꾸만 이끌렸다. 만날 때마다 쪽쪽, 그 다정한 키스가 내 마음을 얼마나 환히 밝히는지 그녀는 알까. 편집디자인을 맡아 마지막 순간까지 수많은 수정을 거치며 책의 만듦새를 잘 가꿔주신 또 다른 페미니스트 한보람 님과도 축하주를 나누고 싶다. 독자분들이 이 책에서 조금이라도 재미와 의미를 느낀다면, 이렇듯 여러 여성들의 빛나는 재능과 지혜, 고된 노동 그리고 공감과 연대가 있었음을 기억해주길, 그것이 작지만 또렷한 희망으로 가닿길 바란다.

애초에 나를 만들고 이 세상에 내놓은

나의 엄마와 아빠에게.

혼까지 불어넣어 키웠다 했지요.

그래요, 정말.

두 분의 피와 살과 영혼이

내 안에 늘 살아 숨 쉽니다.

걱정 말아요. 두려워말아요.

언제나 나름대로 행복할게요.

차례

Inner Worlds of Survivors

1부
생존자의 내면세계

1.
우리는 모두 생존자다

We Are All Survivors of Sexual Violence

sexuality

"

저는 스물세 살 여자입니다. 저는 참 무섭습니다. 길을 걸을 때, 특히 밤이고, 골목길일 때, 남자가 걸어오면 무섭습니다. 혼자 자취를 하는데, 7층에 살지만 어떻게든 창문을 타고 넘어올까 무섭습니다. 화장실에 갈 때면 누가 옆 칸에서 몰래 찍고 있지 않을까 무서워 아래위를 번갈아 쳐다봅니다. MT를 가면, 혹시 자는 내 몸에 누군가의 손이 닿을까 겁이 납니다. 폐쇄형 화장실에 갈 때면 무서워 늘 친구를 데리고 갑니다. 누군가는 저에게 '예민하다'고 말합니다. 네, 저는 예민한 여자가 '되었습니다.' 스스로 이렇게 경계하고 두려워하지 않으면, 언제 칼에 찔려 죽을지 모른다는 두려움을 늘 안고 살아가는 평범한 스물세 살 여자이기 때문입니다.

"

"

나는 중학생일 때 집에 들어가는 길에 한 아저씨가 내 뒤를 따라오는 것을 느꼈다. 무섭지만 '아닐 거야, 아닐 거야'를 수없이 되뇌었다. 세상에 그런 사람이 몇이나 된다고. 그럴 리 없다고. 우리 집은 2층이었다. 나는 계단으로 올랐다. '그 아저씨는 엘리베이터를 타겠지' 그랬는데 내 뒤를 따라왔다. 나는 뛰고 싶었지만 뛰면 같이 뛸까 봐 너무나 무서웠다. 아주 짧은 시간이었지만 나는 죽을지도 모른다는 기분이 들었다. 그건 너무 힘들고 무력한 감정이었다. 나는 집 문을 차마 따지 못하고 뒤돌아 아저씨를 계속 쳐다봤다. 그 사람은 내 눈빛을 보고 올라갔다. 아마 2층에 사는 사람이었을지도 모르겠다. 하지만 그때 느낀 그 감정은 아직도 생생하다. 고작 1층에서 2층으로 오르는 몇 안 되는 계단에서 '나는 이미 죽었다.'

"

"

내가 스물두 살 때 편의점에서 술 취한 남자가 내 엉덩이를 만졌다. 스물세 살 때는 생일날 골목에서 바지 내린 변태를 만났다. 지금은 열일곱 살 여자애들이 춤추는 걸 보며 추임새 넣고 박수 치며 즐기는 학생부장과 일한다. 갑자기 그런 생각이 든다. 내가 그 숱한 추행의 순간에 무서워 숨죽이지 않고 한 번이라도 소리를 질렀다면 그녀는 죽지 않아도 됐을까. 언제 다시 그녀가 될지 모르는 내 사랑하는 학생들이 적어도 나보단 안전하게 살 수 있지 않을까. '나는 더 이상 침묵하지 않을 것이다.'

"

_2016년 강남역 살인 사건 추모 현장의 포스트잇에서

아무나, 누구나의 법칙

The Principle of Anybody

나는 확신한다. 한국 사회, 아니 이 지구상의 거의 모든 여성이 살면서 다양한 성폭력과 여성혐오 공격의 피해자가 되는 경험을 한다고. 속한 인종, 문화, 종교, 사는 지역과 직업, 소득 수준 등에 따라 여성들 각자의 경험은 서로 다르지만, 성차별에 의한 부당한 폭력이라는 점에서는 같다. 어림잡아 세상의 절반을 차지하는 다수의 사람이 단지 여성이기 때문에 보편적으로 폭력의 피해자가 되어온 이 거대한 사회 현상. 여기엔 '아무나, 누구나의 법칙'이 작동한다. 우리 모두 알다시피 가해자들은 압도적인 비율로 대부분 남성들인데, 이들 역시 남성이라는 점에서 공통분모를 보이고 있으며 '아무나, 누구나의 법칙'에서 벗어나지는 않는다. 예컨대 지난 30여 년간 나에게 성폭력을 행사한 남성들은 아파트 경비원이거나 사촌 오빠나 동생이었고, 같은 학급의 학생, 대학에서 만난 선배나 동기이기도 했으며, 직장의 동료이고 고용주였다. 또 많은 경우 거리에서 잠시 스쳐 지나가는 완전한 타인들이었다.

개개인의 행위와 경험에 대한 이 법칙은 물론 사회구조적인 문제다. 남성의 시각에서 남성중심사회를 다뤄온 역사학에서 '성폭

력의 역사' '여성억압의 계보'와 주제는 아직도 찾아보기 어렵지만, 여성을 향한 갖가지 폭력이 인류 역사에서 오랫동안 끈질기게 있어왔다는 증거는 사실 도처에 널려 있다. 숫자로도, 사회구조상으로도 여성이 주류였고, 가부장제에 나타나는 수직적 권력 형태나 성에 대한 억압이 없었다는 모계부족 사회가 그나마 예외였을 것이다. 따라서 여성에 대한 끈질긴 폭력이라는 사회 현상과 사건들은 공격성, 지배욕, 약자에 대한 차별, 권력의 독점과 남용 같은 가부장제 사회의 고질적인 병폐와 같은 맥락이다.

다행히 (세상은 보편적 인권과 평등을 향해) 느리게나마 (움직여왔고) 어느 장소들에선 여성 폭력을 문제시하는 목소리가 점점 커졌다. 내가 기억하고 내 삶과 맞닿아 있는 대한민국의 시간에서 성폭력을 대하는 사회의 가장 극적인 변화는 2016년의 강남역 살인 사건을 기점으로 일어났다. 여느 때와 같이 이미 벌어진 어떤 사건에 대한 갖가지 의미 부여와 해석이 등장했다. 더 많은 사람이 동의하는 의미와 해석을 먼저 차지하려는 쟁탈전. 강남역 사건을 두고 '어떤 정신이상자 한 사람이 저지른 하나의 악행'이라는 틀이 퍼졌다. 그러나 그에 맞서 포스트잇과 추모의 꽃을 들고 광장으로 모여드는 사람들이 있었다. 나를 포함한 아주 많은 사람들. 우리에게 강남역 살인 사건은 대단히 **평범하고도 상징적**이었다. 이 사건은 강간을 동반한 살인 같은 전형적 성범죄는 아니었지만 명백히 여성을 특정했다는 점에서 여성혐오 범죄였고, 성차별 곧 성폭력 범죄였다. 전 애인이나 이웃집 여자, 동네 여고생이 면식 있는 남성에 의해 죽임 당하는 원

통하지만 익숙한 이야기와 달리, 번화가의 화장실에 갔다가 단지 여자라는 이유로 낯선 이에게 '우연히' 살해당했다는 소식은 미처 그 의미를 따져보기도 전에 가슴부터 덜컥 내려앉게 만들었다. 그리고 매일 밤 귀갓길에 드리우던 불안과 공포는 이 사건 속 살해범의 얼굴로서 '뚜렷한 실체'가 되기도 했다. 그날 죽임 당한 젊은 여자는 누구나 혹은 아무나였기 때문에 나일 수도 있었다는 달갑지 않은 깨달음에 여성들은 소스라쳤다.

나는 오늘도 우연히 살아남았다

"I Survive Today — Just by Chance"

독일에 살고 있는 나는 강남역 추모 현장에 직접 가보지는 못했다. 먼 곳에서 발을 동동 구르며 매일 인터넷에 접속할 뿐이었다. 어떤 기자가 현장에 붙은 1천 개 넘는 포스트잇을 일일이 받아 적어 기사로 내보냈다. 나는 그걸 읽고 또 읽으며 얼굴을 알지 못하는 그녀들의 절절한 목소리와 슬프고 성난 얼굴들, 꼭 내 것 같은 이야기들을 상상했다. 당시의 포스트잇 홍수 속에서 특히 마음에 머문 간결한 문장 하나가 있었다. 그것은 바로 "**나는 오늘도 우연히 살아남았다**"라는 문장이다. 이 말을 처음 소리 내어 읽어보았을 때, 내 안에서 이상한 일이 일어났다. '우연히'라는 단어는 더없이 위태롭고, '남았다'라는 말에서 죽은 자에 대한 미안함과 남겨진 자의 외로움이 모두 묻어났다. 그리고 뒤이은 여백에 한 문장이 비쳐나오는 듯했다. **이제**

무엇을 할 것인가. 앞으로도 살아남겠다는 뜻 같았고, 더 이상 가만히 있지 않겠다는 의미 같기도 했다. 나는 이에 답하기로 했다. 우리를 성폭력 '피해자'가 아닌 '생존자'로 부름으로써.

그렇다. 우리 여성들은 지금도 매일 수많은 차별과 혐오와 공격에서 살아남은, 또 지금도 매일 살아남는 생존자들이다. 말이 갖는 힘은 은연중에 우리의 인식을 결정짓는다는 데 있다. '해를 당한 자', 피해자라는 피동형 지칭에 비해 살아 존재하는 자, 생존자라는 표현은 보다 주체적이다. 어떤 사람이 살아남기로 선택했고, 많은 노력을 들여 여기 존재하고 있다는 것을 상기시킨다. 또한, 반대편에 가해자를 대칭시키는 대신, 살아 숨 쉬는 현재에 오롯이 스포트라이트를 던지는 듯하다. 무엇보다 **생존자** 세 글자를 발음하는 일은 내 마음에 한순간 뜨겁게 끓어오르는 용암을 터뜨린다. 그건 아마, 많은 어려움에도 불구하고 아침 해가 뜨면 어김없이 지속되는 삶이란 것에 대한 경이감이면서, 그 삶을 움켜쥔 스스로에 대한 경외와 존중의 감정일 것이다.

매일 말해도 지나치지 않는다. '나는 생존자다.' 문득 자신의 호흡을 자각하게 되는 드문 찰나, 그 순간을 마음에 새기듯이. 이미 수북이 눈 쌓인 길에서 세찬 진눈깨비 맞으며 걸을 때, 곧 집에 닿는다는 것을 알듯이. 나는 말한다. **우리는 생존자다.**

황폐한 내면 풍경

Desolate Landscapes in Our Minds

그러나 스스로에게 생존자라는 새로운 정체성을 부여하고도 아직 해결하지 못한 것이 있다. 바로 내 내면세계 어딘가에는 **황폐한 풍경**이 존재한다는 것이다. 사는 게 다 그렇듯, 별일 없이 지나가는 평범한 날들 속에서 예고 없이 마주치게 되는 그 풍경. 성폭력 경험과 여성혐오 공격을 상기시키는 어떤 촉발 요인trigger, 트리거에 따라 부정적인 기억과 감정이 불쑥불쑥 튀어나올 때, 일상에 여러 불편과 고통이 따라오고, 그것이 또 다른 나쁜 경험으로 남는다. 가령 공공장소에서의 성추행. 집에 돌아가는 밤길, 술 취한 남자의 나를 향한 휘파람. 만원 지하철에서 내 뒤에 바짝 붙어선 어떤 페니스. 계단을 오를 때 어디선가 희미하게 들려온 찰칵, 카메라 셔터 소리. 이는 그 자체로도 위협적이고 불쾌한 순간들이면서, 또한 다른 폭력 경험을 연쇄적으로 상기시키고, 강화하고 확장하는 트리거로 작용한다. 스쳐가는 눈빛이든, 잠깐의 손길이든, 툭 던진 한마디나 위협적인 몸짓이든, 남성들에 의한 폭력은 한데 뒤엉켜 거대한 **검은 형상**으로 생존자의 마음속에 우뚝 선다. 쉽게 억누르기도 쫓아내기도 어려운 그 형상이 불러일으키는 남성에 대한, 폭력에 대한 **불안-공포-혐오**는 한패가 되어 생존 본능에 새빨간 위험 신호를 보낸다.

이 신호에 반응하는 마음이란 불확실한 '만약의 사태'에 대해 늘 긴장하고 경계하는 심리다. 이 때문에 여성들은 평범한 일상에서도 에너지 소모가 크고, 부당하게 많은 피로를 감내한다. 물론 여성들이 공격당할 위험은 실재한다. 호신용 스프레이나 호루라기 휴대하기, 가로등 따라 걷기, 인적 드문 곳 피하기, 자기방어 훈련하기 등 만약에 대비한 실용적인 방침은 그래서 필요하다. 이것이 여자들이 부당하게 감당하는 몫이라는 게 분하지만 당장 내일의 생존을 위해 받아들일 순 있다. 그러나 '어쩌다 일어날 수 있는' 위험 가능성에 마음이 노예가 되는 것은 참을 수 없다. 검은 형상, 아니 그 비슷한 것만 나타나도 지레 겁먹고 움츠러들고 불쾌하고 화가 나는 내 마음을 받아들이기 어렵다. '생존자'인 우리들의 내면 풍경을 어떻게 하면 편안한 모습으로 바꿀 수 있을 것인가? 그리고 그 풍경 속 성가신 검은 형상은 어떻게 쫓아버릴 것인가? 여기에 **생존자의 진짜 안녕**이 달려 있다.

내면 관찰 일기: 황폐한 풍경들

감정기제	**공포**
신체반응	나도 모르게 겁에 질린다.
상황 01	밤늦게 집에 가는 길. 가로등 없이 유난히 어둑한 구간이 있다. 맞은편에서 후드를 뒤집어 쓴 검은 점퍼 차림의 남자가 걸어온다. 그냥 동네 청년일 거야. 스쳐 지나가는 짧은 순간, 솜털이 곤두선다.
상황 02	낯선 남자와 단 둘이 긴 복도를 걷고 있다. 복도가 영원히 끝나지 않을 것만 같다. 내 발걸음이 빨라진다. 뒤따라오는 발소리가 문득 끊겼다. 목덜미가 서늘하다.

감정기제	**불안, 위기감**
신체반응(생각)	무슨 일이 생길 것만 같다.
상황 01	주말의 혼잡한 술집. 함께 있던 친구가 화장실에 갔다. 그런데 옆 테이블 남자들의 왁자지껄한 목소리가 갑자기 높아진다. 무리 중 한 명이 문득 나를 오래 쳐다본다.
상황 02	축구 경기가 끝난 직후, 술 취한 남성 팬들이 쏟아져 나온다. 고래고래 소리 지르고 맥주병을 휘두르며 거리를 활보하는 저 사람들, 금세 싸움이라도 붙을 것 같다. 나도 모르게 움츠려든다.

감정기제	**무력감**
신체반응(생각)	나는 힘이 없다.
상황 01	거리에서 두셋의 낯선 사내들이 곁에 들러붙는다. 휘파람을 불고 이죽거리며 '니하오'를 연발하는 흔한 캣콜링. 그냥 무시하는 게 상책이다. 괜히 자극했다 더한 짓을 하려 들면 나만 위험해진다. 어차피 내겐 저들과 싸울 힘이 없다.

감정기제	**불안, 회피**
신체반응(생각)	눈에 띄면 안 된다.
상황 01	맞은편 거리에 음악을 크게 틀어놓고 바닥에 연신 침을 뱉는 한 무리의 10대 남자애들이 보인다. 껄렁대는 꼴이 시빗거리를 찾는 듯하다. 날 지목할 것 같다. 눈도 마주치지 말고 빨리 지나가자.

감정기제	**분노, 혐오**
신체반응	보기만 해도 화가 치솟는다.
상황 01	지하철 맞은편 자리, 금방이라도 토사물을 쏟아낼 듯 벌겋게 취한 한 쩍벌남. 저 다리를 오므려 꽁꽁 묶어놓고 싶다.
상황 02	키 작은 여성을 팔 밑에 끼고 제 맘대로 휘두르며 "오빠가 말이야~"를 연발하는 젊은 사내.

상황 03 마초남 코드로 온몸을 도배한 남자. 과장된 문신, 밀리터리 패션, 쏘아보는 눈빛. 그렇게 치장해야 겨우 자신감이 생기나.

상황 04 모임에서 남의 말을 가로채며 끝도 없이 맨스플레인 해대는 상사. '저기요, 다른 사람들은 정말 할 말이 없어서 그냥 듣고 있는 줄 알아요?'

감정기제 **억울함, 짜증**

신체반응(생각) 대체 당신이 뭔데?

상황 01 "너 오늘 화장 진짜 잘 먹었다. 화장을 안 하는 여자들은 무슨 자신감인지." 칭찬을 가장한 외모 지적.

상황 02 면접 자리에서 어김없이 등장하는 질문, "혹시 조만간 결혼 계획 있으신 건 아니죠?" 성차별적 발언이라 지적하고 싶은데 답변이 이미 예상된다. "여자들이 결혼하면 직장 그만두는 경우가 많은 건 사실이잖아요. 그럼 회사 입장에선 손해예요." 그리고 나는 이 일자리가 필요하다.

감정기제 **자기검열**

신체반응(생각) 내가 뭘 어쨌길래?

상황 01 오늘 하루에만 세 번이나 캣콜링을 당했다. 치마 입어서 그런가? 가슴이 너무 파였나? 왜 하필 나였을까.

감정기제	**긴장, 방어자세**
신체반응(생각)	이번엔 뭔가 보여줘야 한다.
상황 01	어떤 남자가 나를 위아래로 훑어보더니 내게 말을 걸려고 한다. 이번엔 또 뭐지?

감정기제	**후회, 자책**
신체반응(생각)	~했어야 했는데….
상황 01	한 친구가 모임에서 또 습관적인 여성혐오 발언을 했다. "저렇게 야하게 꾸미는 여자들은 솔직히 관심받으려고 그러는 거 아냐?" "뚱뚱한 여자들도 다들 연애하고 그런 거 보면 신기해." 이번엔 진짜 가만히 있지 않으려고 했는데. 말할 타이밍이 순식간에 지나가 버렸다.

감정기제	**체념, 피로**
신체반응(생각)	내가 말해봤자 뭐가 바뀌기나 할까?
상황 01	경제학 강의에서 다 같이 연습 문제를 풀고 있다. 교수가 준비한 모든 문장에는 대명사 'he(그)'만 나온다. 'he/she'를 쓰는 것이 아직도 관행이 안 되었다니. 저 사람은 이 강의를 10년 가까이 했는데 이제껏 아무도 지적하지 않았나. 나라도 문제 제기를 할까. 그러다 강의 '내용'과 상관없단 눈총을 받으려나. 말한다고 고쳐질까? 지금 이 시공간에 있는 것만으로도 정말 피곤하다.

감정기제 **경계, 불신**

신체반응(생각) 어디 두고 보자!

상황 01

모임에 새로운 남자가 등장했다. 그가 사람들은 대하는 태도와 말씨, 말하는 내용을 눈여겨본다. 마초 기질이 강한가. 권위적인가. 여성혐오나 차별 발언이 습관적인가. 과시, 허세, 맨스플레인은? 페미니즘에 대해 어떻게 생각하나. 성소수자에 대한 편견이 있나. 사람이기 이전에 남자이다. 낯선 여성을 대할 때와 달리 엄격하고 민감해진다. 내 마음속 **올바른 남자 사람** 기준을 통과하지 못한 이는 다른 장점이 있어도 근본적으로 신뢰가 안 간다. 나는 파이터가 된다. 저 남자와 싸워 이겨야 한다.

감정기제 **실망, 거리두기**

신체반응(생각) 저 사람도 결국 똑같구나!

상황 01

여러모로 말이 통하고 꽤 괜찮다고 생각했던 이성 친구가 어느 날 말한다. "페미니즘? 일리 있고 중요한 건 알겠는데… 가끔 보면 너무 부정적이야. 남자로 사는 것도 사실 힘든 점 많아." 그러면 애써 잊고자 했던 남자-여자 구분이 마음속에서 되살아난다. 남자와 성폭력, 차별에 대한 근본적인 공감대를 형성하긴 무척 어렵다. 남자는 사례나 이론을 익혀 문제 인식을 갖게 되어도, 남성으로서의 특권적 지위와 상황 속에 한시도 예외 없이 놓여 있기 때문에 여성들의 불리하고 불편하고 위험한 현실을 체감하지는 못한다. 공감과 감정 이입의 부재는 손쉽게 자기변호나 만족으로 대체된다. "꼭 여자만 힘든 건 아니야" 라거나 "나같이 페미니즘을 지지하는 남자들도 많아"와 같은 말들. '그래서 하고 싶은 말이 뭐니?'

감정기제 **감정 이입, 굴욕감**

신체반응(생각) 꼭 내가 당하는 것 같다.

상황 01 호기심에 클릭해본 낚시 기사. 어떤 여자 연예인의 사진이 유독 못 나왔다. 외모를 품평하는 댓글이 잔뜩 달렸다. 악의적인 공격과 모욕이 가득한 말들을 읽다 보면 기분이 참혹해진다. 저런 댓글을 단 사람들 중엔 내 지인도 있을지 몰라. 몰카 사진은 매일 인터넷에 버젓이 돌아다니고, 어떤 사람들은 하루아침에 신상이 털려 ○○녀가 된다. 자극적인 제목을 단 성폭력 기사는 어김없이 눈에 띄고, 애써 외면하려 해도 결국 알게 되는 그 사건의 '피해 여성'이 쉽게 상상된다. 이 모든 게 남 일 같지 않다.

2.
우리는 모두 길들여졌다

We Are All Tamed

sexuality

열세 살 어느 무더운 여름 날. 오랜만에 친척들이 모여 우리 집 근처 식당에서 함께 저녁식사를 했다. 자리가 파할 무렵, 나는 식당 입구에 서서 친척 어른들이 마당에서 삼삼오오 얘기를 나누는 것을 바라보고 있었다. 그때 누군가 다가오더니 내 가슴을 세게 후려치고 잽싸게 도망갔다. 두 살 터울의 사촌 동생이었다. 맞은 가슴을 내려다봤다. 미키마우스가 그려진 흰색 얇은 민소매 위로 거뭇하게 젖꼭지가 살짝 비쳐 보였다. 내 가슴은 이제 막 봉긋해지고 '젖망울'이 잡혀가던 때였다. 평소에 그 애와 나는 그리 친하지 않았다. 스스럼없이 서로 몸을 만지거나 우연히라도 닿는 일은 없었다. 바로 알았다. 저 놈이 내 가슴을 만지려고 저런 거구나. 어안이 벙벙했다가 부끄럽다가, 금세 화가 났다. 저 앞에 엄마와 아빠가 보였지만 선뜻 다가가질 못했다. 어떤 목소리가 나를 가로막는 듯했다. '그러게, 이제 언니처럼 브라 해야 할 때라니까. 엄마가 하라고 했는데 왜 안했어!' '재가 그냥 장난친 거라고 하면 어떡해?' '엄마, 아빠한테 이르면 다들 알게 되고 나만 창피해져. 어른들은 별것도 아니라고 할걸.' 그냥 조용히, 날이 저물었다.

길들여진 반응

Tamed Reactions

누군가 나를 성적으로 공격했을 때, 겨우 열세 살이었던 나는 너무나 전형적인 **길들여진 반응**을 보였다. 공격한 사촌 동생의 책임을 묻기 이전에 브라를 하지 않은 스스로를 탓했고 보호자인 부모님이 나를 대변해주리라는 확신이 없었다. 잘못한 사람은 따로 있는데도 부끄러웠던 건 나였고, 사람들에게 알려졌을 때는 더 많은 모욕과 창피를 감당하리라 여겼다. 자책과 자기검열, 불신과 수치심에 가로막혀 나는 폭력에 맞서지 못하고 스스로를 '그냥 당하고만 있는 사람'으로 방치했다. 이뿐만 아니다. 나는 이날 이후 밖에 나갈 땐 꼬박꼬박 브라를 하는 '여자의 몸가짐'을 하기 시작했고, 사춘기 남자아이들을 멀리하며 내외 구분을 따지게 되었다. 성폭력 경험이 '교훈'이 되어 내 행동 양식에 영향을 끼친 것이다.

대개 여성을 향하는 성차별과 성폭력이 일상적인 사회에서 '길들여진 반응은 닭이자 달걀이다'. 길들여진 반응이 사회를 문제없이 흘러가도록 하고, 그렇게 비판과 성찰 없이 굴러가는 사회에서 길들여진 반응은 자연스러운 행동 양식으로 통용된다. 내 사촌 동생은 어떨까, 그 애 역시 길들여진 대로 행동한 건 아닐까. 그 아이는 유별나게 악한 아이는 아니었다. 그 아이는 '남자아이라면 응당 이러해야 한다'는 이 사회의 길들이기 법칙대로 잘 만들어져가는 남자였던 것 같다. 사회가 규정하는 문제 행동과 아닌 것의 아슬아슬한 경계를 도발해보며 성적 호기심을 마음껏 발산하는 사춘기 남자아이. 익숙한 모습이다.

무엇이 우리를 이토록 성공적으로 길들였는가? 우리가 청소년기에 압도적으로 많은 시간을 보냈던 학교는 무엇을 어떻게 가르쳤나? 초등학교 4학년 때쯤이었을까, 월요일 아침 조회 시간에 전교생이 함께 봤던 성폭력 예방 비디오가 생각난다. 재현 드라마의 형식으로 여러 에피소드가 연이어 나오는 영상물이었다. 한 에피소드에서는 집에 혼자 있던 열 살 남짓한 여자아이가 이웃집 오빠에게 의심 없이 문을 열어주었다가 강간을 당한다. 다음 장면에서 여자아이는 샤워기 물을 맞으며 욕조에 웅크리고 흐느끼고, 이내 아이 엄마가 나타난다. "아는 사람이 찾아와도 혼자 있을 때는 문을 열어주지 않는다" "보호자와 함께 경찰에 신고하고 병원에 간다"는 자막이 같이 나온다. 지금 생각해보면 잘못된 것투성인 교육 자료다. 이 비디오를 본 어린 학생들이 성폭력에 대해 가질 만한 인상은 아마 남학생들이라면 '아, 성폭력은 여자애들에게 일어나는 거구나. 나랑은 상관없다', 여학생들에게는 '아는 남자들도 조심해야겠다. 나한테 저런 일어나면 어쩌지?' 정도가 아닐까. 또 재현 드라마라는 형식은 만들기는 쉽지만 역효과가 더 클 수도 있는 안이한 관습이다. 시청자에게 불필요한 공포감과 이미지 각인을 일으킬 수 있기 때문이다. 게다가 예방 교육이 아니라 사고 후 수습 교육이라는 제목이 차라리 걸맞다.

나는 1990년대 중후반 서울 소재의 평범한 공립학교에 다녔다. 내가 보았던 비디오는 교육청 차원에서 내려온 공통 매뉴얼이었는지도 모른다. 수십만 명의 어린아이들이 이런 것들을 보고 자랐는지도 모른다. 오늘날 비디오의 내용을 다시 떠올릴 때 나는 여기서 전형적인 길들이기 전략을 본다. 남자아이들에게 무엇이 성적 폭력이고 아닌가의 경계를 알려주고 성폭력은 어떠한 경우에도 용납되지 않는다는 것을 가르치는 대신, 여자아이들을 겁주고 단속시킨다. 나쁜 일은 언제든 일어날 수 있고 집조차 안전하지 않다고. 아는 이에게조차 함부로 문을 열어선 안 된다는 과장된 경계심과 소극적 방어만을 가르친다. 가해자의 결말은 나오지 않지만 생존자 여성의 행동 규범은 빠뜨리지 않고 지시되어 있다. 경찰과 병원에 가야 한다고. 그러나 정작 이 기관들은 아직도 생존자의 인권 존중을 우선하는 사건 해결 방식에 몹시 서툴다는 것을 우리 모두 알고 있다. 울고 있는 아이에게 엄마는 "너 왜 그래, 무슨 일이야?" 말고는 어떤 말도 하지 않는다. 현실에서 보호자인 어른들은 곧잘 아이들의 성폭력 피해를 외면하거나 축소하려고 한다. "금방 괜찮아질 거야. 그 정도는 별일 아니야. 다 잊어버려"라는 식으로. 어쩌면 비디오 속 여자아이는 "옆집 오빠가 그랬다"고. "정말이니 믿어달라"고, "나 지금 아프다"고 말하며 엄마에게 몇 번이고 호소해야 했을지 모른다.

어린 시절뿐 아니라 지금 이 순간에도 우리를 길들이려는 전략과 장치들은 계속되고 있다. 특히 드라마와 영화 같은 대중적인 영상 미디어를 통해 예외 없이 모든 사람을 지속적으로 집요하게 파고든다. 전 성별과 연령대의 시청자를 고루 '성폭력에 둔감해지도록' 길들이는 대중 미디어의 전략을 나는 크게 두 가지로 꼽는다.

미디어 속 성폭력

Persistent Sexual Violence in the Media

먼저 성폭력 설정의 **관습적 사용**이다. 너무나 많은 드라마와 영화에 여성을 강간, 납치, 폭행, 희롱, 추행하는 장면이 포함되어 있다. 신체적, 정신적, 언어적, 심리적 성폭력이 골고루 실감나게 묘사된다. 할리우드 영화는 말할 것도 없고, 우리나라에서 흥행 보증 수표처럼 통하는 범죄 스릴러나 누아르 장르, 이른바 조폭 영화에는 어김없이 몇 장면씩 끼어들어가 있는데, 굳이 이름을 거론하지 않아도 이 글을 읽는 누구나 쉽게 예시를 떠올릴 수 있을 것이다. 현실비판적 의도나 관점을 갖고 성폭력과 차별을 등장시키는 것과 – 예를 들어 영화 〈미씽: 사라진 여자〉(2016)에서 남편에게 성폭행 당하고 나중에는 성매매로 고통받는 한매와, 워킹맘이라는 이유로 직장에서 약점 잡히고 모욕당하는 지선의 모습 –, 단순히 남자 주인공에게 행동의 동기를 부여하고 그 캐릭터의 능력을 드러내기 위한 장치로 쓰는 것은 근본적으로 다르다. 후자의 경우, 주제 의식을 표현하고 줄거리를 전개하는 데 꼭 필요한 장면이 아닌데도 극적 긴장감을 위해 성폭력이 자극적으로 연출된다. 그 속에서 젠더 감수성은커녕, 인격이 이미 파괴된 듯한 악당은 남자 주인공과 관련이 있다는 이유만으로 여성 캐릭터를 인질로 납치한 뒤, 묶어놓고 모욕과 협박을 서슴지 않는다. 가슴을 만지거나 옷을 찢어발기고, 강간하는 설정도 많다. 대개 여성들은 온몸으로 저항하지만 속수무책이고, 주인공 남자의 구원의 손길을 기다리며 공포에 떠는 처지다. 현실이라면 겨우 살아 돌아와서 정신적 외상으로 힘들어 할 텐데, 미디어 속의 이들은 친절한 은인인 주인공에게 곧 마음을 열고 연인이 되어주거나 필요한 도움을 제공한다. 여성=(매춘부, 엄마, 의사 등 직업과 지위를 막론하고) 불운하고 약하며 갖은 위험과 트라우마에 시달리는 피해자이자 희생자. 남성=돈, 권력, 속임수, 근육, 학식, 인맥 등 어떤 식으로든 '힘'을 행사하며 상황을 주도하는 주인공, 영웅, 악당 혹은 가해자. 미디어 소비자인 우리에게 머릿속에서 이 메시지가 수없이 반복되고 있다. 수많은 영상물을 보며 우리의 사고는 자각하지 못한 새에 '세상은 원래 저렇다'는 믿음을 굳혔다.

영상 콘텐츠에 **데이트 폭력 장면**이 로맨스의 필수 요소로 빈번히 등장하는 것도 문제다. 가령, 남자 캐릭터는 여자 캐릭터를 갑작스레 힘으로 붙잡아 껴안거나 벽으로 밀어붙이고 강제로 키스한다. 처음엔 거부하던 여자는 이내 호응한다. 연애 감정이 포함되는 거의 모든 드라마에서 흔히 보는 장면이다. 말다툼을 하다가, 순간적인 성욕에 이끌려서, 으슥한 곳에 단둘이 있게 돼서, 여자가 예뻐 보여서, 오늘따라 외로워서, 딴 남자에게 질투가 나서… 등등 남자캐릭터의 행동의 동기는 다양하나 결과적으로 늘 정당한 것으로 표현된다. 이런 장면에 늘상 노출되어온 남성들은 아마 영상물이 연출한 그대로 믿을지도 모른다. '아, 여자들은 저런 데서 설렘을 느끼는구나. 나도 나중에 해봐야지.' 여성들 자신마저도 때로는 그 잘생긴 남자의 '애정 표현'을 받는 여배우에게 감정 이입하고 만다. 그러나 현실에서 이런 일이 일어난다면? 한번 상상해보라. 상대가 누구냐를 막론하고 이는 명백히 데이트 폭력이다. 공격당한 여성 입장에서 두근거릴 수는 있다. 왜? 놀라고 꺼림칙하고 화가 나고 겁도 나서. 나는 한 사람이 충동적으로 다른 사람의 몸을 함부로 대할 수 있고 그것이 사랑의 표현이 될 수 있다는 발상 자체에 동의하지 않는다. 처음엔 이성 연인 사이에서 장난으로 티격태격하다가, 어느 순간 힘이 더 센 상대에 의해 옴짝달싹 못하게 제압당한 경험이 있는지? 그냥 장난이었는데도, 그때마다 내 마음은 얼어붙었다. '재가 맘만 먹으면 날 어떻게 하는 건 식은 죽 먹기겠다.' 물리적 힘에 있어 내가 이토록 약세라는 것을 몸소 깨닫는 것은 씁쓸하고 오싹했다. 물론 드라마에서는 이 모든 것이 미화된다. 잘생긴 배우 얼굴과 때 맞춰 깔리는 배경 음악, 특별한 카메라 앵글을 잘 조합해서. '박력 키스' '최고의 1분' '여심 저격' 같은 수식어를 단 동영상 클립이 인터넷을 떠돌기도 한다. 몇 년 전에 드라마에도 도입된 관람등급 제도는 이혼이나 불륜 소재가 일정 비중 들어가면 어김없이 '15세 이상 판정'을 내리지만 데이트 폭력이 실컷 나와도 전체관람가인 경우는 다반사다. 등급 심사에 참여하는 위원들 중에 '성평등, 차별, 폭력에 대한 감수성이 낮은 중년 남성들'이

대다수라는 건 널리 잘 알려진 사실. 게다가 그들이 참고하는 운영 지침이나 매뉴얼은 낡은 가부장적 가치관을 답습하고 있다.

우리 모두 이런 장면들에 너무 많이 노출되어온 탓에 아무렇지 않은 듯 지나간다. 나 역시 불편한 느낌은 들지만 그게 큰 심리적 충격은 아니라고, 그러기엔 너무 익숙하다고 생각한 적도 있었다. 비판하면서도 계속 봤다. 특히 좋은 평을 받은 영화라면 여성에 대한 폭력이 적나라하게 나와도 용인하면서 내가 그 '좋은' 영화의 가치를 소비한다고 믿었다. 그런데 나는 사실 괜찮지 않았다. 영화와 드라마에서 본 수많은 성폭력 장면들은 내 내면세계에 유령처럼 떠돌고 있다가 이따금 튀어나왔다. 어떤 장소의 분위기나 상황이 예전에 본 장면과 비슷하게 맞아 떨어지면 영화 속 사건이 거기서 곧 일어날 듯 조마조마하다든지, 폭력을 당하는 여성 캐릭터가 되어 쫓고 쫓기는 악몽을 꾸기도 한다. 마치 내 뇌에서는 무엇이 내가 영상물에서 '본' 것이고 무엇이 실제 '겪은' 것인지 구분하지 못하고 똑같이 그냥 '기억'으로 저장한 것 같았다. 따라서 기억이 생생하다면 그에 따르는 감정도 언제든 불러일으켜질 수 있었다.

영화 〈실미도〉에 대한 나의 기억이 그렇다. 이 영화는 2003년에 개봉해서 한국 최초로 1천만 명이 넘는 관객 수를 기록한 인기작이었다. 이듬해 한 영화제에서 최우수작품상과 감독상을 탈 만큼, 평단의 인정도 받았다. 15세 이상 관람등급가인 이 영화를 나는 열여섯 살 때 텔레비전 연휴 특선작으로 가족들과 함께 봤다. 욕설과 피, 격투, 총기 난사 같은 것들이 가득한 전반적으로 폭력성이 짙은 영화인데, 사실 중반 즈음엔 매우 노골적인 강간 장면도 나온다(구체적인 묘사를 접하고 싶지 않은 독자들은 다음 문단을 건너뛰고 읽으시길).

684부대원들이 부대 해체 명령에 불복해 광기를 번득이며 실미도를 접수하는 부분. 카메라는 정신없이 이곳저곳을 빠르게 찍다가, 어떤 부대원을 쫓아간다. 복수심에 불타는 그 남자는 부대의 행정 업무를 하는 사무실에 쳐들어간다. 총을 들이대며 사람들을 위협하던 그는 책상에서 일하던 여직원을 발견하고는 한 치의 망설임도 그녀의 머리채를 잡고 간이침대로 끌고 간다. 여직원을 위에서 힘으로 제압하며 옷을 벗기고 자신도 바지를 벗고는 그야말로 박아대기 시작한다. 여자는 속수무책으로 뻗어서 흡사 짐승의 소리와도 같은 크고 짧막한 신음을 계속 내뱉고, 사무실에 있던 다른 사람들은 부대원을 두려워하며 멀찍이서 허둥댄다. 부대원은 다음 공격을 대비하듯 초조하게 주위를 둘러보면서도 여럿이 보는 앞에서 온 힘을 당해 몇 번이고 피스톤 운동을 한다. 그는 씩씩거리며 욕설을 내뱉는다. 잔뜩 성이 나 보인다. 다음 순간 영화는 아무렇지도 않게 다음 장면으로 넘어가 쫓고 쫓기는 다른 사람들을 보여준다. 피와 욕설과 격투와 총격은 계속된다.

다 더해봐야 15초쯤. 결코 긴 장면은 아니다. 그런데 나는 10년도 더 전에 단 한 번, 딱 15초 동안 본 이 장면을 아직도 잊지 않고 이토록 세세히 말할 수 있다. 그간 내 기억력을 저주하고 싶은 심정이었다. 하지만 실은 내 기억력이 좋아서가 아니라, 저 장면을 보는 것만으로도 정신적 외상트라우마, trauma을 입은 게 아닌가 싶다. 임상심리학에서는 이런 현상을 **대리외상**vicarious trauma이라고 설명한다. 아직 섹스를 해본 적 없지만 야한 이야기에 호기심은 있고, '여자한테 첫경험은 엄청 아프대'라는 말을 여기저기서 들어온 적 있는, 그런 열여섯 살 사춘기 여자아이에게 이 장면은 주목을 끄는 것이었고, 순간적으로 몰입해 그 장면을 본 것만으로도 나는 그 일을 실제 겪은 것과 같은 충격을 받았던 것이다. 그러나 소리 내어 그 충격을 표현하거나, 옆에 있던 부모님에게 뭔가 물어보지는 못했다. 그 장면은 정말 짧은 순간에 휙 지나갔으니까. 내가 정말로 겪은 성폭력 기억들과 그런 점에서 닮았다. 기억하고 있는 줄도 몰랐던 이 장면은 이따금 생각난다. 애인과 섹스를 하는데 페니스 삽입이 아플 때, 누군가가 〈실미도〉를 재밌게 본 영화로 꼽을 때, '강간'이라는 단어를 접할 때. 그럴 때 나는 저 끔찍한 장면의 원치 않는 방문을 받는다. 영화계 성폭력의 민낯도 자주 목도하게 되는 요즘, 나는 늘 궁금했던 질문을 이제 그들에게 던지고 싶다. '남자답게 선 굵은' 스타일로 '조폭 영화'를 여럿 찍어온 그 감독, 그리고 시나리오 작가나 촬영 감독, 그 밖의 제작진들에게도 묻고 싶다. 정말로 저 장면이 당신들 영화에 꼭 필요해서 넣었냐고. 저 장면을 찍는 과정에서 배우와 제작진들이 겪었을 심리적 동요엔 어떻게 대처했냐고. 저 장면에서 말하고자 한 것은 대체 무엇이었냐고. 혹독한 훈련에 억눌려왔던 684부대의 욕구 불만? 국가의 폭력은 사적 폭력으로 되물림된다? 억울함과 분노의 엇나간 표현?

아무런 성찰 없이 성폭력을 묘사하는 영상물을 만들고 역시나 그것을 아무 자각 없이 배포하는 행위는 성폭력이다. 그리고 그런 영상을 소비하는 것은 심리적, 언어적, 정서적 성폭력 경험이 될 수 있다. **길들여진 시청자**의 역할을 관두고 이 당연해 보이는 결론에 도달하기까지 너무 오랜 시간이 걸린 것 같다. 나는 많은 영화를 보며 자랐고, 여전히 영화를 아끼는 시네필이다. 하지만 이제 결단을 내렸다. 아무리 전체적인 만듦새와 메시지가 뛰어나도 관습적으로 성폭력 장면을 활용했다면 그건 좋은 영화가 아니라고 말하는 결단. 한 장면이라도 잘못되었다면 그 영화 자체를 보이콧하는 정치적 선택. 벡델 테스트Bechdel Test와 같이, **우리에겐 대안적인 등급 심사 기준이 필요하다. 또 다른 일상 속 성폭력을 막아내기 위해.**

지금의 나는 '길들이기 전략'을 잘 간파한다. 비판 의식 없는 어른들과 가부장적 사회 구조가 불쾌하고 위험한 사건들을 통해 여자아이들에게 반복적으로 학습시키는 사고방식('여자의 가슴은 브라로 가려야 보호할 수 있다' '장난으로는 다른 사람의 신체를 허락 없이 접촉해도 된다' '낯선 남자도, 아는 남자도 항상 조심해야 한다' '잘생긴 남자에게 억지로 당한 키스는 달콤하다' 등)을 이제는 한눈에 알아채고 즉각 거부한다. 너무나 시대착오적이고 허술한 논리가 내비칠 땐 흥, 하고 비웃을 수도 있다. 그럼에도 막상 내 안에서 비어져 나오는 길들여진 반응들을 거부하고 다르게 행동하는 것은 결코 쉽지 않다. 길들여진 반응이 생존자들에게 치명적인 이유가 바로 여기에 있다. 뻔히 아닌 것에도 **아니오**를 외치는 것이 번번이 실패할 때,

나의 인식과 태도는 당당한 페미니스트가 되었는데 막상 행동은 자신의 이상적인 수준—자기 자신과 주변 사람을 보호하고 상황을 주도하고 통제하는—에 미치지 못할 때 우리가 도달하는 지점은 **자괴감과 무력감**이다. 이 지점은 황폐한 풍경으로 곧장 떨어지는 깜깜한 구멍이다.

FEMINISM
ENCOURAGES WOMEN TO
LEAVE their husbands,
KILL their children,
PRACTICE witchcraf
DESTROY
capitalism and
BECOMF
lesbians.
Adam du Eva
대구지역 지난해 1200건 이상 발생 추산
"대구 초등생 성폭력 사건
대낮 학교 잔디밭서 발생"
대구서 여초등생들 과한에 잇단 피해
성폭력 '그 학교' 수사확대
난으로 키스…위험수위 넘은 '10대의 성'
이거 놓으세요!! 어제 다신 안 그러겠다고 약속 하셨잖아요?!
92/Maskuline%
omen
e Hunt
초등생
Pick Up Artists
Farah war Jung
vor der Ehe, vor
hatte sie keine A
아동 성추행
"묻지 말아요
학교
초등생 동성
한 초등
학교 휩쓴 성폭력
피해 100명 넘어
대낮 초등서
학교·교육청
묻지마 성추행
"I dont need feminism becuz-
Im not a pussy- I have one
I can fight my own battles
I like being called sexy bitch
I dont think women are better than men- I just
fucking them better than men <3"
Modern Feminism STINKS
SO YOU'RE A SPOILED AMERICAN FEMALE
WHO GETS WHATEVER SHE WANTS
AN FEMALE
WANTS
아동성폭력 사범 불기소율
징역은 극소…벌금
"…길 정도 아니다"
에 상고키로
해마다
장난으로 키스
단독] '임신한
나주 초등생
우저녀 '성희롱
軍人 성폭행도
I don't need feminism
because:
WOMEN are already
ANTI FEMINIST
작년 47명 검거 2년새 23%
국방부, 전부대 대상 교육
장면으로 논란에 휩싸
는' 현재까지 나온 연재분
육청 "묻지 말아요
가장 낮고, 성매매
제추행이 14.0세, 성 매수
14.4세로 조사됐다

3.
몸에 퍼진 독, 파괴적인 감정들

Toxins in My Body: Destructive Emotions

여전히 겁먹고, 분노하고, 자책했다

I Was Still Frightened, Infuriated and Self-blaming

스무 살 이후로 나는 '페미니스트'로 자기정체화를 해왔다. 나는 이 이름표가 늘 자랑스러웠고, 나를 지켜주는 부적처럼 느껴졌다. 밑줄을 죽죽 그으며 읽던 많은 책들에서 유용한 설명을 들었다. 내 고통은 내 잘못에서 비롯된 게 아니라고 속 시원히 밝혀주는 목소리들. 여러 모임에 나가 "나도 그랬다"며 털어놓는 이야기들을 듣기도 했다. 또 집회에 나가 많은 선언과 다짐을 했다. 현실이 부당하다고, 타협할 수 없다고 하는 것이 나뿐이 아니라는 것이 반가웠다. 그렇게 나는 많은 여자들과 함께 더 강해졌다. 이 모든 게 그리 어렵지 않았다. 마치 남쪽에 있다가 북쪽으로 금방 쑥 끌려가는 자석처럼 **나는 아주 자연스레** 페미니즘에 이끌렸다. 귀중한 시간들이었다.

그런데 언젠가부터 이러한 깨달음, 지식, 연대, 액티비즘 활동들이 마음의 상처를 회복하고 내적 갈등을 해소하는 데 더 이상 힘을 발휘하지 못하는 것 같았다. 나는 여전히 쉽게 겁먹고, 쉽게 분노하고 자책했다. 여성을 향한 일상의 폭력과 차별을 보고 듣고 말하고 겪을 때마다 마음의 상처는 차곡차곡 쌓이고, 이글이글 분노가 타오를 때는 내 모든 에너지가 연료가 되어 불꽃을 더 크게 키웠다. 그러면 또 그 열기로 공부를 하러, 연대를 하러 달려갔다. 감정이라는 것은 어떤 행위의 강력한 동기가 되긴 하지만, 반대로 더 많이 익히고 더 열심히 주장하는 등의 행위를 통해 파괴적인 감정들이 반드시 해소되는 것은 아니었다. 부정적인 감정들을 제때 잘 다루는 방법은 그 어디서도 배운 적이 없었고, 이것들은 서서히 독처럼 쌓여가면서 몸을 잠식하는 듯했다. 이건 그동안 내가 입버릇처럼 말했던 '페미니스트로 사는 것의 피곤함'과는 다른 문제였다. 페미니즘이라는 신념 체계에 따른 정치적 입장, 판단, 태도와는 별개로, 내게 고통과 불편을 주는 감정 독소들이 내 마음 깊숙한 곳에 자리 잡고서 나로 하여금 원치 않는 반응을 유발하고 몸에도 해를 끼치고 있었다. '부자유, 억압, 자기파괴.'

게다가 세상을 바라보고 사람들과 관계 맺는 방식도 나의 자유로운 선택보다는 내가 잘 다룰 줄 모르는 파괴적인 감정에 좌우되는 것 같았다. 가령 모든 면에서 서로 존중하고 응원하는, 역시 페미니스트이고자 노력하는 내 애인과의 관계에서 종종 불협화음이 났다. 나는 그와 다정하게 부비며 대화하다가도, 한순간 그를 밀어내며

"너희 남자들은 그게 문제야" "역시 남자들은 어쩔 수 없어"라며 등을 돌릴 때가 있었다.

애인 : "성매매가 지금 당장 없어져야 된다고만 볼 순 없어."
나 : (생각할 틈도 없이 곧바로 나오는 반응) "뭐? 역시 남자들은 어쩔 수가 없어. 너도 솔직히 돈 주고 한 적 있지!"

그중에는 냉정하게 따져보면 사람마다 의견이 다를 수 있는 사안이거나, 같은 말을 여자가 했더라면 동의했을 텐데 단지 남자 입에서 나와 과민 반응하는 경우가 있었다. 내가 남성 일반에 대한 불신과 분노를 그의 말이나 행동에 투사해서 바라보기 때문이었다. 즉, 남자이면서도 고유한 개인인 그의 정체성을 '무지하고 무감각하고 특권적 위치에 있는 남성'이라는 단일한 틀로 환원시켜버렸던 것이다. 애인은 억울해했다. "나는 그냥 그 남자들이 아니잖아. 나는 온몸, 온 마음으로 너를 이해하려고 안간힘 쓰는 사람이야." 개인보다는 남성중심 가부장 제도와 구조가 뿌리 깊은 문제고, 남성들 또한 많은 면에서 억압당하며, 시스템 안에서 다르게 살고자 몸부림치는 소수의 남성들도 있다는 건 잘 알고 있었다. 그들과도 영원히 적대할 생각은 없었다. 더구나 내가 **단지 여자**라는 이유로 겪어야 하는 현실에 분노하며 **단지 남자**라는 이유로 남성 개인과 반목해선 안 되었다. 사회적 불의에 맞서는 페미니스트로 살아가되, 개인적 삶에선 내가 아끼고 신뢰하는 남자들과는 좀 더 평화롭게 소통하고, 공존하고, 연대하고 싶어졌다.

페니스 포비아

The Penis Phobia

또 한 가지 문제는 내가 정말로 사랑하고 신뢰하는 내 애인과 섹스를 할 때, 내가 다른 것은 무척 즐기면서도 유독 성기 결합은 회피하고 '할 수 없다'고 느낀다는 것이었다. 결합을 하면서 조금이라도 아프면 나도 모르게 온갖 이미지가 떠올랐다. 영화에서 본 강간 장면들, 어린 시절의 성폭력 기억들, 심지어 일본군 성노예 여성들이 처했을 상황에 대한 상상까지. 그러면 순식간에 성감은 사라지고 기분도 곤두박질쳤다. 작은 구멍에서 시작되어 연약한 피부 조직으로 이어지는 질 안으로 뭔가를 집어넣는다는 것 자체가 폭력적으로 느껴지기도 했다. 또, 페니스 자체에 대한 거부감과 혐오감이 거세기도 했다. 페니스와 연결되는 비유나 표현도 전부 공격적이고 추악하게 느껴졌다. 막대기, 떡친다, 관통한다, 일어선다, 싼다… 등등. 어떤 여성들은 성기 결합을 좋아하고 즐겨하고, 아무 고통이나 거리낌을 느끼지 않는다는 것을 오히려 이해할 수 없었다.

물론, 이성애 섹스라고 해서 성기 결합을 무조건 해야 하는 것은 아니고, 합의된 성관계에서 원하지 않는 것을 의무감에 해야 할 필요는 없다. 남성에게 성기 결합은 지속되기만 한다면 거의 항상 오르가슴을 가져다주는 반면, 여성들은 성기 결합에서 통증을 느끼거나, 혹은 만족할 만한 쾌감을 느끼지 못하는 경우가 흔하다는 것도 공공연한 사실이다. 하지만 성 담론에 있어서도 가부장 권력의 입김이 거세다 보니, 여성에게는 임신과 감염 위험이 있어 득보다 실이 많은 성기 결합 섹스가 오히려 가장 보편적이고 정상적인 것으로 통용되어 왔다. 그럼에도 하지 '않는' 것과 '없는' 것의 차이가 있듯, 나에게는 이 문제가 갑갑한 섹슈얼리티의 한계로 느껴졌다. 나는 여러 해 전부터 바이섹슈얼로 살아왔고, 나아가 팬섹슈얼(범성애)을 지향하고 있는데, '이성애 섹스'의 대표격인 남녀 성기 결합이 금기로 느껴질 리는 없었다(정상성에 대한 사회적 강요, 그 자체에 대한 거부감이면 몰라도). 나는 이 이해할 수 없는 부자유 상태를 벗어나고 싶었다. 또한 이런 내 신체적, 심리적 상태는 무척 의미심장하게 느껴지기도 했다. '거시기'를 함부로 놀려대 여성들을 갖가지 고통과 고난에 빠뜨리는 남자들의 이야기를 우리는 얼마나 많이 들어왔는가. 남성성의 상징으로 내세워지는 페니스는, 나에게 가부장제의 온갖 포악성이 집약된 것으로 다가오는지도 몰랐다.

이제 치유 여정을 떠난다

Embarking on a Healing Journey

나는 **마음의 회복과 치유**를 위해 내 에너지를 집중해보기로 했다. 오늘의 나를 만들어준 기억과 경험을 결코 부정하거나 망각하고 싶지는 않지만, 나도 모르게 만들어진 내 안의 황폐한 풍경은 꼭 바꾸고 싶었다. 꼭 나쁜 일이 일어날 것 같은 을씨년스러운 곳 말고, 햇빛이 비치고 푸른 들판에 나무도 몇 그루 있어서 안심하고 걸을 수 있는 그런 길이 펼쳐지도록. 부정적인 감정의 덫이나 길들여진 반응의 굴레에 빠지지 않는, 분노가 매번 행동의 동기가 되는 것은 아닌, 보다 **자유로운 페미니스트**로 살고 싶었다.

변화한다는 것은 언제나 고통을 동반한다. 변화를 통해 성장하는 것 역시 고통스럽다. 그러나 그 어떤 것도 **내가 속하지 않은 장소에 갇혀 있는 것**보다 고통스럽지는 않다. 모든 이가 예외 없이 '어머니인 여성'에게서 나왔고, '세상의 절반은 여성'인데도 여전히 여성에게 불공정하고 불공평하며 폭력적인 사회. 이 사회는 결코 우리가 마음 놓고 속할 수 있는 곳이 아니다. 그러니 고통에도 불구하고 변화할 것. 그리고 성장할 것. 고통스러운 변태를 해내어 나비가 될 것을 나는 나에게 간절히 청했다. 이 글을 읽는 당신에게도 청한다. 그럼으로써 우리가 같이 꿈꾸었으면 한다. **수십 억 마리의 나비**가 함께 공중을 날며 새로운 현실을 그려 보이는 꿈 말이다.

An Intense Travel in Time: Psychotherapy

2부

치열한 시간여행, 심리치료

1.
심리치료를 결심하다

I Determined to Try Psychotherapy

여기, 독일에서 심리치료

Psychotherapy in Germany

마음의 회복과 치유. 새로운 삶의 키워드가 생겼다. 나는 심리치료를 하기로 마음먹었다. 나는 예전부터 막연히 언젠가 심리치료를 받아보겠다고 생각하곤 했다. 이미 친숙하게 느껴졌고 호기심마저 들었다. 심리상담이나 치료 장면이 나오는 외국 영화의 영향과 우울증으로 신경정신과에 다니는 여러 지인들을 지켜본 것이 심리적인 장벽을 많이 낮춰놓았던 것 같다. 그리고 또 나는 평소에 심리학 책들을 자주 읽기도 했다. 이를 통해 스스로의 내면을 면밀하게 바라보면서 '오늘의 나는 누구인지, 어떻게 만들어졌는지'를 파고들어가 보는 일, 그리고 같은 방식을 통해 나와 관계 맺는 사람들을 더 잘 이해하게 되는 것이 좋았다. 이는 어떤 객관적인 지식을 쌓는 것과는 또 다른 종류의 희열과 위안을 줬다. 내 사례에 맞춰 응용하고 적용이 필요한 독서와 달리, 심리치료를 받는다면 아예 나 자신, 내 문제에 처음부터 초점을 맞춘다는 것이 큰 특권으로 여겨졌다. 또, 혼자서는 꺼내놓기 너무 무거운 심리적 문제, 불편, 어려움을 누군가의 도움으로 체계적으로 대면해볼 수 있다는 것도 마찬가지였다. 심리치료를 통해 삶이 이전보다 나아질 수 있다고 믿기로 하자, 하루아침에 산다는 게 좀 더 의미 있게 여겨지기까지 했다. 그건 이 세상에서 하도 닳고 닳아 얕잡아봤던, 내게도 있는지 까먹고 있던 '희망'이라는 감정이었다. 그래서 내게는 두려운 마음보다는 기대가 컸다. **해묵은 상처**와 **일상의 고통**에 스포트라이트를 비추는 심리치료라는 것에 대해.

그리고 이 결심을 실행할 수 있었던 결정적인 계기는 내가 독일에 살고 있어서였다. 독일에서는 상대적으로 심리치료가 흔하고 쉽다. 독일어권에는 20세기 초반 이후 심리학 분야가 전반적으로 크게 발달했고, 정신분석 등의 주요 치료 기법과 연구를 이곳에서 많이 주도해왔다. 따라서 사회적 인식의 저변이 그만큼 넓다. 공공보험 가입자는 여러 분야의 심리치료 – 인지치료와 정신분석 등의 통찰치료, 학습 원리에 기반을 둔 행동치료, 약물과 전기충격 치료와 같은 생물의학적 치료, 음악·미술·연극·독서 등 예술치료 – 를 보험료 외 추가 비용 없이 받을 수 있는 제도적 기반이 잘 되어 있다. 독일 시민의 90퍼센트가 공공보험에 속해 있고, 외국인 학생 신분이었던 나도 매달 80유로 가량을 내는 가입자였다. 어차피 보험료는 매달 나가고, 한국에서 심리치료를 받으려면 따로 비싼 비용을 들여야 하니 '지금 여기서 하자'는 판단이 자연스러웠다. 어떤 병명으로 치료를 받는지는 보험회사조차 알 수 없다는 비밀보장 원칙도 마음에 들었다.

앞으로 이어지는 내용은 내가 심리치료를 받았던 이야기다. 어떤 과정을 거쳐 어떤 치료사와 어떤 대화를 나눴고, 사용한 요법은 무엇이었는지, 또 내 마음에 어떤 파장이 있었는지 구체적으로 펼쳐본다. 다만 치료 과정을 순차적으로 서술하지는 않았다. 그 과정이 그리 질서정연하지 않고 많은 혼란과 궁금증, 뒤얽힌 감정들을 불러일으켰기에 당시 일들을 그대로 쓴다면 독해가 어려울 것이라는 판단 때문이다. 나는 치료가 끝난 뒤에 임상심리학자들의 저서를 읽으며 미처 풀리지 않았던 것들을 많이 정리할 수 있었고, 시간이 지나면서 자연스러운 통찰의 순간들을 맞기도 했는데, 이를 더해서 보다 명료하고 논리적인 이야기로 재구성했다. 이는 지극히 개인적인 사례지만 그 안에 보편성을 매개로 독자들이 유용한 영감과 정보를 얻었으면 좋겠다.

기억 속의 가족에 대하여

Memories of My Family: Something I Need to Mention First

한편, 내 이야기에는 가족, 특히 부모님이 자주 등장한다. 어린 시절에는 누구나 가정 환경에서 가장 큰 영향을 받기 때문에 피할 수 없다. 다만 이는 객관적인 사실이 아니라 단지 내 기억으로 읽혀야 한다. 기억과 실제 일어난 일은 무척 다를 수 있다. 기억은 늘 생략이나 왜곡, 오류, 편향된 주의집중을 그 특징으로 하기 때문이다. 엄마는 내가 아플 때 속을 끓이며 밤새 간호하다가 잠깐 눈을 붙이러 갔는데, 그 사이 깬 내가 혼자라고 무서워 떨었던 순간을 엄마에 대한 원망과 함께 회상할 수 있다. 행복했던 소풍 날에 대한 다른 모든 것은 잊고 언짢았던 순간 한 가지만 콕, 마음에 박혀 있을 수도 있다. 아빠가 내게 별것 아닌 일로 크게 화를 내서 상처를 받았던 그날, 아빠는 직장에서 부당한 모욕을 참아내고 돌아온 길이었는지도 모른다. 어린아이일 때 우리는 모두 더 없이 약했고 스스로를 대변하지 못하는 **힘없는 존재**였다. 이 때문에 모든 아이는 부모가 미처 헤아리지 못하고 지나간 일에서, 혹은 부모의 드문 실수에서 감정적인 책임을 떠안고 만다. 또 아이들은 가정의 불운과 불화에서 지대한 정서적 영향을 받는다. 우리 부모님은 늘 원만하게 지내신 편이였고, 나도 자매들도 큰 문제를 일으킨 적이 없다. 우리 집은 내가 성인이 될 때까지 경제적으로 풍족하진 않았지만 생활이 늘 안정되어 있었다. 그러나 내가 아홉 살 때 아빠가 큰 수술을 받고 회복하던 시기, 나중에 엄마의 우울증이 심했을 때는 나도 좀 위축되고 의기소침했었다.

내가 글을 통해 내 기억 속 부모님의 말이나 행동, 나와의 상호 작용을 부정적으로 묘사한다고 해도 그분들이 '나쁜 부모'라는 의미는 아니다. 내 아픔을 말하면서 부모님을 비난하거나 내 문제의 책임을 전가하려는 의도는 없다. 이 말을 이렇게 확실하게 적어놓아도 이 책이 나의 부모님께는 아마 상처가 될지 모른다. 이것을 감수하면서 내 치유와 자유를 구하는 심정은 두렵고 괴롭다. 그럼에도 계속 쓴다. 완벽한 부모나 가정은 존재하지 않는다는 것, 완벽이라는 개념 자체가 어떤 사람이나 사람 관계를 설명하는 일과는 잘 어울리지 않는다는 것을 우리는 모두 알고 있다. 내 부모님은 나와 자매들에게 아주 헌신적이었고 안정되고 화목한 가정을 만드는 데 모든 걸 쏟아 부었다. 지금 이 문장을 쓰는 동안 내 안에서 목울대를 찢을 듯 묵직한 감정들이 올라오는 것을 느낀다. 고맙고 미안하고, 그립고 안타깝고, 그리고 그 밖의 모든 것. 자발적으로 심리치료를 선택할 수 있고, 스스로의 치유와 성장을 위해 행동할 수 있는 '오늘의 나'는 그분들 덕분이다. 나의 엄마, 아빠가 앞으로 죽는 날까지 **매일 더 자유로워지길**, 그걸 추구할 자유가 그분들에게 주어지기를 바란다.

2. 심리치료 준비하기

Preparing for Psychotherapy

심리치료 준비 5단계

Five Preparation Steps

1단계: 속풀이 글쓰기

심리치료를 받기로 한 결정을 먼저 애인에게 털어놓고 나니 이제 그건 '팩트'가 되었다. 그러자 이상하게도 모든 것이 뒤섞여 마음에 엄청난 먼지 소용돌이가 일어나기 시작했다. 하루 종일 괴로운 생각을 멈출 수가 없고, 특히 감성이 우세해지는 밤이면 이 소용돌이는 기억과 감정, 의지, 이 세 가지 기둥을 중심으로 더 격렬하게 휘몰아쳤다. 참 많은 것들에 대해 분하고 억울하고 슬프고 좌절해서 가슴에 응어리가 북받쳐 있는데, 터져 나올 에너지는 없는지 눈물은 나오지 않았다. 며칠간 속 쓰림, 두통, 발열, 사지가 축 늘어지는 몸살 상태였다. 애인에게 두서없이 온갖 말을 던져보기도 했지만 상대방도 감정이 있는 대상이라 상처를 받았다. 결국 글을 쓰기로 했다. 생각

날 때마다 노트를 펼쳐 무엇이고 휘갈겨 적는 광란의 글쓰기. 나는 여성으로 산다는 것, 차별과 폭력, 섹슈얼리티, 섹스, 이런 것들을 늘 상 고민했기에 의외로 꽤 정리된 글이 써졌다. 두서없이 써놓고 나서 보면 **무엇이 문제고, 무엇을 알고 싶고, 무엇이 나를 괴롭히는가**에 대한 개요와 세부 논점도 있고 도식이 그려져 있기도 했다. 속풀이 글쓰기는 당장 효력을 발휘해서, 몸살 증세나 울화증이 가라앉았다. '글'이라 부를 만한 꼴을 갖추지 못했더라도 상관없었다. 예쁜 노트에 쓴 단정한 글씨가 아니어도 좋았다. 생각과 감정을 탈탈 털어 적어놓는 것의 최대 장점은 그것들이 종이에 이미 쓰여 안전하게 머물러 있을 것을 아니까 펜을 놓았을 때, 그 생각과 감정에서 놓여날 수 있다는 거였다.

2단계: 여성건강센터Frauen und Mädchen Gesundheitszentrum 방문

인터넷에서 지역과 성별, 전문 분야 등의 키워드를 넣어 심리치료사를 검색할 수 있는 웹사이트를 발견했다. 하지만 검색 결과가 너무 광범위했고, 사람들의 이력에 대한 건조한 서술과 어색한 증명사진만 보고는 내게 맞는 사람인지 전혀 감을 잡을 수 없었다. 피부에 와 닿는 뭔가가 필요했다. 그러다 시내에 여성건강센터라는 곳이 있다는 걸 알게 됐다. 당장 약속을 잡고 찾아갔다. 3층짜리 건물에 여덟 개의 기관이 입주해 있는데 청소녀 심리상담, 성폭력피해자지원센터 등 전부 여성들을 위한 곳이었다. 내가 들어간 건강센터는 안심할 수 있는 밝고 따뜻한 분위기였다. 창가엔 하얀 레이스 커튼이 매달려 있고, 게시판엔 색지에 오려낸 꽃들이 만발했다. 쿠션과 소파, 각 티슈가 구비된 상담실에서 편안한 인상의 중년 여성 직원과 마주 앉았다. 그분에게 내 문제를 간략히 설명하고 마땅한 여성 치료사를 추천해달라고 했다. 한 시간 정도 묻고 답한 뒤, 그분은 책상 서랍에서 치료사 정보가 담긴 카드 박스를 꺼내 한 장씩 넘기며 추려냈다. 대부분 자기가 오랫동안 봐왔고 알고 지내는 치료사들이라며 총 열한 명을 추천해줬다. 이름과 주소, 연락처 외에도 주로 다루는 분야와 사용하는 기법이 적힌 목록을 받았다. 잘 맞는 치료사 선택을 위해 최대 세 명까지 직접 만나볼 수 있게 되어 있다면서 전화 연락 요령도 알려줬다.

3단계: 추천 받은 치료사들과 면담 약속 잡기

치료사들은 근무 시간 대부분이 면담이라 자동응답기로 소통을 한다. 센터에서 만난 분의 조언은 보통 새로 심리치료를 시작하려는 사람들이 많아서 응답기에 남기는 메시지가 주목을 끌어야 된다는 것이었다. 대기자로 몇 개월을 기다리는 일이 허다하다고. 메시지를 남길 때 치료를 원하는 문제를 간략히 말하면서 성폭력 피해 경험을 언급하고, 외국인이라 기회가 많지 않다, 또 여성건강센터에서 추천을 받았다고 말하라고 했다. 여섯 명에게 먼저 자동응답기 메시지를 남겼다. 그때는 여름 휴가철이었는데, 떠나지 않고 남아서 계속 일하는 치료사 세 명에게 답변이 와서 차례로 약속을 잡았다.

4단계: 치료사들과 차례로 면담하기

맨 처음 만난 치료사 K의 사무실은 쇼핑센터가 들어선 건물에 있었는데, 다른 분야의 개업의들과 공동으로 쓰는 개인병원에 있는 방 한 칸이었다. 분위기가 좀 어수선한 느낌. 문을 열고 들어가니 치료사가 책상에서 일어나 간단히 악수를 청하고는 다시 자리에 앉아 내가 방에 없는 듯 태연하게 한참을 더 컴퓨터 작업을 했다. 첫인상에 벌써 존중받지 못하는 기분이 들었다. K를 기다리면서 1인용 소파를 골라 앉고 면담실을 둘러보니 일본식 채색화 몇 점과 남자와 아이가 나란히 찍힌 사진, 심리학 서적들이 눈에 들어왔다. 사무실에 놓인 사물 하나하나가 이 사람에 대해 뭔가를 말하고 있는 듯했다. 이런 공적인 장소는 '내가 보여주고 싶은 나'라는 세심한 의도로 꾸며진다. 그럼 그녀는 이성애자 기혼 여성일까? 저 아이의 엄마일까? 일본 문화에 대한 동경은 있지만 한국은 잘 모르는 '서양 지식인' 스테레오 타입인가? 생각이 꼬리에 꼬리를 물었다. 마침내 K가 소파 쪽으로 걸어왔는데, 의외로 내 옆자리 대신 저 건너편 다인용 소파에 다리를 꼬고 느긋하게 기대앉았다. 거기서 느껴진 것은 거리감. 처음으로 그녀의 얼굴이 정면으로 보였다. 세련된 원피스 차림의 자신감 넘치는 인상인데, 입이 다소 언청이 모양을 한 것이 눈에 띄었다. 이 때문에 놀림과 편견을 받으며 살아왔을 듯했다. K는 내게 여러 질문을 했지만 공감하는 제스처나 표정의 변화가 별로 없었다. 의무를 다하지만 딱 의무만 이행하는 사무적인 태도. 치료사라는 사람에 대한 내 기대가 너무 컸던 걸까. K는 45분가량의 면담 말미에 진단 비슷하게 자기 해석을 내놓았다. 내가 양성애자라는 것에 주목했는지 '남자-여자' 프레임으로 문제를 바라봤다. 내게는 두 가지 선택이 있다고 했다. 남자 파트너를 선택하면 성관계에서 자기를 완전히 내려놓음으로써 (그녀는 'surrender(항복)'라는 표현을 썼다) 페니스 공포를 극복해야 하고, 여자 파트너를 선택한다면 페니스는 문제가 되지 않겠지만 가족의 반대와 동성애에 대한 문화적 차별이 내게 내적 갈등을 많이 줄 거라고 했다. 그리곤 자기가 주로 다루는 분야가 아니라면서 나를 내담자로 받지 않겠다는 의사를 분명히 했다. 다만 다른 치료사 이름 두어 개를 적어주고 날 내보냈다.

두 번째로 만난 치료사 J의 사무실은 고풍스런 단독주택 2층에 있었는데, 하나는 대기실 겸 사무실로 쓰고 다른 하나가 면담실로 쓰이는 듯했다. 내가 약속 시간보다 3분 정도 늦어 헐레벌떡 올라와 벨을 눌렀는데 인기척은 엉뚱하게 내 뒤에서 났다. 흰머리 희끗희끗 비치는 긴머리를 뒤로 넘겨 묶고, 개량한복 같은 스타일의 선이 푸짐한 누비옷을 입은 중년 여성이 숨을 고르며 계단을 올라왔다. '뭐야, 나보다 늦은 거야?' 좀 어이는 없었지만 긴장은 풀어졌다. J의 면담실은 좀 더 내 취향에 들어맞는 흥미로운 장소였다. 성모상과 부처 사진, 물고기를 그린 옛날 일본 스타일의 채색화가 함께 있고 중남미 민속 공예품도 있었다. J는 면담실 소품 배치를 통해 자신이 다양한 종교와 문화를 두루 섭렵한 사람이며, 심리치료라는 근현대 서양과학뿐 아니라 종교적 영성과 신비, 고대의 주술과 샤머니즘까지도 존중한다는 메시지를 전하고 있다고 느꼈다. 대화 중에 알고 보니 이 사람은 미국에서 나고 자랐지만 브라질에서도 오래 살았고, 독일에서도 10여 년간 지내왔기 때문에 다국어로 심리치료가 가능하다고 했다. 내가 첫 만남에 치료사의 신상 정보를 여럿 알게 된 것에서 짐작할 수 있듯이, J는 자기 생각과 경험, 감정을 잘 드러내고 전반적으로 말을 많이 했다. 눈에 띄게 친근하고 활달하며 자기를 드러내는 데 거침없는 사람. 미국에서 자랐다는 말을 하지 않았어도 그리 짐작했을 법한, 미국인 스테레오 타입을 대표하는 사람이었다. 이어진 대화에서도 J는 탁구 치듯 빠른 속도로 여러 주제를 오가며 질의응답이 아닌 일상적인 대화처럼 면담을 이끌었다. 내가 성폭력 경험을 말할 땐, "아유, 그건 정말 아니죠" "힘들었겠네요" 같은 공감의 추임새를 듬뿍 건넸다. 나는 살면서 이미 여러 번 했던 얘기라 어느 정도 객관화가 되었는데, 그녀가 오히려 내 입장에서 가해자들을 비난하거나 우리 부모님을 설명하기도 했다. 게다가 진단을 넘어 벌써 약간의 치료법까지 제시하기 시작했다. J의 말로는 전반적으로 내가 분노를 좀 더 처리process해야 한다고 했다. 그동안 액티비즘이나 페미니즘 공부를 하는 방향으로 내 문제를 고민하고 에너지를 써온 것은 매우 바람직하다고 했다. 또, 성기 결합 문제는 경험이 풍부한 여자 산부인과 의사를 찾아 심리치료와 병행하며 다뤄야 한다면서 거기서 실질적인 운동법이나 지식을 얻을 수 있다고 했다. 자신과 할 수 있는 요법은 구체적으로 인지치료와 행동치료 양쪽에서 찾아볼 수 있다며, 인식의 재프로그래밍cognitive re-programming을 제시했다. 자위도 하고, 케겔 운동[01]도 하고, 긴장을 완화하는 호흡법도 좋다며 열정적으로 생각을

01 질 주위 근육을 조였다 펴기를 반복하는 골반근육 강화 운동

풀어내다가, 급기야 J는 즉석에서 눈을 감고 의자에 몸을 기대더니 “나는 그를 사랑한다. 그 사람은 내게 아무런 해를 끼치지 않는다. 그 사람 함께 있으면 안전하다”는 문장을 외며 심호흡을 하는 시범을 보였다. J의 말은 설득력 있게 들렸고 내 의도도 충분히 전달된 것 같았다. 다만 좀 급했다. 그녀가 말하는 속도도, 상대방에게 반응하는 속도도, 진단과 처방을 내놓은 것도 너무 빠른 나머지 성급하게 보였다.

마지막으로 만난 치료사 R. 그녀의 사무실은 시립 극장 옆 골목 주택 1층에 있었는데, 내부는 ㄷ자 형태로, 양 끝에 대기실과 면담실이 있고 가운데 통로에는 키커[02]와 구형 컴퓨터, 음수대가 있었다. R 역시 편안한 옷차림의 중년 여성인데 문 앞에 나와 밝게 인사하며 힘차게 악수를 하고는 음료를 권했다. 나를 면담실 1인용 소파로 안내하고 본인도 건너편에 앉았다. 비로소 어떤 ‘상식적인 접대’를 받았다. 소파 옆에 탁자에는 각종 봉제 인형들이 여러 개 놓여 있고, 코끼리 모양 시계도 있다. 아이들과 치료 세션을 진행할 때 필요한 소품이겠지만 묘하게 R 자신의 취향일 것이라는 느낌도 받았다. 그녀에게서 천진난만하고 씩씩한 아이 같은 인상이 느껴져서다. 나도 여전히 방에 직접 이름 붙인 봉제인형들을 두고 있고 만화와 동요를 가까이 하기에 이 공간에서 곧장 편안해졌다. R은 급하지 않았다. 내 말

02 당구대와 비슷하게 생긴 축구게임 기구로, 대 양쪽을 관통하는 막대들을 움직여 거기 매달린 선수들이 공을 차도록 한다. 독일 가정이나 술집,놀이시설에 보편화되어 있다.

을 다 듣고 또 천천히 질문해나갔다. 그런데 아이들을 많이 맡고 있다는 게 좀 우려가 됐다. 그녀는 내가 주요 성폭력 경험으로 설명한 친척 오빠와 아파트 경비 아저씨에 대한 기억 두 가지를 이렇게 해석했기 때문이다. "어린 시절 부모나 의지했던 사람에게 두었던 신뢰가 배신당할 때, 아무 걱정 없이 행복하기만 했던 아이들의 내면세계가 무너지기 시작해요. 다행히 R은 어린 시절 이야기에만 초점을 맞추지는 않고 오늘날의 문제를 고치기 위한 기법 몇 가지도 소개했다.

5단계: 치료사 선택하기

2주에 걸쳐 치료사들을 만나며 거진 같은 얘기를 세 번 반복했다. 그런데 벌써 세 가지 서로 다른 관점이 나왔고, 이에 따라 치료 비전도 달리 세워졌다는 게 상당히 흥미로웠다. 치료사를 잘 선택하는 게 얼마나 중요한지 실감이 났다. 내가 만난 세 명은 전부 독일이나 미국 같은 '선진국'에서 나고 자랐으며 백인 여성이라는 특권적 지위에 있다는 게 아쉬웠다. 다들 아름답고 가방끈 길고 모범적인 게 오히려 결점으로 느껴졌달까. 유색 인종이나 이민자 출신, 레즈비언, 비혼주의자, 미혼모 같은 소수자 정체성이 있는 치료사를 만나면 어떨까 싶기도 했다. 그래야 나도 더 가깝게 느낄 수 있고 진심으로 이해받을 수 있을 거라는, 어쩌면 과한 욕심. 하지만 이 문제는 사실 내 의지보다는 운에 맡기는 것이나 마찬가지였다. 이 도시에만 1백 명에 달하는 심리치료사가 있는데 그중 고작 세 명을 만나봤을 뿐이다. 단 한 번 한 시간 만나보고서 그 치료사를 다 파악했다고 보기도 어려웠다. 시간이 지나면서 의외로 좋은 '궁합'이 생길지도 몰랐다. 어차피 운에 좌우된다면 주어진 여건에서 최선의 선택을 해야 했고, 나는 마지막에 만난 R과 함께하기로 했다. L은 차갑고 사무적인 인상 때문에 그 앞에서 마음을 열고 싶지 않았고, 더구나 나는 바이섹슈얼이라고 밝혔는데도 '남자 아니면 여자'라는 양자택일을 제시한 게 불쾌했다. 그 사람 면담실에서 본 사진 속의 남자와 아이가 그녀의 가족이라면, 더구나 그것을 편견 없이 사람을 바라봐야 할 면담실에 걸어놨다면, 이성애 정상 가족의 틀에서 나를 타자화할 것만 같았다. J는 다른 일로 다른 자리에서 만났다면 롤모델로 삼고 싶을 만큼 건강하고 당당한 멋진 '언니' 여성이었다. 형식에 구애받지 않고 유연한 면담을 하면서 공감하는 화법도 좋았다. 하지만 뭐랄까, 심리치료를 자신이 간판 진행자인 토크쇼로 만들어버릴 것 같은 그녀의 자기중심적인 대화법이 걸렸다. "괜찮아! 다 잘 될 거야!"라는 무한긍정이 강요될까 걱정스럽기도 했다. 반면, R은 다소 건조한 듯해도 치료사로서의 기본적인 매너가 몸에 배어 있고, 경험이 풍부해 보였다. 무난하지만 그래서 크게 어긋나는 점 없이 신뢰가 갔다. 그녀의 사무실 입구에 붙어 있던 커다란 타이타닉 영화 포스터가 생각났다. 타이타닉 포스터라니. 너무 키치해서 거의 유머 수준이었지만, 다른 두 사람처럼 자신의 고매한 취향과 학식을 드러내려는 게 아니라 친숙하고 보편적인 것에 의미부여를 하는 것처럼 보여서 오히려 좋았다. 기억난다 그 장면. 엄마의 정략결혼 강요에 숨 막히는 로즈가 잭이 시전하는 '침 멀리 뱉기' 기술을 배우고 나서, 두 사람은 즉흥적으로 뱃머리 꼭대기에 오른다. 낯선 이를 만나 강렬히 끌리는 그 설렘과, 시원한 바다를 내려다보는 해방감. 로즈는 팔을 크게 펼치고 눈을 감고 날아오른다. 떨어질 리는 없다. 잭이 뒤에서 꼭 붙잡아주고 있어서. R을 다시 만나 묻고 싶어졌다. 왜 하필 타이타닉 포스터냐고.

내게 필요한 것은 앞장서서 날 끌고 가는 사람도, 그렇다고 팔짱 끼고 멀찍이서 지켜만 보는 사람도 아니었다. **내 안에 이미 충분한 회복력과 치유의 힘이 있다**고 말해주는 사람. 너무 힘들어하면 쉬어도 괜찮다고 하면서 물 한 잔 건네주는 사람을 절실히 원했다. 한때는 아이였고, 이제는 어른이 된 나라는 사람을 볼 때, 단지 오늘의 나뿐 아니라 스쳐 지나간 수많은 지난 날들의 모습도 볼 수 있는 심미안. 상처와 성숙, 좌절과 희망을 반복하며 **살아남아** 자기 앞에 나타난, 한 인생에 대한 묵직한 시선. 나는 그런 눈빛을 마주할 수 있을까? 부디 내 선택이 옳았기를. R과의 만남이 나를 돕기를. 나는 간절했다.

3. 세 가지 가설

Three Hypotheses

sexuality

비밀요원인 '나'에겐 임무가 있다. 주기적으로 **마음 금고**를 몰래 접촉하는 것이다. 이 금고는 SF영화에 나올 법한 일종의 **시간 여행** 장치다. 이 안에서는 시간 개념이 직선적이지 않아 과거-현재-미래를 자유롭게 오갈 수 있고 공간적 제한 또한 없다. 이 금고는 내가 현실이라 믿고 사는 이 3차원 세계에 잠깐씩만 존재할 수 있다. 일주일에 한 번, 한 시간 동안 실존하는 건물에 연결되어 물物화되는 것이다. 나는 금고로 향하는 잠깐의 시공간적 틈이 생길 때를 꼭 붙잡아야 한다. 적어도 한 시간 전부터는 혼자가 되어 금고가 나타날 주변에서 촉각을 곤두세우고 시계가 째깍대는 것을 바라본다. 속으로는 금고 안에서 수행할 임무를 되새겨본다. 예컨대 일주일간의 내 삶을 되감기한다. 되감기 중 툭 걸리는 것이 있으면 노트에 휘갈겨 적는다. 그리곤 마침내 3분 전이 되면, 금고가 연결된 건물의 철문 앞에 홀연히 서서 벨을 누른다. 딸깍, 숨죽이며 있을 때 조용히 문이 열린다. 그 문을 타고 또 하나의 문을 지나면 늘 같은 자리에서 날 기다리는 금고지기 R이 보인다. 비딱하게 45도 각도로 위에서 아래로 불쑥, 내리꽂듯 악수를 청하는 오른손, 요원을 방심케 하는 타이타닉 포스터, 그리고 얼큰시큼한 레몬 생강차의 주인, 나의 심리치료사. 우리는 본격적인 임무 수행에 들어간다. 반복되는 시간 여행을 통해 현재의 **미스터리**를 해결해야 한다.

매주 심리치료를 받으러 가는 것이 일상이 되었다. 막상 면담을 시작하면 50분이 순식간에 휙 지나가고 늘 이번에도 미진했다는 아쉬움이 남았지만, 또다시 면담이 다가올 땐 어김없이 마음이 무거워지곤 했다. 과거를 자꾸 회상하고 마음속 어두운 부분을 파고들다 보면 그 외에 무사태평한 일상의 시간과 공간이 초현실적으로 다가왔다. 하지만 현실에 발 딛고 사회에서 주어진 역할로 여전히 기능하려면 심리치료 시간이 예외가 되어야 했다. 궁여지책으로 나는 스스로를 '은밀한 임무를 수행하는 비밀요원'으로 설정하는 발상을 했다. 심리치료에 대한 거부감이 있거나 그 과정이 너무 힘들지만 지속하고 싶은 사람들에게 권할 만한 상상력 게임이다.

치료사 R과 함께하기로 하고 나서 네 번 더, 그러니까 총 5회의 임시 면담을 했다. 이 기간 동안에는 내담자의 삶 여러 가지 측면을 고루 둘러보면서 치료사가 치료 방향을 탐색한 끝에 진단을 내리도록 되어 있다. 독일에서 심리치료가 진단-처방-치료라는 현대 의료 시스템에 속해 있기 때문에 약물이 개입되지 않는 대화치료만 하더라도 내담자가 어떤 정신 질환을 앓고 있다는 논리로 접근하는 것이다. 실제로는 내담자가 어떤 질환(예를 들어 우울증, 대인기피증, 다중인격, 피해망상증, 경계선 성격장애)에 따른 증상으로 볼 만한 상태를 조금만 나타내거나, 한 개 이상의 질환에 두루 걸쳐 있는 경우가 많기 때문에 사실 좀 불합리한 접근 방식이다. 어쩌면 삶이 힘들어서 도움을 받겠다고 온 사람에게 '당신은 ○○병을 앓고 있는 환자입니다'라는 낙인 자체가 차갑고 냉정한지도 모른다. 사람에게 맞추지 않고 제도의 편의성에 맞추다 보니 나온 폐해랄까. 하지만 여기에 저항하면 치료 자체를 시작할 수 없기 때문에 일단 받아들였다. 나는 '편의상 성기능 장애'를 앓는 사람이 되었다. 페니스에 대한 거부 반응이 다른 심리 상태보다 규정하기 쉽고 흔하기 때문이었을 것이다. 그 다음으로는 치료사가 명확한 진단과 함께 보험사에 의료비 청구를 하고, 일차적으로 25회기(50분×25번)의 치료에 대한 비용을 지급하겠다는 통지서를 받았다. 25회기가 끝나고도 치료를 계속하려면 치료사가 보고서를 통해 그 필요성을 주장하고, 심사를 통과하면 50회기를 추가로 받는 것이 일반적이다. 추가 치료가 필요하다는 건 그만큼 문제가 뿌리 깊다는 것으로 보기에 두 배나 많은 시간이 주어진다. 나는 임시 면담과 첫 청구를 더해 총 30회기의 치료를 일 년 가량에 걸쳐 받았다. 중반까지는 매주 만나다가 이후 간격을 벌려 약속을 잡았다.

임시 면담은 진단을 내리려는 목표 외에도 R과 내가 서로를 파악하고 맞춰나가는 과정이었다. 치료사에게 적응하려다가 도리어 나의 의사소통 성향을 발견하기도 했다. R은 공감(그러나 감정의 전이는 아닌)하는 것을 기본원칙으로 삼는 듯했다. 내 말에 대해서 "~해서 상처가 컸겠네요" "그때 ~한 것은 잘 한 선택이었어요"라고 반응했다. 치료사라고 다 이런 건 아니다. 다른 지인들에게 들어보면 "어떻게 ~할 생각을 했어요?" "~의 입장에선 생각해봤어요?"라는 식의, 다소 날카로운 분석형 질문을 일삼는 사람들도 있다. 그리고 또 R은 내가 어떤 경험에 대한 기억을 말할 때 그 당시에, 그리고 지금 어떤 생각과 감정을 가졌느냐에 가장 주목하는 것처럼 보였다. 그렇게 함으로써 나라는 사람의 일관된 사고방식, 주된 감정적 반응 기제를 알아내려는 것처럼. 내가 팩트 위주로만 이야기를 하면 추가 질문들은 "그때 ~하고 싶었는데 왜 못했나요?" "그래서 ~하니까 기분이 어땠어요?"와 같은 것들이었다. 한편, 나는 처음부터 (어쩌면 지나치게) 논리적이고 분석적이었다. 스스로의 감정이나 심리에 관심이 없고 잘 알아채지도 못하는 사람이 있는 반면, 나는 평소에도 이에 민감했고 이해가 빨랐다. 더 잘 알고자 하는 욕구도 컸다. 그래서인지 R의 입장에서는 많은 질문을 할 필요가 없었다. 무엇을 물어도 나는 할 말이 많았고, 내 문제, 내 경험, 내가 원하는 것에 대해 늘 의견이 있었다. 이 덕분에 심리치료에 대한 거부감이 심하거나, 스스로를 잘 설명하지 못하는 내담자들에 비해서 치료의 진행이 빨랐지만 단점도 있었다. 내 이야기는 이미 자가 분석을 거쳐 논리와 판단이 많이 들어간 채로 전달되었으니, 이는 선입견으로 작용했던 것 같다. 치료사 R이 열린 마음으로 여러 가능성을 하나씩 검토해보고 더 천천히, 더 넓은 범위에서 내 내면을 탐색할 수 있는 기회가 차단되었다. 그러나 다시 돌아가도 상황은 비슷할 것 같다. 나라는 사람의 고유한 성향에서 비롯된 것인데, 단점이라 말하는 것 자체가 부질없다.

25회기의 본격적인 면담에 접어들 무렵, R은 벌써 내 문제의 원인에 대한 가설을 세우게 되었고, 그에 따른 치료법을 도출해냈다. 나에게 내려진 진단에 맞춰, 해결하고자 하는 문제는 '페니스와 성기 결합 섹스를 할 때 통증을 느낀다'이고, 해부학적인 신체 기형이 없으므로 심리적인 원인이 있으리라는 전제하에 만들어진 것이었다.

문제의 원인에 대한 세 가지 가설:

- 어린 시절 성폭력 경험이 트라우마로 남아 있고, 이에 따른 증상으로 신체적 제약이 나타나고 있다.
- 성기 결합에서 몇 번 통증을 느끼자 몸이 거부 반응을 일으켜 질 근육이 지나치게 수축·긴장한다. 이 상태에서 결합을 하면 통증을 느끼고, 그러면 그 거부 반응이 더 강화되는 악순환이 일어나고 있다.
- 질뿐만 아니라 신체가 전반적으로 이완relaxation을 잘하지 못한다. 몸과 마음이 지속적으로 스트레스 상태에 놓여 있다.

손에 잡히지도 않고 보이지도 않는 생각과 감정이나 기억, 게다가 지극히 주관적인 것들을 가지고 가설을 세우고, 기억을 회상하는 이야기를 데이터로 취급하며, 어떤 치료 모델과 이론을 적용해서 분석한다는 것이 의미가 있을까 라고 반문하는 사람들도 있을 수 있다. 심리치료에서 이런 '과학적인 분석'이 이렇게 큰 부분을 차지 할 줄은 당시 나도 잘 몰랐다. 그래서 좀 당황스럽기도 했고, 한편으로는 대학원 과정을 밟은 연구자로서 흥미롭게 다가오기도 했다. 무턱대고 '당신은 사랑받기 위해 태어난 사람'이라거나, '당신 잘못이 아니에요. 스스로를 용서해주세요' 같은 말랑한 위로에 비해서는 더 큰 힘이 있을 수 있다고 여겼다. 심리치료는 임상심리학의 한 갈래고, 따라서 여느 심리학 연구와 마찬가지로 사람의 심리 상태를 진단하고 원인을 규명하는 수많은 이론에 기반한다. 즉, 어떤 성인 내담자가 자신의 내면을 대상으로 한 연구를 할 수 있도록 그 분야를 전공한 사람이 이끌어주는 과정이라고 볼 수 있다. 이상적으로, 내담자는 단계적인 훈습[03]을 거쳐 치료 효과를 보게 된다.

세 가지 가설을 놓고 R과 나는 대화를 나누면서 우선 세 번째 **지속적인 스트레스 상태**라는 가능성은 배제했다. 이 가설이 맞다면 현대인의 대부분은 섹스에 문제가 있어야 했고, 실제로도 그러니까. 맞벌이 하는 부부도, 고연봉이지만 매일 야근하는 남편과 전업 주부

03 working through; 문제의 원인을 아는 지적 통찰력에서 문제를 극복하는 충분한 통찰력으로 가는 학습

도, 10년째 동거하는 애인 사이도, 사회적 편견을 뛰어넘는 동성연인들도… 아직 뜨거운 커플들이나 다양한 섹스를 탐구하는 게 목표인 일부 사람들 말고는, 어느 시점에선 다들 섹스리스로 고민한다. 그냥 평범하게 산다고 자부하는 삶도 무지 치열해서 스트레스는 영원한 동반자가 된다. 그때그때 잘 푸는 게 해답일 뿐. 한국 사람들만 그런 것도 아니다. 미국엔 이런 속설이 있다. 결혼 전에 섹스할 때마다 항아리에 동전을 하나씩 넣고, 결혼 후에 섹스를 할 때 하나씩 뺀다면 죽을 때까지 항아리가 비지 않는다는 얘기. 스트레스 받으며 사는 생활에 있어 내가 남보다 뒤진다는 생각은 안 했지만, 그게 원인이라는 건 전혀 설득력이 없었다. 첫 번째 가설 **성폭력 트라우마**와 두 번째 **통증 회피 악순환**이 유력해 보였는데, 무엇을 택하느냐에 따라 치료 방향이 달라지는 기로에 서게 되었다.

두 번째 가설을 따른다면, 공포증 치료에 많이 쓰이는 행동교정 프로그램을 짜게 된다. 이는 인지행동치료의 한 분야인데, 예를 들어 아주 작은 강아지마저 극도로 무서워하는 개공포증 환자가 있다면, 그 내담자를 서서히 공포 유발 상황에 노출시키면서 한계를 조금씩 시험해서 행동을 수정하는 치료 방식이다. 치료사가 동반해 처음에는 공원에 가서 멀찍이 개를 바라만 보고 오고, 이후에는 가까이 다가가 보기도 하고, 나중에는 위협적이지 않은 귀여운 강아지를 만져보면서 아무 탈 없이 지나가는 경험을 한다. 공포증이 생긴 데에는 어떤 이유가 있고(주로 어려서 큰 개에게 물린 경우가 많다), 그로 인해 잘못된 믿음(개는 매우 위험하다. 나에게는 개를 감당할 힘이 없다)이 생긴 것이 원인이지만, 여기 초점을 맞추기보다는 빠른 시일 내에 행동의 변화를 일으키는 데 집중하는 방식이다. 같은 문제에 대한 정신역동적 치료라면, 행동에 이르기 전 단계인 인식과 태도에 영향을 미치는 감정을 깊이 탐색해보는 대화를 이어간다. 개가 위험하다는 생각에 사로잡힌 계기가 무엇이고, 그때 어떤 감정을 느꼈는지, 현재의 관점으로 그때의 생각과 감정을 재평가할 수 있는지를 묻고 답하게 된다. 이 과정에서 내담자는 정신적 외상을 입은 그때 상황과는 달리 지금 자신에게는 다르게 행동할 힘과 자유가 있다는 것을 깨닫고, 과거의 생각에서 놓여나는 훈습을 경험한다.

반면, 첫 번째 가설을 따르면 근본적인 원인을 좀 더 깊이 파고드는 치료 방식으로 가게된다. 트라우마가 된 경험을 떠올리고, 분석하고, 재평가하면서 마음의 상처에 포괄적으로 접근한다. 덧나고 곪아 흉터가 생긴 오랜 상처라 해도 요즘은 특수한 패드를 붙여 새살이 돋게 하는 것처럼, 잘만 된다면 좀 더 근본적인 치료가 가능한 방식이라고 할 수 있다. 흔히 알려진 정신분석 기법이 이 분야의 대표적인 치료법인데, 과거의 기억을 탐색하면서 수많은 통찰을 얻게 된다 해도 실제 변화가 일어나기까지는 보통 수년이 필요하다는 게 단점이다.

4.
트라우마 치료

Trauma Therapy

sexuality

나에게 트라우마가 있다

Traumas: Do I Have Them?

나는 독일에서 아직 영주권 없이 매년 체류 허가를 갱신해서 사는 형편이라 몇 년을 내다보고 치료를 계획할 순 없었지만, 그래도 트라우마 치료를 시도해보고 싶었다. 행동교정 치료를 받는다는 것은 페니스를 받아들이지 않는 게 내 인생의 큰 불편이고, 따라서 바꾸어야만 한다는 의미 같아서 '페미니스트의 자존심'상 내키지 않았다. 남자가 원하는 섹스를 해줘야 한다는 의무감도 없었고, 난 바이섹슈얼인데, 남자와의 섹스가 내 인생에서 필수 불가결한 건 전혀 아니니까. 또, 이 '증상'은 빙산의 일각에 불과하다는 직감이 있었다. 행동교정을 위해 치료사가 '그럼 여기서 섹스를 해보자'고 달려들진 않겠지만, 대신 내가 신뢰하지 않고 갈 때마다 불편하고 불쾌한 산부인과에 무슨 운동법을 배우라고 보낼것 같았다. 정신역동 치료는 행동교정보다는 나았지만 이미 그동안 나 스스로 고민해온 것과 별반 다르지 않은 과정이 될 것 같았다. 하지만 당시에는 치료사에게 내 선호나 우려를 따로 밝히지는 않았다. 그녀가 어떤 판단을 내리는지 보고, 웬만하면 이에 마음을 열고 따르고 싶어서였다.

트라우마 치료에서 트라우마(정신적 외상)라는 개념은 사실 폭이 넓다. 교통사고나 전쟁, 자연재해, 강간을 겪은 사람들에게 많이 나타나며 일상생활에도 많은 지장을 주는 PTSD[04] 수준부터, 언뜻 사소해 보이는 상황에서 입은 상처까지 두루 지칭한다. 어린 시절에 가족, 친구, 학교 같은 집단 내에서 겪은 굴욕, 실패, 거절, 다툼 같은 사건들은 단 한 번이었어도 외상을 남길 수 있는데, 어른 관점에서는 별것 아니지만 어린아이에게는 압도적인 경험이었기 때문이다. 그러니 정도의 차이만 있을 뿐, 누구나 해결해야 할 트라우마를 안고 사는 셈이다. 트라우마가 있다는 것은 그 당시의 부정적인 생각과 감정을 지금도 생생하게 느끼고, 트라우마가 상기되었을 때 가슴이 답답해진다든지, 온몸이 얼어붙는 느낌, 도망가고 싶은 충동 등의 신체 감각이 즉각 느껴진다는 것을 의미한다. 또는 트라우마가 경험과 비슷하거나 뭔가 연관된 상황에서 의지와 상관없이 과민반응을 하거나 아예 회피하는 것도 포함된다. 아마 마지막 증상이 가장 흔하면서 또 가장 많이 간과되는 부분일 것이다.

04 Posttraumatic Stress Disorder: 외상 후 스트레스 장애

내게는 성폭력 트라우마를 남겼다고 여겨지는 어린 시절 기억 두 가지가 있었다. 그때 가해자는 각각 아파트 경비 아저씨와 사촌 오빠였는데, 나는 아직도 이들과 관련된 반응을 보이고 있었다. 먼저, '작업복 남자에 대한 과도한 경계심'은 어느 날 면담 중 통찰에 이르면서 문득 확인되었다. 내가 말하는 작업복 남자란, 인터넷 기사, 수도·보일러 등 각종 A/S기사, 건물 관리인 등 유니폼을 겸한 작업복을 입고 생활 공간을 드나드는 남자들이다. 나는 그들 앞에서 몸과 마음이 경직되고 불안해진다. 논리로 설명하기 어려운 두려움마저 들곤 했다. 그건 사실 그들을 성폭력의 잠재적 가해자로 '느끼고' 있기 때문이었다. 가령, 얼마 전에 화재경보기를 점검하러 두 명의 작업복 남성이 우리 집을 방문했었다. 예전에도 가끔 본 적 있는 이 건물 관리인 두 분은 함께 와서 10분쯤 작업을 하고 갔다. 그런데 나는 내내 눈에 띄게 안절부절 못했다(과민, 회피반응). '저 사람들이 갑자기 돌변하면 어떡하지?' '그냥 대문을 열어놓을까?' 내 복장도 살폈다. 자다 일어나서 짧은 트레이닝복에 셔츠 차림이라 신경이 쓰였다. '이런 모습 때문에 타깃이 되지 않을까?' 전형적인 자기검열이었다. 그들이 나가니까 비로소 다시 숨이 쉬어지는 느낌(신체 감각)이었다. 한두 번 일어난 게 아니고 오랜 세월 나는 이런 상태를 보였다는 것을 최근 깨달았다. 그동안에는 여자들은 다 이렇게 느끼겠지, 간혹 뉴스나 영화에 나오는 범죄를 보고 생긴 불안이겠지, 하며 대수롭지 않게 지나왔다. 그런데 사실은 군청색 관리사무소 유니폼을 입고 있었던 그 남자. 금니를 번쩍이며 징그러운 미소로 사탕을 내밀던 경비 아저씨를 내 무의식은 연상했던 것이다. 단지 외모의 특징이 유사하다고 해서 어떤 사람을 경계하는 것은 비합리적인 일반화이자 편견이기도 하다. 그래서 바로 트라우마로 인한 과민반응인 것이다.

그리고 열 살 때 있었던 사촌 오빠에 의한 **은밀한 성추행** 사건. 이제 20년쯤 지났지만, 나는 그동안 줄곧 그 일이 해결되지 않았다고 생각해왔다. 무엇보다 여전히 그 사람을 대면하고 싶지 않았다. 꼴도 보기 싫고 다 잊고 싶지만, 한편으론 대면해서 꼭 사죄를 받고 싶다는 모순적인 마음도 있었다. 이 긴 시간 동안 나는 그 오빠를 세 번 마주쳤다. 그가 오는지 모르고 나갔던 가족 모임에서 두 번, 할머니 장례식 때 한 번. 그 외에도 물론 각종 명절과 경조사 등 수많은 기회가 있었지만 애써 피해왔다. 구체적으로 그 기억을 떠올리며 피한 적도 있고, 어쩔 때는 무의식적으로 다른 핑계를 댔다가 뒤늦게 진짜 이유를 깨닫기도 했다. 심지어 당일 출발을 한두 시간 앞두고 갑작스레 탈이 나서 못 가게 되기도 했다. 그와 같은 공간에 있었던 때, 나는 일부러 멀찍이 떨어져 있으면서도 그가 나에게 다가올까 봐 곁눈으로 주시하지 않을 수 없었는데, 한 번은 친척들이 모두 둘러앉은 넓은 앉은뱅이 밥상에서 그가 내 옆으로 다가왔다. 대학 입학을 앞둔 겨울 방학, 아가씨가 된 걸 기념하며 조금씩 멋을 내던 시기인데 오랜만에 만나 달라진 내 모습을 보고 '예뻐졌다'고 칭찬하며 친한 체를 하는 것이었다. 입맛이 즉시 달아나고 도망가고 싶은 충동이 들었던 건 물론, 마음속에선 한 가지 문장이 맴돌았다. '어떻게 네가 감히 나한테 말을 걸어?' 밥상을 뒤엎고 큰소리로 싸움을 걸까. 핑계를 대고 그냥 일어날까. 따로 방에 가서 얘기하자고 할까. 나는 과연 내가 무엇을 할 수 있을지 판단하고 용기를 짜내보려 했지만 기습적으로 닥쳐온 상황에 대비가 안 되어 있었다. 내가 머뭇거리는 사이 그는 일어나 갔다. 그 순간을 모면한 후에도 고민은 계속됐다. '내가 별 반응이 없으니까 소극적으로 보였겠지. 내 목소리가 작아서 수줍어하는 줄 알았겠지. 과거를 따져 물어야 했는데 바보같이 왜 그 기회를 놓쳤을까. 아니, 쟤는 그때 일을 기억이나 할까? 기억해도 저러는 거면 정말 두들겨 패주고 싶다. 기억 못하면 나만 더 억울하다…' 등등. 두 가지 특정 기억 외에도 살면서 겪은 갖가지 성폭력과 차별의 트라우마가 오늘의 나에게 얼마나 많은 영향을 주고 있을 것인가. 1부에서 다룬 황폐한 풍경과 검은 형상은 임상심리학 언어로 말하면 곧 트라우마요, 트라우마로 인한 증상이었다. 문득 끝이 안 보이는 서늘하고 깜깜한 우물을 내려다보는 느낌에 아찔했다.

EMDR 요법을 만나다

An Encounter with the EMDR Method

트라우마 치료를 하고 싶다는 내 바람대로 R은 다음 회기에서 트라우마 치료법으로 널리 쓰인다는 EMDR[05]을 해보자고 제안했다. 다른 트라우마 치료법에 비해 효과가 빠르고 과정이 융통성이 있으

05 Eye Movement Desensitization and Reprocessing; 안구 운동 민감소실 및 재처리 요법

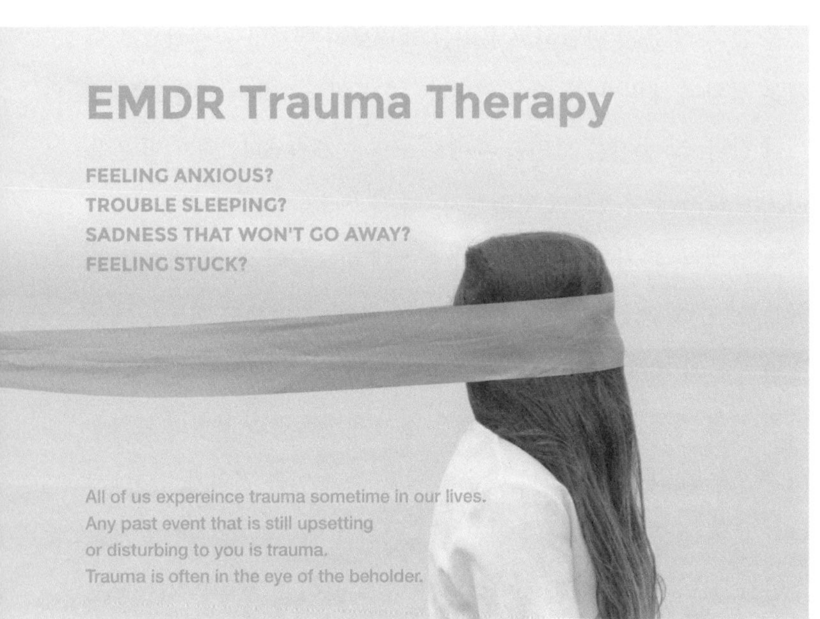

EMDR 트라우마 요법을 소개하는 포스터. 불안감, 수면장애, 오래 지속되는 슬픔, 막다른 골목에 가로막힌 느낌에 시달리는지 물으면서 과거의 트라우마가 현재 삶에 지장을 줄 수 있다고 설명한다.

며, 무엇보다 몸과 마음을 연결해서 다루기 때문에 본인이 선호하는 것 중 하나라고 했다. **몸과 마음의 연결**이란 앉아서 대화만 하는 것이 아니라 신체 활동도 치료 과정에 포함되고, 마음 상태가 몸에 어떻게 반영되는지에 초점을 맞춘다는 것이었다. 또, 치료사의 해석이 많이 들어가는 다른 요법들에 비해 EMDR은 환자 본인이 스스로 해답을 찾아나가는 과정이 많아 내 분석적, 탐구적 성향에 잘 맞을 거라고도 했다. 무엇보다 중요한 것은 내가 처음 들고 온 문제가 성폭력과 섹스에 대한 것이라고 해서 섹슈얼리티와 관련된 트라우마만 돌아보는 것이 아니라, 전 생애에 걸친 기억과 경험을 조명하면서 여러 가지 트라우마를 연결해서 다룬다고 했다.

R의 설명에서 받은 인상으로는 언뜻 EMDR 요법이 꽤 마음에 들었다. 집에 와서 자료를 찾아 더 공부하면서 더 흥미가 생겼다. 특히 이 요법을 개발한 심리학자가 여성이었고, 어떤 주류 이론에서 출발한 것이 아니라 스스로가 직접 체험한 일을 바탕으로 연구를 시작했다는 점이 좋았다. 개발자인 프랜신 샤피로 박사Dr. Francine Shapiro, 1948~는 어느 날 공원에서 산책을 하며 골치 아픈 문제를 생각하고 있었는데(스트레스 상황), 산책이 끝날 무렵엔 기분이 극적으로 나아지고 그 문제가 더 이상 고통스럽게 느껴지지 않았다고 했다. 당시 몸과 마음이 어떻게 연결되는지에 관해 심리학 박사과정 중이던 샤피로는 신체 활동에 주목해서 자신이 뭘 했는지 되짚어 보고는 산책할 때 두 눈을 빠르게 움직이며 공원 풍경을 훑고 있었다는 사실에 주목했다. 이에 따라 그녀는 양쪽으로 눈을 움직이는 안구 운동이 어떤 효과를 냈다는 가설을 세우고 주변 사람과 자신을 대상으로 실험해가며 치료법의 체계를 잡았다.

오늘날 EMDR은 총 8단계 과정으로 정립되어 있다. 샤피로 박사의 저서《트라우마, 내가 나를 더 아프게 할 때Getting Past Your Past》(2012)에 따르면, 이 요법의 핵심 근거는 사람의 뇌가 어떤 경험을 기억으로 저장하는 방식에 대한 20세기 후반까지의 연구 결과들이다. 사람의 뇌에서는 적응적 정보처리 시스템adaptive information processing system이 작동하고 있어서 우리가 어떤 일을 겪을 때 정서적 혼란과 고통이 있더라도 곧 극복할 수 있도록 한다. 살아가는 데 필요한 정보나 해결책은 저장하고 그렇지 않은 것은 대부분 흘려보내는 것이다. 이러한 정보처리는 대부분 무의식 수준에서 이루어지는데, 대표적으로 양 눈을 좌우로 빠르게 움직이며 꿈을 꾸기도 하는 REMRapid Eye Movement 수면 동안 이루어진다. 잠을 자면 그 전에 공부한 내용을 더 잘 기억할 수 있다거나, 기분 나쁜 일이 있을 때 한숨 자고 일어나면 나아진다는 통설이 바로 이를 바탕으로 한다. 악몽을 꾸는 것도 그날 겪은 심리적 스트레스의 해소하는 출구라는 점에서 긍정적이다. 하지만 만약 이 시스템이 제대로 작동하지 않고 실패한다면 어떻게 될까? 그럴 때는 그 경험에 대한 기억이 기존 기억들이 모여 있는 네트워크에 통합되지 못하고 따로 떠돌게 된다고 본다. 처리가 미처 안 되었기 때문에 그 안에는 '유용한 정보'말고도 그 경험을 할 **당시의 생각과 감정, 이미지, 신체 감각 등이 날것으로 저장**된다. 애초에 시스템이 잘 작동하지 않은 이유는 그 사람이 충격과 고통에 압도된 상태였기 때문인데, 이렇게 처리되지 않은 기억이 오늘날 어떤 요인에 의해 촉발될 때마다 날것으로 머물러 있던 감정과 반응, 즉 충격과 고통이 다시 고스란히 나타난다. 이것이 트라우마, 다시 말해 정신적 외상을 입은 상태라고 볼 수 있다.

EMDR 요법을 쓰는 치료사는 현재 문제를 일으키는 것으로 보이는 트라우마 기억을 찾아내 그 기억을 재처리하는 방식으로 치료한다. 재처리는 **안구 운동 민감소실 및 재처리**라는 단어에 나타나 있듯, 내담자가 REM 수면 상태의 안구 움직임을 모방한 안구 운동을 하도록 유도하면서 그동안에 문제 기억이 기존 기억 네트워크에 적응적으로 통합될 기회를 만든다. 처음에는 안구 운동만 쓰였지만 지금은 정향반응(지속적인 집중 상태)을 만들어주는 다른 양측성 자극들도 치료에 널리 쓰인다. 예를 들어 양쪽 귀에 번갈아 소리를 들려주기, 양손에 쥔 진동기에 번갈아 자극을 주기 등이 있다. 재처리 과정이 성공적으로 일어나면 그 기억과 관련된 신체 감각과 과민반응, 부정적인 생각과 감정이 줄어들고, 충격적인 이미지가 더 이상 선명하지 않게 된다고 알려져 있다. 치료의 목적과 과정, 효과는 이처럼 논리정연하지만 사실 EMDR 요법으로 인해 내담자의 뇌에서 실제로 어떤 변화가 일어나는지는 거의 증명된 바가 없다고 한다. 뇌신경과학이 아직도 걸음마 상태인 까닭이다. 그래서 임상심리학계에서 이 요법이 처음에는 논란거리였는데, 대화치료에 비해 워낙 새로운 접근이라 많은 관심을 받았고 내담자들이 보고하는 치료 효과가 일관되게 높아서 곧 주류 트라우마 치료 요법으로 확고히 자리를 잡았다.

EMDR 요법의 프로토콜

1. 시금석 기억 찾기

a. 찾는 방법:

1) 최근에 자신을 심란하게 만든 사건에서부터 기억을 더듬어 가거나
2) 스스로에 대한 부정적인 평가(부정적 인지)를 검토하며 그 원인이 된 기억을 떠올리거나
3) 하루 일과 중 감정적인 변화를 기록하면서 특히 불쾌감을 주는 상황을 분석함.

2. 주관적 고통 지수 SUD, Subjective Units of Distress 평가하기

a. 1~10점으로 표시. 중 3점 이상이면 해당 기억의 처리가 잘 안된 것. 4~5점부터는 재처리가 필요.

3. 위와 같은 방식으로 10~20개의 처리되지 않은 기억을 찾아 목록을 작성

4. 정서 스캔하기

a. 하는 방법:

해당 기억들 속의

1) 최악의 장면과

2) 이와 관련해 지금 느끼는 감정

3) 또 지금 느끼는 신체 감각을 기록

4) 부정적 인지 유형 중 어떤 것인지 파악함

b. 부정적 인지:

타깃 기억에 관련된 자신에 대한 생각과 느낌. 세 가지 범주로 나눔. 책임 영역(이건 내 잘못이야), 안전 영역(나는 안전하지 않아), 통제 영역(나는 아무런 힘이 없어)

5. 처리 안 된 기억들 간의 복잡한 연결을 추론하기

6. 해당 기억들이 일어난 순서대로 타임라인 만들기

7. 자기조절기법을 활용해 재처리하기

8. 자기조절기법으로 편안한 상태로 돌아가기

트라우마 기억 네 개

My Four Traumatic Memories

본격적으로 트라우마 치료를 하려면 타깃으로 삼을 기억을 정하는 것이 첫 번째 단계다. 많은 사람은 지금 무엇이 문제인지는 알지만, 그 문제가 왜 생겼는지는 수수께끼인 상태로 치료를 시작한다. 때문에 과거의 경험과 살아온 역사를 훑어가면서 **시금석 기억**을 찾아내는 것인데, 나는 이 과정을 밟지 않았다. 내가 치료실을 처음 찾을 때 이미 인생에서 큰 트라우마라고 여기는 기억 네 개를 들고 왔고 치료사가 이를 그대로 수용했기 때문이었다. 지금 생각해보면 안타까운 실수였다. 현재 문제가 어떤 종류이냐와 관계없이 원인이 되는 처리 안 된 기억은 무엇이든 될 수 있는데, 섹스 문제라고 해서 성폭력 기억 두 개가 이와 반드시 연관 있을 것이라고 여긴 것이다. 나머지는 두 개 기억 역시 학교에서의 겪은 '소외' 경험이라는 카테고리로 성급하게 묶어버렸다. 게다가 10~20개 기억을 통합적으로 함께 재처리하는 것이 정식 프로토콜인데, 우리는 30년 인생의 트라우마 지형도를 겨우 네 개의 기억으로만 그렸고, 나중에 실제로 재처리 과정을 거친 것을 두 개에 불과했다. 하지만 이 제한된 치료만으로도 벌써 놀라운 일들이 일어났다.

트라우마 기억 1

사탕을 주며 손짓하던 경비 아저씨

일곱 살의 나는 가족들과 아파트 1층에 살고 있었다. 밖으로 나가려면 매번 입구 옆 경비실을 지나야 했다. 처음 이사 왔을 땐 없었던 어떤 경비 아저씨가 언젠가부터 자주 보였고, 내가 지나갈 때마다 억지스런 함박웃음을 지으며 손짓해 불렀다. 다른 한 손으로는 사탕을 내밀면서. 사탕이 먹고 싶어서였는지, 웃는 낯으로 부르는 어른의 말을 거역하지 못한 것인지는 잘 모르겠다. 지나친 관심과 더없이 친절한 가면은 어린 눈으로 보기에도 작위적이고 부담스러웠다. 하루는 마지못해 부름에 응했다. 내가 가까이 가자 그는 얼른 나를 자기 다리 사이로 바짝 끌어당겨 앉히고는 어르고 달랬다. 다음 순간 그의 손은 내 짧은 원피스를 들추고 팬티 위를 은근히 주무르기 시작했다. 나는 무언가 이상하고 불편했다. "저 가야 돼요." 몸을 비틀며 말했다. 그는 감싼 팔에 힘을 주녀 막는 듯하더니 내 목소리가 높아지자 풀어줬다. '내가 저 어른의 기분을 상하게 한 건 아닐까. 버릇없이 군 건 아닐까. 사탕까지 줬는데.' 걱정을 했다.

이후에도 그의 끈질긴 부름은 계속됐다. 유치원 갈 때도, 슈퍼에 갈 때도, 놀이터 갈 때도. 하루에도 몇 번씩 아슬아슬한 순간이 이어졌다. 밖에 나갈 때마다 먼발치서 경비실부터 확인했다. 경비는 2교대 근무라는 걸 그땐 몰랐다. 그 아저씨가 있을 땐 경비실 반대편 벽에 바짝 붙어 살금살금 걷다 경사로로 빠져나갔다. "애기야, 이리와봐" 그가 부르는 목소리가 들리면 화들짝 놀라 도망쳤다. 어른과 함께 지날 땐 태연하게 고개를 돌리고 걸었지만 그래도 불안했다. 대체 몇 달을 그렇게 살았을까? 엄마에게 말했을까? 기억이 안 난다. 그 아저씨가 나쁜 사람인 건 몰랐다. 다정하게 웃으며 불렀고 사탕을 줬으니까. 내가 불편하고 싫었던 그 행동을 또 할까 봐 피한 것뿐이었다. 나중에 다른 여자애들에게도 똑같이 불러들여 무릎에 앉혀놨던 것을 본 기억도 난다.

어느 날 가족 기도 시간이 끝나고 언니와 나를 두고 아빠가 조심스레 공표했다. 그 경비 아저씨가 우리 옆옆집 문을 따고 들어가 혼자 있던 딸을 때리고 범했다고. 열세 살쯤이었던 그 사춘기 언니와는 나도 가끔 어울렸었다. 엄마가 옆에서 거들었다. "글쎄 걔가 평소에도 좀 발랑 까진 것 같더라. 그러니까 더 그랬지… 아휴." "그 다음에 어떻게 됐어?" 나는 너무 놀라서 흥분했다. 그 아저씨는 나쁜 사람이었던 것이다! "그 집 아빠가 나중에 와서 두들겨 패고 경찰이 왔다던데. 이제 감옥 가겠지." 아빠가 말했다. 엄마는 또 한마디 보탰다. "그 집 아빠는 평소에 하고 다니는 게 어찌나 깡패 같던지. 그 집 전체가 좀 정상은 아니었어." "그럼 그 언니는 어떻게 되는 거야?" "평생 상처가 되겠지." 나는 말할까 말까, 조바심내다가 불쑥 외쳤다. "나 알아! 그 아저씨가 나한테도 그랬어!" 아빠는 혼비백산했다. "뭐? 뭘 어떻게 했는데." 내가 그 자리에서 정확히 뭐라고 말했는지는 기억이 안 난다. 부모님이 너무 놀라는 모습을 보고 사실대로 다 말은 못했던 것 같기도 하다. "그 정도는 괜찮아. 아무것도 아니야. 얼마나 다행이니. 그 언니 봐라." 난 그동안 힘들었는데, 아무것도 아니란 말에 억울해서 떼를 썼다. "나한테도 진짜 그랬다니까!" "이제 와서 뭘 어떡하겠니. 어차피 볼 일도 없어. 앞으로 너네 둘 다 조심해." 그날 이후 정말 그 아저씨는 보이지 않았다.

◇ 주관적 고통 지수 : 6점

◇ 정서 스캔

최악의 장면	가해자의 얼굴. 어두운 경비실 의자에 앉아 날 향해 손짓하며 억지 미소를 짓던 모습. 그때 왼쪽 입가에서 빛나던 금니.
지금 느끼는 감정	아파트 입구를 드나들 때마다 느낀 공포, 그 아저씨의 나쁜 사람이라는 게 분명해졌을 때의 충격, 부모님의 반응에 대한 실망
지금 느끼는 신체 감각	가슴이 두근거림, 극도의 긴장
부정적 인지	(통제 영역) 나는 도망만 다녔다. (안전 영역) 부모님은 날 위해 나서주지 않았다. 나는 아무에게도 의지할 수 없다.

트라우마 기억 2

오빠는 나를 인형으로 생각하는 것 같아

열한 살의 나는 명절에 가족들과 외삼촌 집에 갔다. 자주 만나지 않았던 이종 사촌들과 친해지기에 하루는 너무 짧았다. 그날은 컴퓨터를 잘하는 고등학생 사촌 오빠가 〈프린세스 메이커 2〉[06]라는 게

06 일본의 게임 회사 가이낙스가 1993년에 발매한 육성 시뮬레이션 게임으로, 일명 '미소녀 게임'의 초기 히트작. 나는 10대 초중반 이 게임을 즐겨 했지만 지금 생각해보면 여성을 대상화하고 가부장적 관념을 강화한다는 면에서 문제의 소지가 무척 많다. 마왕을 물리치고 나라를 구한 용사 남성(가부장)이 여자아이를 입양해 10~18세 동안 키워 독립시킨다는 것이 기본 설정. 교육 방식에 따라 딸의 장래 직업이 결정되는데, 목표는 공주로 키우는 것이지만 선생님이나 수녀

임을 보여줬고, 나는 여기 빠져들어 종일 컴퓨터 앞을 떠나지 못했다. 아직 도스 시절이라 내용도, 화면도 단순한 게임이 대부분이었는데, 이 게임은 정말 화려했다. 올 컬러에 화면도 계속 바뀌었다. 육성 시뮬레이션 게임은 처음 해보는 것이었다. 나처럼 어린 소녀를 먹이고 입히고 교육시켜 공주로 만든다니. 디즈니 만화를 내가 직접 만드는 것 같았다. 한나절을 꼬박 했어도 8년 치를 다 못 마쳐서 엔딩이 안 나왔다. 내가 너무 아쉬워하자 더 하고 오라는 허락이 떨어졌다. 이 집에서 세 밤 자고 가기로 했다. 외숙모는 아이들을 싫어하고 평상시 말투도 늘 꾸짖는 것 같은 쌀쌀한 사람이었고, 대학생인 사촌 언니나 직장에 나가는 외삼촌도 어려웠다. 순전히 게임과, 게임을 가르쳐주는 친절한 오빠 때문에 남았다. 거실에 있는 컴퓨터 앞에서 둘이 종일 게임을 했다. 명절이라 어른들이 그만하라는 잔소리도 안 했다.

부터 술집 여자와 창녀, 심지어 아버지와의 결혼까지 다양한 결말 설정 값이 있다. 아버지 역할을 맡은 유저는 옷을 사 입히고 식단과 스케줄, 학교 수업 과목을 결정하는 것은 물론 연애 상대자까지 통제한다. 표정과 신체 치수가 철저히 계량화되어 있고, 게임 조작에 의해 도덕심, 감수성, 신앙심 같은 성격적 요소도 시시각각 변화한다. 특정 도스 명령어를 통해 알몸 설정이 가능하고 노출이 심한 의상과 포르노를 연상케 하는 포즈도 게임 도중 흔히 볼 수 있는 그래픽이다. 이 게임은 큰 제재 없이 국내에서 정식 발매되어, 10대 초반의 아동, 청소년 사이에서 무척 유명했다. 당시 10대 후반이던 사촌 오빠는 나에게 게임의 음란한 요소를 직접 설명해주기도 했다. 치료사는 이 게임을 나에게 보여준 것만으로도 성적 학대에 해당한다는 의견을 표했다.

둘째 날 오후였을까, 오빠는 그때까지 옆에 앉아 있던 날 보고 "무릎에 앉을래?"라며 불렀다. "아니, 괜찮은데." 내가 거절하자 나를 직접 자기 무릎으로 끌어 앉혔다. 좀 있다가 손길이 내려왔다. 처음 몇 번은 내 엉덩이 밑으로 손을 넣어 들어 올리면서 바로 앉히는 시늉을 했다. 미끄러지지도 않았는데. 나는 손길이 불편해서 내려가 옆자리로 갔다. 그는 다시 나를 끌어 앉혔다. 대수롭지 않다는 듯 아무 말 없이 계속 화면을 보면서. 두 손을 내 사타구니 앞뒤로 깍지 끼더니 내 성기를 꾹 눌렀다. 만지려고 만지는 게 아니라 내가 흘러내리지 않게 잡고 있는 것처럼 붙잡고 가만히. 역시 아무 일 아니었다. 우리는 게임을 계속했다. 그는 내가 키보드에서 키를 조작하도록 하고 뒤에서 이렇게 저렇게, 코치를 했다. 게임은 바빴다. 딸에게 끊임없이 다음 스케줄을 정해주고, 말을 걸고, 옷을 사주고, 휴가를 보내야 시간이 가고 딸이 자라 엔딩을 볼 수 있었으니까. 휴가 때 '무사수행'을 보냈더니 미로 속을 헤매다가 '늙은 용'을 만났다. 오빠는 이게 진짜 어렵고 중요한 부분이라고 했다. 용에게 선물을 받아야 한다고. 늙은 용은 내 어린 딸에게 대놓고 음란한 말을 하며 좋다고 신음했다. 딸은 난처해했다. 오빠는 늙은 용을 세 번 찾아가라고 알려줬다. 마지막에 용은 "가까이 오라"며 딸을 부른다. 다가가면 다음 순간 '용의 레오타드'가 새로운 아이템으로 주어진다. 언뜻 수영복처럼 생긴 야한 옷이다. 그 사이 내 성기를 누르고, 허벅지를 주무르고, 엉덩이를 꼭 쥐는 그의 손길이 계속된다. 나는 그가 잘못하고 있다고 느꼈다. 정확히 뭐라고 설명해야 할진 모르겠지만 오빠는 나에게 이런 행동을 하면 안 되고, 나는 하지 말라고 말해야 했다. 숙모가 차려준 저

녁을 먹으며, 집에 돌아온 사촌 언니와 얘기하면서도 머릿속으로 아주 골똘히 생각했던 기억이 난다. 어떻게 말해야 될까. 오빠 잘못이라고 큰소리내지 않으면서도 그 행동을 멈출 방법이 없을까. 아직 두 밤 더 자야 되는데. 엄마, 아빠랑 외숙모, 외삼촌은 친하지도 않다. 그래도 오빠가 잘해줬는데.

다음 날 저녁때가 되어 오빠와 사촌 언니 방에 둘이 있게 되었을 때, 나는 피아노 위에 걸터앉아 발을 흔들흔들 하다가 어렵게 연습한 말을 꺼냈다. 별일 아닌 척 새침하게 툭 던졌다. "오빠는 나를 인형으로 생각하는 거 같아." 침묵. 그도 툭 던졌다. "뭐? 그게 뭔 말이야?" "아니… 그러니까 오빠가…" 나는 준비한 한 문장이면 알아들을 줄 알았고 다음 말을 생각지도 않았다. 말문이 막혔다. 다시 팽팽한 침묵. 오빠는 방바닥을 한참 내려다보며 표정이 점점 굳어지더니 곧 자기 방으로 사라졌다. '큰일 났다. 오빠가 화가 났나 봐.' 내내 마음이 불편했다. 잠자리에 들기 직전 그가 나타났다. 사촌 언니는 방을 잠시 비웠다. 오빠는 나에게 주려고 챙겨두었던 책 한 권을 던지며 "내가 그렇게 잘해줬는데 넌 그딴 식이냐. 진짜 어이가 없네. 마지막으로 주는 거니까 이거나 갖고, 내일 잘 가라"며 내가 답할 틈도 안 주고 나갔다. 인상을 찌푸리며 또 혼자 생각을 했다. '내 말을 못 알아들은 건가. 오빠가 다 잘못했다는 건 아니었는데. 내가 제대로 말을 못했나 봐.' 오해가 있는 것 같아 난처했지만, 그 이상 더 할 수 있는 게 없다고 생각했던 기억이 난다. 다음 날 오전 늦게 내가 외삼촌 차를 타고 떠날 때까지 그는 아주 냉랭해져서 나에게 말 한마디도 붙이지 않고 쳐다도 안 봤다. 나는 그의 눈치를 보며 외롭게 마음을 졸이며 집에 갈 시간만 손꼽았다. 외삼촌 식구에게는 물론 집에 가서도 나는 입을 다물었다. 나만 아는 일이었다.

이후로 외가 모임에는 거의 나가지 않았다. 스물세 살의 어느 날, 엄마와 대화하다 문득 말을 꺼낸 적 있다. 아마 엄마가 그 오빠 근황을 전하며 "공부 안 하고 게임만 해서 그렇게 속 썩이더니 요즘이 컴퓨터 시대니까 그걸로 지 앞가림은 한다. 오히려 지 누나보다 더 잘됐어. 참 세상 모를 일이야" 했던 말끝에 나온 것 같다. 그놈이 잘 산다는 소식에 울컥했던 건지. 내 뒤늦은 폭로에 엄마는 잠시 황망해하다가 곧 눈살을 찌푸리며 말을 이었다. "그 정도는 별거 아니야. 엄마는 어릴 때 남자들 많은 집에 살았는데. 머슴들이 항상 드나들고 헛간이니 이런 어두운 데도 많았는데. 무슨 일이 없었겠니. 숱하게 있으려면 있었지. 그냥 넘어가. 그냥 다 잊어버려." 당시엔 페미니즘 공부를 열심히 하며 자기주장에 한창 힘이 실리던 시기였다. 나는 엄마의 태도에 당장 화가 났다. 울컥, 울음도 치받았다. "엄마, 엄마가 어떻게 그렇게 말할 수가 있어? 걔를 탓해야 되는 거 아냐? 어떻게 그냥 넘어가라고 해?" "아니, 너는 왜 나한테 짜증을 내니? 날더러 어쩌라고." "엄마는 엄마잖아." 엄마는 안방으로 들어가 버렸다. 예상치 못했던 전개였다. 나를 조금도 위로해주지 않고, 조금도 나와 같이 화를 내주지 않다니. 그동안 엄마가 속상할까 봐, 그래도 엄마 오빠의 아들이니까, 엄마가 불편해질까 봐 말 못하고 참았던 시간들이 허무했다. 가족 앞에서도 잘 울지 못하는 나는 울음이 나올 때 꼭

화도 같이 난다. 화를 내며 울던 나는 혼자 남겨져 텅 빈 거실에서 황망하게 한참을 더 울었다.

◇ 주관적 고통 지수 : 8점

◇ 정서 스캔

최악의 장면	화를 내며 나를 비난하던 사촌 오빠의 모습
지금 느끼는 감정	오빠에게 도리어 비난당한 것에 대한 억울함, 엄마의 반응에 대한 배신감과 슬픔
지금 느끼는 신체 감각	명치 끝이 쑤시고 아림. 눈물이 나옴
부정적 인지	(안전 영역) 나는 안전하지 않다. 나는 아무도 믿을 수 없다.

트라우마 기억 3

교묘한 비밀 투표

초등학교 6학년 때, 학기 초부터 주로 어울리던 그룹이 있었다. 쉬는 시간이나 급식 시간엔 물론, 서로 집에도 놀러 가고 주말에도 만나는 친한 친구 여섯 명이서 그룹 이름까지 함께 정해 결성했다. 당시에 유행하던 '비밀 일기 돌려쓰기'도 당연히 우리 활동에 포함되어 있었다. 그런데 어느 날부턴가 멤버 몇 명이 나를 대하는 태도가 갑자기 냉랭해졌다. 이유를 전혀 짐작할 수 없었지만 물어봤다가는 오히려 더 심해질까 봐 잠자코 불안에 떨고만 있었다. 어느 날 투표를 하자는 얘기가 나왔다. 말도 안 되는 이유를 들며 멤버 한 명을 빼야 한다는 것이었다. 모두가 성급히 동의하는 어색한 분위기에서 나는 직감했다. 미리 다 의논한 얘기구나, 나를 빼고 싶은데 대놓고 하지 못하고 투표를 해서 공정한 척, 모두가 따라야 할 규칙인 척하려는 거구나. 누가 슬쩍 귀띔해준 것 같기도 하다. 하지만 나라고 지목하지도 않았는데 자청해서 나가겠다고 하는 것은 모양새가 이상하고, 내가 날 적지 않고, 나랑 친한 한두 명이 다른 이름을 적어주기만 한다면 내가 안 될 가능성도 있었다. 어느새 게임의 룰에 말려든 것이다.

방과 후 빈 교실에 남아 짐짓 엄정한 척 종이를 돌려 갖고 각자 구석으로 흩어졌다 접힌 종이를 갖고 다시 모였다. 나는 짧은 순간 정말 고민했었다. 내가 안 뽑히자고 다른 이름을 적으면 그 애가 상처받지 않을까. 만약 나 빼고 모두 다 나를 적으면 나머지 하나는 내 표인 게 티 나지 않을까. 그럴 바엔 에라 모르겠다, 나도 날 찍을까. 난 결국 '기권'이라 썼다. 표를 다 펼쳤을 때, 다른 종이엔 전부 내 이름이 아주 또렷이 적혀 있었다. 한 표는 'ㅇㅇ아… 미안해ㅠㅠ' 라고 소심하게 써 있었는데, 난 그 글씨를 바로 알아봤다. 나랑 제일 붙어 다녔던 현정이구나. 생김새도, 성격도 쥐 같았던 아이. 쥐처럼 귀엽지만 비굴했던 아이. 배신감이 컸지만 쟤도 살려고 저랬겠지. 어이없게 그 순간 마음이 너그럽게 써졌다. 아이들은 다 침착했고 말을 아꼈다. 투표 절차는 흠 잡을 데 없이 공정했다. 투표를 하기로 동의한 이상, 결과를 받아들여야 했다. 덫이었다. 나는 이를 악물고 눈물을 참았다. 여기서 울면 내가 지는 거야. 집에 돌아가는 길에 '내게 정말로 미안했던' 현정이가 따라붙어 비겁했던 스스로를 만회하듯 뒷얘기를 조잘댔다. "야, 애들이 너 안 운다고 얼음공주라고 막 비꼬더라. 미친. 지들은 그딴 식으로 치사하게 사람 병신 만들었으면서." 소심한 애가 뒤에선 욕도 잘했다. 난 슬슬 열이 치받았다. "야, 너도 나와. 저런 애들한테 붙어 있어 봤자야." 너도 내 이름 썼지 않냐고 따져 묻진 않았다. 다른 애들은 글씨체를 숨기려 정자 반듯이 썼던데, 얜 그 생각을 할 정도로 영악하지도 못했다. 그냥 소인배였다. 현정이라도 곁에 남아줬으면 했지만 이미 날 배신했는데 뭘 더 기대할까. 얼음공주는 집에 가서 혼자고 되고 나서야 울었다.

다음 날도 그 다음 날도 나는 꾸역꾸역 학교를 나갔고, 교실은 더 없이 평화로웠다. 깔깔대고 몰려다니는 다섯 명을 볼 때마다 마음이 갈가리 찢어지는 분노와 슬픔을 극적으로 오갔다. 나는 여전히 공부 잘하고 발표 많이 하는 모범생으로 살았다. 흔들리지 않는 모습을 보여주는 것만이 그나마 더한 굴욕을 안 당하는 방법이라고 믿었던 것 같다. 난 잘못한 게 없다고, 내가 정말 이상해서가 아니라 쟤들이 나빴다고 수백 번 다짐했다. 그 결백에 대한 믿음이 나를 버티게 했다. 사람은 언제든 비겁해질 수 있다. 집단에서는 다수의 사람들이 양심의 가책 없이 한 사람을 얼마든지 짓밟는다. 이것도 되뇌었다. 나는 세상 이치를 좀 일찍 깨친 것뿐이었을까.

◇ 주관적 고통 지수 : 5점

◇ 정서 스캔

최악의 장면	내 이름이 적힌 다섯 개의 종이를 확인했을 때
지금 느끼는 감정	한 사람도 빠짐없이 공모해 나를 따돌렸다는 것에 대한 충격과 배신감. 그나마 믿었던 현정이에 대한 배신감. 소외감
지금 느끼는 신체 감각	없음
부정적 인지	(책임 영역) 나는 외톨이다. (안전 영역) 내 감정을 드러내는 것은 안전하지 않다. 나는 아무도 믿지 못한다. (통제 영역) 나에겐 선택권이 없다.

트라우마 기억 4

두 개의 사이버 폭력 사건

초등학교 6학년은 여러모로 불운한 시기였다. 학기 초에 속해 있던 그룹에서 쫓겨나고, 이후엔 방송반 활동을 하느라 다른 친구를 사귈 기회도 별로 없었다. 담임 선생님은 화가 나면 괜한 트집을 잡아 '규칙에 근거한 체벌' 이상의 폭력을 마구 휘두르고, 욕설을 일삼으며 시도 때도 없이 극기 훈련도 강요하던 무시무시한 30대 중반의 남성이었다. 당시엔 PC 통신이 한창 인기였고, 우리 집에도 컴퓨터와 모뎀이 있었다. 나는 처음으로 이메일 계정을 만들어서 좋아하던 학급 남학생에게 메일을 보내고, 뉴스레터로 온 애니메이션 사진을 수백 장 모아두었다. 어느 날 로그인이 안 먹혔다. 몇 번을 해봐도 비밀번호가 틀리다고 했다. 가슴이 덜컥 내려앉았다. 누가 해킹했다는 직감. 좋아하던 애니메이션 주인공 이름이 비밀번호였고, 내가 그걸 좋아하는지는 교과서 포장만 봐도 누구나 알 수 있었다. 바뀐 비밀번호 힌트는 '내가 좋아하는 사람'이었다. 그 남학생 이름을 쳤다. 계정이 열렸고, 사진과 메일이 모두 지워져 있었다. 누군가의 조롱. 혼자 있는데도 수치심과 굴욕감, 분노가 치받아 올랐다. 대체 누구야. 학급 아이들의 짓인 게 뻔했지만 알아낼 방법은 없었다.

얼마 지나지 않아 이번에는 학급 홈페이지 익명 게시판에 소동이 일어났다. 나는 까맣게 모르고 있었는데 어떤 조숙한 아이가 게시판에 내 이름으로 이상한 글이 올라왔는데 내가 아닌 것 같다며 확인해보라 했다. "난 네가 안 했다는 거 믿어. 누가 그랬는지 진짜 유치한데, 너무 신경 쓰지 마" 그 애는 위로를 건넸다. 알고 보니 누가 작성자에 내 이름을 적고 본문에는 '나는 잘났고 너희들은 모두 형편없다'는 요지의 거만한 독백을 나인 척 써놓았다. 이미 여러 날이 지나서 반 아이들이 대부분 다 읽고 날 손가락질하며 수군대고 있었다. 도대체 어떻게 내가 썼다고 믿을 수 있는지부터 어이가 없었지만 다들 그렇게 생각한다면 해명을 해야 했다. 담임에게 가서 어렵게 통설명을 했다. 처음에 선생님은 얘길 듣고도 그냥 뚱했다. 차라리 내가 서럽게 울었으면 호소력이 있었을 텐데, 자존심이 강하고 사리분별이 있었던 나는 '이 일은 부당하다'는 논리로 따박따박 설명했다. "그래서 어쩌라고?" "선생님께서 애들한테 제가 한 거 아니라고 말씀해 주시면 안 될까요? 저 진짜 억울해요" 나는 평소에 그 사람의 폭력성에 진저리를 치고 있었지만 그래도 선생인데, 이런 일엔 나서 줄 거라고 지푸라기라도 잡고 싶었다. 그는 마지못해 수락하곤 종례 시간에 건성으로 몇 마디 했다. "야, 그거 ○○○이 한 거 아니래. 누가 그딴 거 올리래? 익명게시판 없애버린다." 제대로 된 처벌도, 교화도 그렇다고 감동적인 용서와 화해 시도도 아닌, 그냥 건달의 협박 수준이었다. 또 다른 충격, 실망, 체념.

엄마에게 편지를 써놓고 학교에 갔다. 애들이 따돌려서 너무 힘들었지만 곧 잘 해결될 거고 괜찮으니까 너무 걱정하지 말라는 내용이었다. 구체적으로 뭘 해달란 것도 아니고, 다 과거 일이고, 안 좋은 일이 있었지만 그래도 괜찮다는, 묘한 뉘앙스였다. 엄마가 날 얼마나 자랑스러워하는데, 사실 학교에서 괴롭힘이나 당하고 있다고 하면 실망할까 봐 그 와중에도 씩씩한 척을 했던 것 같다. 그날 밤 잠자리에서 등을 돌리고 누워 있는데 엄마와 언니가 소곤소곤 얘기하는 소리가 들렸다. 자는 척하면서 귀 기울였다. "설마, 못 믿겠다"에서 "큰일은 아닌 것 같다"로 두 사람은 의견을 모았다. "얘 이번에도 부회장으로 뽑혔잖아. 근데 무슨 따돌림이야." "진짜 힘들면 자기가 말을 하겠지" 사실 나는 엄마한테 차마 말로 할 수 없어서 편지를 보냈고, 뭔가 반응이 있길 기대했다. 무슨 일인지 더 물어보고, 안아주고, 괜찮냐고 위로해주길 기다렸다. 그런 일은 일어나지 않았다. 시간이 지나도 가장 풀리지 않았던 고통은 이 사이버 폭력 사건의 주동자를 몰라서도, 내가 다른 사람에게 나쁘게 기억될까 봐도 아니었다. 대체 내가 뭘 그렇게 잘못했고, 내 어떤 면이 그렇게 거슬렸기에 따돌리고 괴롭혔는지 이유를 모른다는 것에서 왔다. 나는 지금도 세 명 이상이 모인 자리에서는 어처구니없을 정도로 쉽게 소외감을 느끼곤 한다. 어떤 역할이나 책임을 떠맡아서라도 차라리 상황을 주도해야 안심이 된다.

◇ 주관적 고통 지수 : 5점

◇ 정서 스캔

최악의 장면	선생님이 게시판에 글 쓴 사람이 내가 아니라고 했을 때, 나에게 일제히 몰리던 시선. 여전히 싸늘하고, 적대적이던 그 수십 쌍의 눈들
지금 느끼는 감정	온 세상이 나를 부정하는 듯한 극심한 소외감
지금 느끼는 신체 감각	명치께가 쑤시고 온몸이 굳는 듯함
부정적 인지	(책임 영역) 나는 사랑스럽지 않다. 사람들은 나를 싫어한다. 나는 외톨이다. (안전 영역) 내 감정을 드러내는 것은 안전하지 않다. 나는 아무에게도 의지할 수 없다. (통제 영역) 내가 할 수 있는 것이 없다.

트라우마들의 상호 작용, 그리고 오늘의 나

Interactions between Traumas and How They Shaped Me

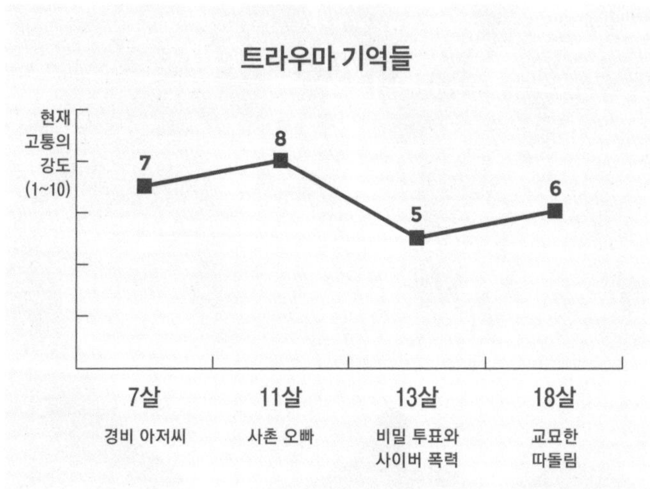

치료사 R과 나는 네 가지 기억을 시간순으로 X축에 놓고, Y축에는 주관적 고통 지수를 표시하는 타임라인을 그리면서 기억들 간의 연관성을 함께 얘기해보았다. 기억의 테마를 놓고 본다면 성폭력 사건과 학교폭력 사건으로 두 개씩 나뉜다. 공통적인 특징은 매우 **은밀하고 교묘한 방식**으로 폭력이 행해져서, 나에게는 무척 고통스런 경험이었지만 겉으로는 잘 드러나지 않았다는 것이다. 가족이나 친구, 이웃이라는 신뢰 관계에 있는 사람들이 돌변했다는 일종의 배신이라는 점에서도 비슷하다. 또한 부모님이나 다른 어른으로부터 필요한 지원(상황의 물리적 해결 및 이해, 공감, 위로 같은 심리적 차원)을 전혀 못 받고 혼자서 견디고 지나가며 이차적인 충격과 배신을 겪었다는 점에서도 기억들은 닮아 있다. 마지막 공통점은 부정적 인지 항목에서도 확인된다. 안전 영역에 해당하는 '나는 누구에게도 의지할 수 없다'는 느낌이 모든 기억에 들어 있다. 이러한 유사성은 이 기억들이 서로를 연상시키는 작용을 하고 복잡하게 뒤엉켜 오늘날 내가 느끼는 부정적인 상태를 유발한다는 것을 보여준다. 사촌 오빠 집에서 마지막 날 밤부터 떠나기 전까지 고립된 느낌으로 불안에 떨었던 것은 사이버 폭력 사건에서의 극심한 소외감과 크게 다르지 않다. 비밀 투표에서 친구들에게 배신감을 느꼈듯이, 친절함을 가장한 경비 아저씨의 진짜 얼굴을 깨달았을 때의 충격도 공포가 더해진 배신감이있다.

트라우마는 처리되지 않은 기억 때문이라고 하는데, 적응(학습) 메커니즘을 안 거쳤더라도 사람은 누구나 끔찍한 경험에서 역시 나름대로 생존에 필요한 정보를 축적한다는 생각이 든다. 물론 비뚤어지고 자기파괴적인 '잘못된 믿음'을 학습할 가능성이 높다. 내 경우에는 나쁜 경험에서 **누구에게도 의지할 수 없다**는 느낌을 반복적으로 받으면서 잘못된 믿음이 생겼다. 누구의 도움도 바라지 말고 스스로를 돌보며 힘든 일을 해결해야 하고, 나쁜 일로부터 자신을 지켜낼 책임도 오롯이 스스로에게 있으며, 섣불리 누군가에게 의지하려다간 나만 더 상처받는다는 믿음 말이다. 나는 일방적으로 폭력을 당한 어린아이로서 이른바 '골든타임'을 놓쳤던 것 같다. 고통스런 사건을 겪더라도 부모님에게 돌아가 안정을 취하며 회복할 수 있는 시간. 가해자를 지목하거나 처벌까지는 못하더라도, 부모님이 어린아이의 입장에서 내 감정을 유효한 것으로 받아들여 함께 애도하고 공감해야 했다. 그 꼭 필요한 과정이 없었기에 나는 내 감정이 거부당한 것으로 느껴졌고 이후에도 이는 '내 감정을 드러내는 것은 안전하지 않다'는 부정적 인지로 이어졌다. 이것은 20대 후반까지 원가족과 한집에서 쭉 함께 지냈는데도 내가 가족들에 대해 깊은 정서적 교류와 유대감을 못 느끼는 이유일 수도 있다. 또 사춘기를 거치고 성인이 되어서도 나는 힘든 일을 겪을 때 스스로를 잘 표현하지 못하고 살아왔다. 때로 억눌렸던 감정이 겨우 터져 나올 때는 정작 하고 싶었던 말과 행동이 아니라 다른 핵심을 비껴간 것에 화를 내거나 공격적인 태도가 되어, 주변 사람의 공감과 위로를 잘 얻지 못했다. 나는 도와달라는 의미로 어렵게 감정을 드러냈는데, 왜곡된 메시지와 태도 때문에 가까운 친구나 가족들은 이를 자신에 대한 비난이나 상요로 느끼고 "왜 이렇게 짜증을 내냐" "왜 나한테 화를 내냐"고 반응했던 것이다. 돌이켜 보면 부모님을 대신할 만한 어른들－주로 친구 엄마나 학교 선생님－이 내게 조금만 관심을 보여도 나는 거기에 몰입하며 내 이야기를 많이 털어놓았다. 하지만 그 관계가 아무리 따스해도 지지고 볶고 무조건적 사랑을 주고받는 가족과 같을 리는 없었다. 그러니 제때 밖으로 터져 나오지 못하고 **아직도 안에 갇혀 있는 충격, 슬픔, 분노**가 내 안에 얼마나 많을 것인가.

나는 어떤 모임에서든 자주 울음을 터뜨리는 사람들을 불편해하기도 했다. 그냥 살짝 울먹이거나 눈물이 고이는 정도 말고, 엉엉 울음 나올 때 참지 않고 그냥 내보내는 사람들 말이다. 그들은 그들대로 스스로가 창피할 수도 있고, 감정을 주체하지 못해 어쩔 수 없이 우는 것이겠지만, 나에게는 그런 행동이 부당하게 느껴졌다. 아마 상대적인 박탈감 그리고 질투심을 느꼈던 것 같다. 나는 오랫동안 가져온 부정적 인지 때문에 남들 울고 싶어도 울지 못하는 처지였던 것이다. 우는 사람에게 사람들은 대부분 마음이 약해진다. 싸우다가도 관두고 사과나 위로를 건네고, 잘 우는 사람이라는 걸 알고 나면 더 조심스레 대한다. "그래, 많이 힘들었구나." "마음이 그리 연약해서 이 험한 세상 어떻게 사냐." 사람들은 자신도 모르는 새 공감과 보호 반응을 보인다. 우는 사람들을 보면, 나만은 다른 사람들과 달리 자기연민에 젖었던 것 같다. 힘들어도 마땅한 위로를 못 받고 혼자 앓는 내 처지를 생각하면서.

성폭력 트라우마와 섹슈얼리티

The Sexual Violence Trauma and My Sexuality

성폭력 기억에 좀 더 집중하면서, 이것들이 섹슈얼리티 면에서 나에게 어떤 영향을 끼쳤는지 곱씹어 보기도 했다. 가령, 지나온 여러 연애들을 돌아본다. 성기 결합 섹스를 잘 안 했을 뿐, 아무 문제가 없었을까? 연애하는 모습이야 천인천색이니 누구와 비교할 거리는 못 되지만, 울며불며 세상이 끝날 듯한, 그 흔한 이별 경험을 나는 하지 않았다는 생각이 들었다. 거의 매번 내 쪽에서 헤어지기로 결심하고 상대방에게 통보하고는 그 길로 끝이었다. 단칼에 관계를 베어버리곤 큰 타격 없이 일상을 지속하고 괜찮다고 말했다. 실제로도 괜찮은 것 같았다. 하지만 헤어지자고 했다가 못 견뎌서 다시 찾아가거나, 매달리는 상대방에 마음이 약해져 다시 만나는, 전형적인 이별의 모습이 실은 당연한 것 같다. 한없이 몸과 마음을 부대끼며 두 사람만의 세계를 만들고 그 안에서 자아를 교환하는, 가장 친밀한 애착관계가 깨졌는데, 사람이 어떻게 괜찮을 수가 있나? 적어도 한 달은 나무뿌리 뽑힌 듯 휘청이고 흔들리는 게 맞지. 나는 그런 애착관계를 잘 만들 줄 몰랐던 것 같다. 날 **온전히 못 연 것**이다. 늘 나와 상대방 사이에 최후의 방어벽을 두고 있었고, 신뢰는 언제라도 배반될 수 있다는 경험에 기대, 연애를 아무리 행복해도 어느 날 사라질 수 있는 '임시 거처'로 취급한 것 같다. 나는 언제고 홀로 사는 내 집으로 돌아갈 수 있게 풀지 않는 배낭을 연애의 집 문가에 기대놓았던 것이다.

파트너 섹스에서도 내 태도는 비슷했던 것 같다. 적어도 연인들 간의 섹스는 고도로 친밀한 행위다. 섹스할 때 두 사람의 몸과 마음은 긴밀하게 상호 작용한다. 상대방에 대한 애틋한 감정은 성욕과 동전의 양면처럼 붙어 있으면서 우리로 하여금 온몸의 감각을 곤두세운 섹스를 통해 **극도의 쾌락과 애착 상태**를 만들도록 이끈다. 그때 성기가 감각적으로 가장 민감하다. 성기에서 전달되는 감각은 뇌하수체라는 별도의 기관이 전담할 정도다. 또 성기는 일상적 접촉에서 제외되어 있다. 낯선 사람과 늘상 악수를 나누는 손이나, 미용사에게 내맡기는 머리카락, 가방을 짊어지는 등과 어깨에 비해 성기는 속옷으로 가려져 있으면서 오롯이 성적 자극과 관련된 기능만 맡고 있다.

성기는 기억력도 뛰어나다. 누가 언제 어떻게 만졌는지, 무엇이 닿았는지 성기를 통한 느낌은 마음 깊숙이 각인된다. 그래서 성폭력은 다른 폭력보다 더욱 치명적인 것이다. 소외, 배신, 성적 학대와 같은 트라우마의 영향을 받는 내 몸은 좀 높은 방어 태세를 갖추고 살아온 것 같다. 몸이 요새라면 가장 중요하고 결정적인 방어물은 뭘까. 내겐 망설임 없이 **질**이다. **안으로 들어온다**는 표현의 의미를 돌출 성기를 지닌 남성은 실감하기 어렵다. 질 안으로 무언가가 삽입될 때 그 감각은 다른 접촉에 비해 훨씬 압도적이다. 질 안의 피부가 입 속의 피부처럼 점막으로 둘러싸여 부드럽고 수많은 감각 세포가 밀집해 있기 때문이다. 또, 전체 몸의 표면적에서 질 피부가 차지하는 비중은 적을지라도 이는 들어가도록 만들어져 있는 사람 신체의 모든 입구(입, 귀, 코, 질, 항문) 중에서는 가장 크다. 이곳을 통해 내가 아닌 무언가를 안으로 들인다는 건, 경계심을 풀어야 할 수 있는 일이다. 그렇지 않으면 그건 물리쳐야 할 침입이 된다. 그런데 트라우마의 기억들은, 성인이 된 내가 '스스로 내린 결정과 욕구'를 바탕으로 나를 온전히 열어 보이려 할 때도 이를 번번이 가로막았다.

게다가 나는 미디어의 성폭력 묘사로부터 대리외상을 곧잘 경험하고, 뉴스에서 보도되는 성폭력 사건에 관심을 많이 기울여왔다. 아동 성폭력에 대한 사회적 인식이 늘고 처벌 법안이 생겨나는 추세는 긍정적이지만, 한편으로는 나를 더 예민하게 만들었고, 나는 사회적으로 만연한 성폭력과 내 침실에서 벌어지는 사랑과 쾌락의 행위를 딱 잘라 구별하기 어려워했던 것 같다. (섹스가 실제로 정치적 투쟁이 될 때도 있지만) 내가 선택한 파트너와 섹스를 할 때는 몸과 마음을 완전히 열고, 저 모든 폭력의 잔혹함, 불평등, 고통과 파괴와는 별개로 나는 지금 안전하다고 여길 수 있어야 하는데, 그게 안 되고 있었다.

5.
기억의 재구성

Reconstruction of the Memories

기억의 재처리, 내 머릿속에서 무슨 일이?

Reprocessing the Memories: What's Going on in My Head?

첫 번째 타깃 기억의 재처리 과정

나　(눈을 감고 있다) 네, 제가 방금 경비실 앞으로 갔어요. 그리고 그 징그러운 경비 아저씨 얼굴을 똑바로 보면서 막 고함치고 소리 질렀어요. "아저씨 같은 사람 진짜 역겨워요. 당신은 쓰레기야. 어린 여자애들한테 사탕 주면서, 이게 뭐 하는 짓이에요? 이거 성폭력인 거 아세요? 제가 지금 당장 애 엄마 불러올 거고, 경찰에 신고할 거예요."

치료사　(흥미롭다는 표정으로 고개를 끄덕인다) 그 사람 반응은 어땠어요?

나 (방금 머릿속에 지나간 영상을 떠올려 말하느라 얼굴을 잔뜩 찌푸린다) 그 사람은 그냥 경비실 의자에 앉아 있고요, 사실 얼굴이 잘 안 보여요. 뭉개져서 보이는데, 어 그러고 보니 되게 이상하네. 그 아저씨 얼굴은 지금 기억나는 게 사탕 주면서 꼬드길 때 금니 보이면서 웃는 거, 그거 밖에 없어요. 다른 표정은 전혀 기억이 안 나요. 아무튼 그 사람이 거기 앉아 있고 제가 삿대질하면서 소리 질러도 그냥 인형처럼 앉아 있었던 것 같아요. 어쩌면 좀 쩔쩔매는 것 같기도 하고. 무기력했어요, 방금 제 상상에서는. 도망갈 거란 걱정은 안 들었어요.

치료사 자 이제 또 한 번 갈게요. 준비됐어요? (내가 양손에 쥐고 있는 양측 자극 전동기를 켜고 1분 정도 지나 끈다. 전동기 양끝에 500원짜리 동전만한 플라스틱 달걀 모양 패널이 달려 있고, 양쪽에 번갈아 진동이 온다) 이번에는 어떻게 됐어요?

나 전 일단 아이를 달래주려고 아파트 경사로 쪽으로 갔어요. 그러니까 그 아이가 어렸을 때 저죠. 지금의 제가 어린 저를 구해주러 간 상황이에요. 애가 경사로 턱에 앉아 있는데 겁먹어서 고개 숙이고 웅크리고 있어요. 제가 가서 머리를 가슴에 안고 쓰다듬어 줬어요. 괜찮다고 했는지, 울고 싶으면 울어도 된다고 했는지 그건 갑자기 생각이 안 나요.

나 (다음 자극이 또 지나갔다) 이번에는 우리 엄마 불러오려고 우리 집 문을 막 두드렸어요. 세게. 그때 우리 집이 경비실 바로 옆이었거든요. 5,4,3,2,1…호 이렇게 복도식으로 배열되어 있는데 5호였어요. 엄마가 문 닫고 밖으로 나왔길래 저는 최대한 침착하게 자초지종을 설명한 것 같아요. 엄마는 제가 저인줄 모르죠. 성인이 된 내 모습이니까. 저도 티를 안 내고 아줌마라고 불렀어요. 근데 이 '아줌마'가 별 반응이 없었어요. 충격은 받은 거 같은데 무슨 행동을 안 취하고 거기 멍하니 서 있어요. 제가 답답해서 "아니, 어떻게 하실 거예요. 엄마니까 뭔가 하셔야죠"라고 나무랐어요. 제 말 듣고 울상이 됐는데 그래도 가만히 있어요. 제가 다그쳤어요. "아니 경찰에 신고를 하든가 저 사람한테 따지든가 하세요."

나 (다음 자극이 지나가고) 결국엔 설득해도 안 될 거 같아서 제가 아줌마 팔을 붙잡고 직접 경비원한테 데려갔어요. "이 분이 저 애 엄마거든요. 어쩌실 거예요. 이제 다 들통 났어요. 아파트를 지키려고 온 사람이 지키기는커녕 애들을 해치고. 이게 말이 돼요?" 저는 또 흥분해서 화내기 시작하는데 옆에 우리 엄마, 그러니까 아줌마는 소극적이에요. 아무

발도 못하고 얼어붙어 있어요. 경비는 그냥 거기 앉아 있고 여전히 얼굴 표정이나 모습이 뭉개져서 잘 안 보여요.

나　(다섯 번째 진동 자극이 지나가고) 엄마랑 경비 아저씨 둘 다 너무 한심해서 답답하다 못해 저는 짜증과 분노가 극에 달했어요. 전 엄마한테 애나 돌봐주라고 하면서 경사로 쪽으로 보냈어요. 그리고 아저씨를 협박했어요. 저도 사실 어떻게 해야 할지 모르겠는데 그걸 아저씨한테 들킬까 봐 초조했어요.

치료사　아이한테 뭐가 필요한 거 같아요?

나　일단 그 경비가 눈앞에서 안 보여야죠. 경비가 사라져야 애가 안심을 해요.

치료사　그럼, 그 방향으로 생각을 이어가 보세요.

(진동 자극을 또 준다. 1분 후)

나　경찰에 신고해야지, 당연히 해야지 싶었는데 막상 망설여졌어요. 경찰이 와 봤자 이걸 범죄로 보고 잡아갈지, 게다가 이건 한 20년도 더 전이잖아요. 그때는 성폭력에 대한 개념이 진짜 빈약했고. 경찰이 와도 도움이 안 될 거 같아서 핸드폰 쥐고 할까 말까 하고 있고, 근데 제가 주춤하는 걸 이 아저씨가 볼까 봐 계속 화난 얼굴하고 있어야겠다 생각했어요. 팔짱 딱 끼고 경비실 문 앞에 버티고 서서. 조금 그러다가 관리사무소에 전화를 걸었어요. 전화에 대고 언성 높이면서 상황 설명을 다 해서, 이 사람 당장 해고시켜야 된다고 했어요. 그쪽에서 알겠다고 했어요. 이제 사라지겠죠.

치료사 (나에게 진동 자극기를 받아서 선을 정리해 탁자 밑에 두며) 오늘은 이 정도면 된 거 같네요. (몇 분 정도 안정을 취하게 한 뒤) 왜 본인이 그 기억에 등장했다고 생각해요?

나 모르겠어요. 이상해요. (목 메인 목소리로) 저도 솔직히 떨리고 무서웠어요. 상상에서도 그런 게 좀 느껴졌어요. 그 사람을 떠올리기만 해도 싫은데 직접 가서 말했다는 게 저도 의외예요. 왜 제가 나왔는지. 저도 싫은데 저 밖에 나설 사람이 없었나 봐요. 너무 슬퍼요. 제가 가야 했다는 게.

치료사 그러네요. 슬퍼요. (자세를 고쳐 앉으며) 그럼 끝내기 전에 기억을 봉인합시다. 방법은 알죠? 닫는 이미지 떠올리면서 눈감고 하세요.

당시 내 머릿속에서 일어난 일이 나도 믿기 어려울 만큼 신기했다. 양손에 쥔 진동이 시작되니 생전 처음 해보는 것인데도 물 흐르듯, 아니 영상이 재생되듯 상상이 매끄럽게 진행됐다. 기존의 기억이 새로운 상상에 의해 대체된 것이 아니고 둘 다 남아 있기 때문에 **기억의 번외편**, 혹은 리메이크 버전이 만들어졌다고 볼 수 있었다. 시간의 흐름에 있어서는 동시다발적으로 상황이 전개되지 않았다. 마치 좁은 범위에 스포트라이트가 가고 제한된 등장인물이 순차적으로 연기를 펼쳐 보이는 소극장 연극처럼 말이다. 가령 아파트 입구인데도 지나가는 주민 한 명 없이 나와 어린 시절의 나, 경비원, 엄마 딱 네 명만 있었고, 내 주의 집중이 미치지 않는 부분은 정지되어 있다가 다음 차례에나 등장했다. 어찌 보면 **자각몽**Lucid dream과 비슷했다. 자각몽은 꿈을 꾸는 도중에 스스로 꿈이라는 사실을 깨닫고 적극적으로 꿈의 전개를 주도하기도 하는 종류의 꿈인데, 나는 평소에 이를 자주 꾸고 심지어 무척 좋아하기 때문에 그 느낌을 잘 알고 있었다. 내용 전개를 내가 좌지우지 하진 않았지만 의식이 있는 듯, 없는 듯한 상태가 유사했고, 끝나고 눈을 떴을 때, 자다가 갑자기 깼을 때처럼 머리가 무겁고 축 늘어진 것도 꿈꾼 것 같았다. 깨어 있는 상태에서 바로 자각몽 상태로 진입하는 것을 와일드WILD: Wake-Initiated Lucid Dream라고 하는데, 이는 EMDR의 재처리와 더 흡사해 보였다. 정신과적 치료 요법이기도 한 와일드 상태에 진입하면 소리가 들려오거나 눈앞에 이미지가 펼쳐진다고 했다. 의식적으로 너무 집중하거나 신경 쓸 필요 없이 영화를 본다는 느낌으로 떠오르는 이미지를 지켜보는 게 수순. 또 자각몽을 꿀 때의 뇌의 상태는 REM 수면 상태와 동일하진 않아도 매우 유사하다는 연구 결과도 읽었다. EMDR 요법은 REM 수면 상태를 모방해 비슷한 효과를 얻으려는 것이니 재처리가 본래 의도하는 바대로 잘 이루어진 것 같다는 직감이 들었다. 치료사도 만족스러운 기색을 감추지 못했다.

우리는 다음 회기 면담에서 리메이크 버전 기억을 되짚어 가며 몇 가지 의문점에 대해 대화를 나눴다. 먼저 경비 아저씨가 마치 꿔다놓은 보릿자루처럼 힘없이 등장한 것이 의아했다. 얼굴이 뭉개진 듯 보이지 않고, 저항하거나 도주하지도 않았다. 내게 그 사람이 더 이상은 위협이 아니라는 뜻일까. 실제로 그 사람은 경비실 안에서만 날 유인하려고 했지 실제로 쫓아온 적이 없었다. 나를 매번 도망치게 한 건 정확히는 나의 불안감이었으므로, 상상 속에서 이 불안감의 민감도가 대폭 낮아지는 효과가 난 것인지 모른다. 또, 상상 속의 엄마는 예전에 내 증언과 고발을 듣고도 그냥 지나갔듯, 이번에도 도움이 안 되었다. 왜 상상인데도 나는 엄마의 태도를 못 바꿨을까. 내가 간절히 기대하는 대로 나를 위해 나서주는 엄마를 왜 떠올리지 못했을까. 그건 아직도 내가 엄마를 믿지 못한다는 뜻일까. 나는 성인이 된 '내'가 나타나 상황을 해결하는 것이 속상했는데, 사실 간혹 있는 경우라고 했다. 재처리를 위해 무의식적으로 돌파구를 마련하는 과정에서 아무리 상상이어도 내가 인지하고 있는 현실적 제약이 적용되기 때문에 성인인 된 자신이나 현재 친구나 조력자가 대신 나타난다. 내가 아는 우리 엄마는 예나 지금이나 남들과 싸울 일이 있어도 웬만하면 점잖게 말로 해결하지 호통을 치거나 공격적인 태도를 취할 사람이 아니다. 어디서 손해를 보고 와서 화가 나도 혼자서 삭히느라 상처가 안으로 곪는 스타일. 이제 예순이 다 되셨으니 좀 달라지셨을지 모르겠지만 '젊은 버전의 엄마'는 더 그랬다.

나중에 샤피로 박사가 쓴 책에서 보니, 모든 사람이 같은 경험을 하는 것은 당연히 아니지만 보통 세 가지 방향으로 생각이 전개된다고 했다.

- 기억의 결말이 달라진다. 예를 들어 마을에 큰 화재가 나서 집들이 불타는 장면을 목격한 것이 트라우마이던 어떤 사람은 재처리 과정에서 불탄 자리에 식물이 자라나고 마을이 아름답게 재건된 모습을 새로 보았다고 한다.

- 원래 기억에는 없던 부분을 떠올리게 된다. 어릴 때 엄마가 아무 말 없이 자신을 할머니 집에 맡기고 떠나버린 것이 고통스러운 기억이었던 사람은 재처리 중, 예전에 분명 눈으로 봤지만 기억하지 못했던 장면을 떠올리고 큰 위안을 받았다. 그건 바로 고통과 슬픔에 차 일그러진 표정으로 운전대를 잡고 떠나던 엄마의 얼굴이었다. 그 사람은 그때 엄마가 자길 버린 게 아니라 어쩔 수 없이 떼어 놓아야 했다는 것을 이해하게 되었다.

- 재처리 대상인 타깃 기억과 연관된 다른 기억이 떠오른다. 새로 나타난 기억이 전혀 예상치 못한 것이더라도 내담자는 논리가 아닌 직관으로 연관성을 쉽게 파악한다. 뇌의 정보처리 시스템이 타깃 기억을 기존 기억네트워크에 통합하기 위해 필요한 연결고리로 다른 기억을 불러내는 것이다.

나처럼 기억의 전개 방향을 아예 크게 바꿔버린 경우도 있는지는 잘 모르겠다. 나는 공감각적 상상을 많이 하며, 자각몽도 자주 꾸고 글쓰기를 통해 어떤 이야기를 만들어내는 작업을 많이 하는 사람이기 때문에 이런 방식으로 재처리가 일어난 것 같다.

뜻밖으로 전개된 재처리 기억

Unexpected Results of Reprocessing Memories

두 번째 타깃 기억의 재처리 과정

(진동 자극이 한두 번 지나갔지만 별 진전이 없다가 마침내 상상이 전개되고)

나 저는 엄마, 아빠한테 빨리 오라고 전화를 하고 싶었어요. (울먹이면서) 다 그냥 얘기를 하고 싶은 거죠, 정말. 그런데 전화기가 거실에 있어요. 그땐 핸드폰이 없었잖아요. 거실 전화기로는 말 못해요. 지금은 거실에 저 혼자 있지만 방에 외숙모도 있고, 오빠도 언제 나올지 모르고. 사촌 언니한테 말할까 싶었어요. 그런데 언니는 그 집 가족이고, 같은 여자이고 나한테 친절했지만 아직 어른 같진 않아요. 대학교 1학년이었을걸요. 못 믿겠어요. 뭘 어떻게 해야 할지 전 몰라요. 막막해요.

치료사 계속 그 기억에 집중하고 상상에 맡겨보세요.

나 (진동 자극이 다시 한 번 지나가고) 이게 뭐야, 좀 흥미롭네요. 사실 아빠와 외삼촌이 얘기하는 장면을 봤어요. 두 사람은 베란다에서 같이 담배를 피워요. 유리문이 닫혀 있어서 내용은 안 들리는데, 싸우는 것 같진 않았어요. 그냥 두런두런 차분해요. 등 돌리고 있어서 얼굴도 잘 안 보이고. 나랑 사촌 오빠에 대해서 얘기하는 건 확신했어요.

치료사 (안도하는 목소리로) 네, 좋습니다. 계속 해보지요.

나 (다음 진동 자극이 끝나고) 아빠와 지하철을 타고 집에 갔어요. 창문 너머로 잠실대교가 보이는데, 강물을 내려다보는 제 마음이 차분해요. 아빠는 별말 안 해요. 얼굴도 잘 안 보였어요. 그냥 제 옆에 앉아 계세요. 집에 도착해서 엄마랑 탕 목욕을 해요. 엄마와도 별 얘기는 안 했어요. 전 어릴 때부터 뜨거운 물로 목욕하는 걸 좋아했어요. 제 방 이불 속에 누워서 잠들어요. 참, 자기 전에 따뜻한 꿀우유를 마셨어요. 그냥, 편해요. 이불이 포근하고, 냄새도 익숙하고.

나는 혼란스럽고 화가 났다. 두 번째 타깃 기억이 새로이 전개된 방향은 전혀 생각지도 못했던 것이었고 받아들이기 힘들었다. 아빠가 와서 해결한다고? 남자들끼리? 우리 아빠 성격에 흥분도 안 하고 저렇게 차분하게? 게다가 사촌 오빠가 혼이 났는지 어쨌는지도 전혀 나오지 않은 채 그냥 집으로 돌아온다니. 이게 내 머릿속에서 나오다니 말도 안 되는 것이었다. 내가 바랐던 건 이런 **가부장적 결말**, 사건 은폐에 가까운 결말이 아니었다. 그동안 내가 구상하던 '시나리오'에서는 늘 사촌 오빠에게 어떻게 묻고 따지고, 사과를 받아낼 것인지, 혹은 누구 앞에서 어떤 방식으로 그 일을 폭로할 것인지가 항상 중심이었다.

하지만 한편으로는 첫 번째 재처리된 기억이 꽤 마음에 들었기 때문에 이번 것도 의미 있으리라는 희망을 걸고 싶었다. 사실 아주 나쁘지만은 않았다. 어린 나는 집에 무사히 돌아가 안전하고 익숙한 공간에서 편히 쉬었고, 부모님이 와서 나를 구해주기도 했다. 한동안 이 재처리된 기억을 받아들이기 위해 애썼다. 그러다 어느 날 문득 이 기억이 애초에 트라우마로 남은 더 큰 이유는 추행을 당했기 때문만이 아니라, 그러고 나서도 이틀이나 **외롭고 불안한 상태**로 그 집에 남아 있었기 때문이라는 생각이 들었다. 낯선 동네, 낯선 집에서 가족과 연락도 하지 못하고, 갑자기 태도가 돌변한 사람, 신뢰하지 못하는 사람들, 가깝지 않은 사람들 속에 혼자 고립되어 있었다는 것. 이 추론이 맞다면 사실 재처리는 꼭 필요한 방향으로 일어난 셈이었다.

전화를 못한 다른 이유도 생각났다. 당시 부모님에겐 자가용이 없었다. 강북 맨 끝의 우리 집에서 강남의 외삼촌네로 오려면 꼬박 두 시간을 지하철을 갈아타고 와야 했다. 나는 세 밤을 자고, 외삼촌이 데려다주는 차를 타고 오기로 약속했었다. 내가 먼저 가겠다고 하면 어른들이 일정을 바꾸어야 했고, 나는 말이 되는 이유를 만들어 내야 했다. 기억하지 못했던 장면도 나중에 떠올랐다. 그 집에서 혼자 샤워를 하고 있었는데, 화장실 문 아귀가 안 맞아 잠그지 못했다. 조마조마한 마음으로 서둘러 씻는데 아니나 다를까, 중간에 외숙모가 노크도 없이 벌컥 문을 열었다. 외숙모는 깜짝 놀라 소리를 지르며 샤워 타월로 몸을 가리는 날 보며 말했었다. "아이, 가시나. 소리는 왜 질러. 같은 여잔데 뭐 어때서. 쪼만해도 있을 건 다 있네." 딴에는 장난이었겠지만 예쁘다면서 볼을 아주 아프게 꼬집고, 트집을 잡아 모욕 주던 외숙모가 무섭고 불편했던 내게는 수치스럽고 끔찍한 일이었다. 이 '알몸 강제 노출'은 사촌 오빠의 성적 학대와 맞물려 내 **불안과 고립감을 증폭**시켰던 것 같다.

마지막으로 통찰이 왔다. 난 궁금했었다. 사촌 오빠의 그 짓은 몇 번이나 반복이 됐었는데, 왜 나는 더 강하게 거부를 안 했을까. 더 확실하게 의사 표시를 할 수 있지 않았을까. 그런데 재처리를 하면서 그가 상황을 교묘하게 암묵적인 거래('너 게임을 계속 하고 싶으면 싫어도 참아')로 이끌었다는 것을 비로소 깨달았다. 어린 나는 부당 거래에 말려들었을 뿐이었다. 나는 마음 가장 구석에 뭉쳐 있던 감정을 비로소 털어냈다. 그것은 다름 아닌 **회색 먼지같이 칙칙하고 쓸모**

없는, 자책감이었다.

이 기억과 관련해서는, 재처리 이후 여러 달에 걸쳐 꿈을 꾸기도 했는데, 처음 꿈에서는 스무 살 때 그를 다시 마주친 상황 비슷한 것이 재연되었다. 그는 거기서 날 놀리고, 바로 내 옆에서 옆 사람에게 내 흉을 보며 모욕감을 주고 있었다. 나는 모두가 있는 밥상에서 큰소리를 따끔하게 지적을 했다. 단 둘이서 얘기를 더 하고 싶었는데 그 장면까지 가지는 않았고, 어색한 분위기에서 꿈은 끝이 났다. 다음번과 그 다음번 꿈에서는 얼굴을 마주해도 미움과 분노가 꽤 사그라든 채로, 내 마음이 꽤 데면데면해져 있었다. 가장 나중에 꾼 꿈에서는 극적인 변화가 있었다. 어떤 행사가 열리는 강당에 갔는데, 거기 그 사촌 오빠가 있었고, 나는 반가워하면서 먼저 다가갔다. 그의 얼굴을 똑바로 쳐다보면서 웃었고, 정감까지 들었다(!). 어떤 대화를 나눴고 오빠의 반응도 있었던 것 같은데 그건 기억이 나질 않았다. 잠에서 깨고 난 직후엔 얼떨떨한 기분. 꿈에서 약간의 자각이 있을 때 나는 '어떻게 된 거지? 내가 언제 이 사람을 용서하고 화해까지 했나?' 싶어 의아하면서도 기분이 좋았다. 하지만 현실에서는 다시 분노가 스멀스멀 차오르면서, 아직 용서하지 않았다는 것이 확실해졌다. 내게 그는 여전히 '100미터 밖에서도 보고 싶지 않은 사람' '언젠가 대면해서 사과를 받아야 할 사람' '너무 잘 살면 안 되는 뻔뻔한 인간' 따위다.

6.
EMDR 치료 이후

Post-EMDR Report

sexuality

빠르고 선명해진 몸의 언어

The Improved Language of My Body

EMDR 치료 이후의 변화는 사실 기대 이상이다. 먼저, 길들여진 반응에서 많이 벗어나고 나의 신념과 의지에 기반한 언어적, 신체적 대응이 빨라졌다. 일상에서 벌어지는 여성혐오 상황을 예로 들어, 한 번은 길거리에서 캣콜링을 하는 청소년 무리에게 되돌아가서 "지금 나한테 그런 거예요? 무슨 일이죠?"라고 물어서 당황한 그들에게 사과를 받아냈다. 생각하기도 전에 발이 먼저 움직였다. 그룹 프로젝트에서 인터뷰 섭외를 위해 공무원 ○○씨에게 전화를 걸었을 때, 한 남자 동료는 젊은 목소리의 여성이 응답하자 곧바로 "그냥 되게 젊은 여자girl였다"며 곧바로 호칭을 격하(?)했다. 나는 곧바로 "그 사람이 남자였어도 boy라고 부를 거였니? 젊다고 왜 곧바로 girl이야? 그거 성차별이야"라고 일침을 놓았다. 그 역시 곧바로 사과했다.

한편, 격렬한 감정을 느낄 때 몸이 그에 따라 반응하는 것 역시 빨라졌다. 정확히는 몸의 반응을 스스로 더 빨리, 더 많이 자각하게 되었다. 1부에서 다룬 내가 어떤 상황에서 가장 취약했고, 왜 어떻게 감정적 스트레스나 타격을 받아왔는지 그 기제를 보다 명확히 이해하게 되었다. 앞으로의 어떤 경험이 트라우마로 남지 않도록 예방해 나가야 하는데, EMDR 치료를 통해 배운 여러 가지 기법들이 많은 도움이 될 것이다. 정식 교육 과정을 이수한 치료사와 진행하는 것과 같지는 않지만, EMDR 요법의 8단계 프로토콜과 여러 자기조절기법을 충분히 익혔다면 자가 치료를 시도할 수도 있다. 이때 트라우마 기억을 다루면서 예상치 못한 심리 상태나 신체 반응이 오는 것에 대비해 자기조절기법을 중간중간 반드시 실행해야 한다. 만약 애초에 타깃 기억의 주관적 고통 지수가 너무 크거나 (9~10점), 시도 중에 공황발작 등의 심각한 반응이 있을 경우에는 반드시 치료사의 도움을 받는 게 좋다. 이 부분은 2부 끝에 이어지는 〈쉬어가기〉에서 자세히 다룬다.

새로운 자아상, 그리고 다짐

My New Self-image and a Resolution

기억이란 그 연속성을 통해 오늘 어떤 사람이 어제도 동일한 사람이었다는 것, 또 내일도 같은 사람일 것임을 입증하는 것과 같다. 기억이 있다는 것은 즉, 고유한 경험을 거친 고유한 존재라는 것이다. 따라서 재처리를 통해 기억을 바꾸는 것은 어쩌면 다른 사람이 되려는 시도인지도 모른다. 물론 더 나은 사람. 더 자유로운 사람. 나는 타깃 기억을 중심으로 서서히, 과거와 과거에 대한 긍정적인 재해석이 일어나는 것을 경험했다. 특히 부정적 인지가 많이 없어졌다. 첫 번째 트라우마 기억과 관련해서, 나 스스로가 '슈퍼 히로인'으로 등장해 경비 아저씨를 무찌르고 어린 나를 위로한 것을 떠올릴 때마다 아주 기분 좋고, 큰 격려가 된다. "**나는 강하다!**"라는, 자기 긍정 주문이 될 만한 새로운 기억이 생긴 것 같다. 사촌 오빠 사건에서는 당시의 나를 훨씬 더 인정하고 포용하게 되었다. '오빠는 날 인형으로 생각하는 것 같아.' 열 살짜리가 의도적으로 이런 문장을 생각해 말하다니, 난 영민한 아이였다. 주변 어른들이 곤란한 상황을 만들지 않고 스스로 문제를 해결하려고 했던 조숙한 아이였다. 그리고 이제 이 이야기는 넓은 세상에 나왔다. 내가 직접 그를 대면해 해결하는 날이 오지 않더라도 다양한 가능성이 민들레 홑씨 날리듯 돌이킬 수 없이 퍼졌다. 이 홑씨는 보송보송한 털이 아니라 양심을 겨냥하는 날카로운 칼날이다. **은밀히 학대를 일삼고도 무사했던** 세상의 모든 오빠들을 향한 것이기도 하다.

마지막으로 나는 엄마에 대한 서운함을 덜었다. 엄마를 좀 더 이해하게 됐다. 요즘은 자꾸 이 말이 걸린다. "나 어릴 때는 무슨 일이 없었겠니. 숱하게 있으려면 있었지." 엄마가 내 아픔을 일부러 무시하고 외면했을 리는 없다. 엄마 자신도 아직 해결 못하고 묻어둔 성폭력 트라우마가 많아서 내 문제에 전면적인 반응을 보일 수가 없었던 건 아닐까 싶다. 마치 엄마 마음속 괴물들이 쩌렁쩌렁 고함을 치고 들썩들썩 잠긴 궤짝을 부수고 나올 듯해서, 엄마는 자물쇠를 단단히 거머쥐고 있어야 했을지도 모른다. 딸아이에게 공감할 정서적 여유가 없었을 것이다. 어쩌면 엄마가 듣기엔 내 얘기가 정말로 큰 일이 아니었는지도 모른다. 그렇다면 엄마는 얼마나 더 한 짓을 당한 건가! 엄마가 죽기 전에 내가 그 무서운 비밀을 알게 될 날이 올까. 나는 엄마 속의 괴물을 **함께 무찌를 수 있을까.** 그날을 위해 **나는 계속 더 강해질 것이다.**

오늘의 과제 1. 미디어에 의한 대리외상

Today's Challenge 1: Vicarious Traumas Caused by Media

앞서 언급했듯이 EMDR 요법에서는 제때 처리되지 않아 현재 갖가지 문제를 일으키는 트라우마 기억들을 10~20개 정도 찾아내어 통합적으로 다룬다. 타깃 기억의 개수가 너무 적으면 그것들이 재처리되어도 그와 연관되어 있는 다른 기억들은 계속 묻혀 있으면서 근본적인 치료를 방해할 수 있기 때문이다. 나는 치료를 받을 당시 이를 몰랐고 결과적으로 두 개에 불과한 기억만 재처리를 했다. 따라서 치료사와 함께한 일 년 과정이 일단락되고 나서는 관련 서적과 개인적인 메모를 참고해 복습하면서 미처 못 다룬 트라우마 기억을 좀 더 찾아내고 그것들이 어떻게 나를 괴롭히는지 알고자 했다.

앞으로는 미디어에서 본, 여러 여성 폭력 장면에서 입은 대리 외상을 다뤄야 한다. 영화 〈실미도〉(2003)의 강간 장면 말고도 플래시백처럼 때때로 내 머릿속에서 잔상이 되살아나는 것으로는 영화 〈추격자〉(2008)도 있다. 이 영화는 만듦새가 괜찮은 스릴러물로 평가를 받았지만, '성찰 없는 여성 폭력 연출' 기준에서는 보지 말았어야 할 작품이었고, 나는 실제로 보다 말았다. 영화는 러닝타임 내내 주로 밤의 음침하고 미로 같은 저소득층 주택가를 보여주는데, 낯설지 않은 그 풍경은 여성들에겐 공포스러운 (잠재적) 범죄 현장이다. 영화는 범인인 사이코패스가 희생자 여성(들)을 납치-감금-폭행-살해하는 과정이나 성매매 포주 남성 캐릭터의 묘사 등에 있어 관습적인 설정을 되풀이했고, '폭력적인 남자 두 명의 지독한 대결'이라는 내러티브를 위해 여성 폭력을 소재로 삼았다. 늦은 귀갓길, 내 머릿속에 이 영화가 떠오르기라도 하면 공포와 불안은 금세 따라붙는다. 글로 설명하는 지금도 내 마음은 덜컥 내려앉고 쿵쿵 쓰리다. 그 피와, 비명, 악날한 미소와 더러운 화장실, 녹슨 쇠사슬과 망치 이미지로 마음을 점거당한 것만 같다.

드라마 〈시그널〉(2016)에 〈추격자〉 줄거리와 유사한 에피소드가 나온다. 여성인 이 드라마의 작가는 실제 미제 사건을 각색해 표현하는 과정에서 피해자나 유가족에게 상처주지 않으려 주의했다고 밝혔지만 영화에 비해 수위가 낮을 뿐, 시청률이 중요한 드라마에서 자극적인 연출 공식을 크게 피해가진 못했다. 어느 에피소드에서 극중 차수현(김혜수 분)은 신참 형사 때 사이코패스에 의해 검은 봉지를 뒤집어쓰고 죽임 당할 뻔하는데, 그 트라우마는 10년 넘게 지나서도 뚜렷이 남아 있는 것으로 묘사된다. 그때 제대로 회복기를 못 거쳤기 때문이다. 그녀가 훨씬 강해진 모습으로 수사를 주도하고 결국엔 범인이 잡혀 감옥 간다는 점에선 여성 폭력을 단순히 소재로만 착취한 사례는 아니지만, 나는 보는 내내 차수현이 걱정됐다. 그때도 괜찮지 않았고 지금도 괜찮지 않은데, 그녀는 직장에서 제대로 된 심리적 지원을 못 받는 걸로 나와서다. 내무반은 암묵적으로 휴가를 넉넉히 허용하면서 "형사는 원래 험한 일이니 여자라고 봐 주는 거 없다" "안 됐지만 다 극복하면서 크는 거다"라는 식의, 무식하게 탈젠더를 강요하는 분위기이고, 경찰 조직에도 딱히 제도화된 회복 프로그램은 없는 것처럼 나온다. 그녀 스스로도 트라우마를 외면하고 억누른다. 다만 과거에 속수무책으로 당한 데 대한 분노와 억울함을 연료로 수사 의지를 불태우면서 공황발작에 가까운 증상을 보이면서도 홀로 현장에 뛰어든다. 거의 자기 학대처럼 보였다. 형사지만 여자라서 여성 폭력 범죄에 낚인 차형사가 심리치료를 받든 뭘 하든, 주변 사람이 인정하든 안 하든, 자신에게 필요한 충분한 회복 기회를 준다는 설정을 할 순 없었을까.

한편, 할리우드 범죄스릴러 〈테이큰〉(2008)은 전직 특수 요원인 아버지가 활약하는 스토리를 위해서 영화 시작 부분에서 딸이 납치당하는 설정을 넣는다. 죄 없는 딸은 동성 친구와 떠난 여행지에서 맥락 없이 납치되어 폭행, 협박에 시달리다 마약, 성매매 소굴에 내팽개쳐진다. 우리는 현실에서도 여자 혼자 여행을 가면 '용감하다'

는 칭찬을 듣거나 '여자 혼자는 위험하다'는 얘기를 으레 듣는다. 여행 가서 마음을 열고 마음껏 즐기고 싶어도 새로 만난 사람과 동행하거나, 숙소와 음식을 나눠 먹자면 불안하기부터 하다. 누군가는 영화 속 폭력이 다 실제로 벌어지는 일들의 재현일 뿐 아니냐고 반문할지도 모르겠다. 틀린 말은 아니다. 그러나 여성들은 세상이 위험하다는 걸 이미 수많은 방법으로 깨치고 있다. 미디어가 이를 상기시켜줄 필요는 없다. 오히려 여성들은 미디어로 인해 불안과 공포를 과잉 학습당하고 있다. 제작자들은 여성폭력을 소재로 쓰거나 상세히 묘사하면 콘텐츠가 잘 팔린다는 것을 악용하고 있다. 잘 팔리는 이유는 뭔가? 그런 상면과 설정이 들어가면 '실감난다'는 평으로 관객을 끌기 때문이다. 그럼 왜 실감이 날까? '위험한 순간'들과 '끔찍한 감정'들과 '잔혹한 사건'들이 실제 현실에 차고 넘쳐서 남녀노소 모두가 가짜에도 쉽게 동요하기 때문이다. 카메라 앞에서 흉내만 조금 내도 사람들은 실감 나게 경험하고 상처 입을 수 있다. 제발 좀 그만하자.

오늘의 과제2: 아시아 여성을 향한 인종 차별

Today's Challenge 2: Intersectional Racism Toward Asian Women

독일에 산 지 3년, 내 인생의 폭력과 차별의 역사에는 한 챕터가 추가되었다. 바로 **성폭력과 동반된 인종 차별이다.** 챕터의 분량은 꾸준히 늘고 있으며, 새로 생기는 나쁜 기억들이 트라우마로 자리 잡지 않고 그때그때 건강한 방식으로 표출되고 해소되도록 하는 것이 내 과제다. 무엇이 왜 인종 차별인지에 대해 내 언어로 정리해본다. 차별이 대게 그렇듯, 인종 차별도 불가피한 차이(출신 지역, 종교, 피부색 등의 외모)에 권력과 자원의 불균형이 더해질 때 일어난다. 차이 자체가 문제는 아니라고 본다. 인간의 사고는 늘 차이를 매우 민감하게 포착하는 방향으로 움직이고, 그 차이를 범주화(동양인, 서양인, 무슬림, 유대인 등)하는 데서 일종의 편견인 스테레오 타입(가령, 동양인들은 조용하다)이 생겨날 수밖에 없다. 스테레오 타입은 사실 다인종 환경에서 놀랄 만큼 자주 작동한다. "역시 이탈리아 사람들은 시끄럽고 무례해." "독일인들은 규칙에 너무 집착해." "프랑스 사람들은 정말이지 말이 많고 허세가 심하군." 이처럼 같은 유럽인끼리도 국적과 문화 차이를 근거로 삼아 서로에 대해 불평한다. 다만 유럽은 국가 간의 힘과 조건이 상대적으로 비슷한, 즉 평평한 지역이기에 스테레오 타입으로 구체화된 차이가 곧 차별은 아니다. 대부분 토착민이 백인 혈통이기도 하다. 하지만 유럽에 속하지 않은 다른 나라(특히 강대국, 선진국이 아닐 때)에서 왔고, 여전히 외국인 신분이며 외모가 확연히 다른, 명백한 외부인/타자에게 (노골적으로 부당한 대우는 말할 것도 없고) 부정적인 스테레오 타입을 씌우는 것은 다르다. 손쉽게 차별이 된다. 그 '외부인'은 이미 사회적으로 이중삼중으로 약자다. 그 사람에게는 개인의 지위를 자동으로 일정 부분 보장해주는 사회적 배경과 정체성(이를테면 영어가 모국어인 백인 미국인)도 없다. 유색인종 외국인으로 백인 유럽 사회에 살아가는 것에는 이런 점에서 많은 일상적 스트레스가 따른다. 언제 어디서나 '당연하게' 외국인으로 보이고 간주되며 그 때문에 속속들이 **너와 나와 다르다**

는 지적과 질문, 확인과 인정의 대상이 되는 것을 감당해야 한다.

여기에 이 책에서 줄곧 얘기하는 '여성이기 때문에 겪는 차별과 공격'이 촘촘히 엮여든다. 특히 한 개인이 가장 많이 타자화되는 공공장소에서의 성차별, 인종 차별이 가장 빈번하며 심각하다. 제대로 대응하고 재발을 방지하기가 까다롭고 위험하기 때문이다. 남녀노소 누구나 자연스레 노출이 많아지는 여름철. 사람들과 함께 정류장에 서 있는 10여 분간의 짧은 시간 동안 나에게만 유독 추근대는 남자들이 여럿 생긴다. 나는 다른 여성들과 비슷하게 어깨가 드러난 짧은 선드레스를 입고 있었다. 그들은 독일이라는 배경에서도 나에게 '니하오'나 '곤니치와'라고 말을 건네며 타인 간의 거리를 서슴없이 침범해온다. 이때 이 '인사말'들이 건네지는 방식은 으레 캣콜링이다. 추근대고 깔보고 조롱하는 말투와 제스처. 그래서 인사말은 이렇게 다르게 들린다. '아, 너 외국인이구나? 군침 도는데? 내가 좀 함부로 해도 넌 찍소리 못하겠지? 아시아 여자들은 원래 그렇잖아.' 아직도 1970년대 풍의 실내 장식과 집기가 있던 한 이비인후과에서는 은퇴 연령을 넘었을 법한 백발의 남자 의사가 진료 말미에 내 뺨을 쓸며 아주 다정하게 "다음에 또 보자"며 인사한다. 아무리 아시아 여자들의 외모가 그들 눈에 어려 보여도 차트에는 서른에 육박한 내 나이가 똑똑히 적혀 있었으며, 설사 내가 금발의 10대 소녀였다 해도 의사가 진료와 무관하게 환자를 접촉하며 사적 관계(아이-할아버지)를 강요해도 되는 시대는 지났다. 직접 겪은 여러 사례들을 통해서 나는 아시아 여성을 향한 특유의 고정관념이나 차별적 시선과 태도가 있다는 결론에 이를 수밖에 없었다. 이른바 '아시아 여성=진한 화장 등 꾸밈새가 화려함. 수줍음 많고 수동적임. 몸집이 작고 나약한 이미지. 일본의 게이샤와 포르노. 태국의 섹스 관광. 케이팝 아이돌의 섹시댄스.' 그간 성폭력이 결부되지 않는 인종 차별적 대우는 있었어도, 반대로 성폭력은 인종 차별과 거의 언제나 짝을 이뤘다. 단박에 아시아에서 온 이주민임을 상정케 하는 외모지표가 있어 쉽게 표적이 되기 때문이다. 근현대 독일 사회가 지금처럼 다인종, 다문화로 구성되게 된 역사는 짧다. 구소련 붕괴 및 동서독 통일 이후, 이미 우방국의 언어(독일어)를 구사하던 동유럽 이주민들이 쏟아져 들어올 때 비로소 비앵글로색슨/비유럽계 문화 유입이 본격화되었고, 아시아 이주민 역사는 큰 그림에서 보자면 20년째 숫자가 늘어온 중국인(유학생, 사업가)들이 주도하고 있다. 독일에 파견 간 한국 광부나 간호사들은 우리 입장에서는 큰 인상으로 남아 있지만 독일 사회에서는 크게 눈에 띌 정도의 규모는 아니었다. 즉, 아무리 법과 제도가 정치적 올바름과 평등을 강박적으로 추구해도, 세계 인종 학살 역사의 대표격인 홀로코스트를 반성하는 사회적 합의가 있어도, 백인 주류의 독일 공동체와 문화가 단시간에 이를 따라잡지는 못하고 있다는 말이다. 때문에 곳곳에서 유색 인종 이주민에 대한 차별과 소외, 폭력이 여전히 일어난다. 특히 다문화 사회 흐름에서 가장 적응하지 못하는 '문제아' 집단은 인종과 출신을 막론하고 청소년, 중장년층에서 노년층 남성들과, 북아프리카/아랍계/무슬림 출신의 남성들이다. 이 집단의 남성들은 천부적인 가부장 권력에 익숙한 나머지, 일상적인 보폭으로도 끊임없이 여성을 비롯한 소수자들을 침해하고 소외시킨다. 피해

범위는 광범위하지만, 결국 나 같은 비백인-비시민권자-여성-퀴어에게 특히 많은 짐이 지워진다. **비백인-비시민권자-여성-퀴어**로 스스로를 칭하는 것은 이른바 **상호교차성**intersectionality에 근거한 정체성 정의인데, 한 겹의 소수자성이 기존의 것 위에 교차로 놓여질 때마다 그 효과는 단순히 두 배가 아니라 훨씬 복잡하게 뒤엉켜 불어난다는 것을 의미한다.

이 새로운 종류의 '여성 차별과 폭력의 챕터'를 겪어나가는 요즘 특히 고민하는 문제는 먼저, 안전 영역이자 치유, 회복의 필수 요소로서 다른 여성들과의 연대를 어떻게 이뤄나갈 것인가 하는 점이다. 아무리 비백인-비시민권자-여성-퀴어여도, 나에게는 서울이라는 메가폴리스에 오래 살았고, 그 밖에 세계 곳곳의 대도시를 거치며 쌓은 문화 자본이 있다. 높은 교육 수준에 두세 개의 주류 언어를 구사한다는 보호막도 두르고 있다. 그럼에도 내 현실이 이러할진대, 적은 자원을 가진 여성들의 삶은 어떠할 것인가? 우리는 어떻게 만나야 서로를 더 강하게 지탱할 수 있을까? 여전히 단일 인종, 문화에 가까운 한국에서는 적어도 여성 집단 안에서는 이질감이 크지 않고 그만큼 페미니즘으로 뭉치는 것이 쉬웠던 반면, 이곳에서는 여성들이라 해도 각자의 인종적, 출신 지역과 문화적 위치가 다양하기 때문에 **연대의 난이도가 훨씬 높다**고 느껴진다. 이주 여성 인권 이슈에 초점이 있는 것이 아니라면 독일 페미니즘 활동 현장에는 백인, 내국인여성들이 압도적 비율을 차지하는 것도 분명한 현실이며, 그 경우 나는 다수에 섞여들 것인가, 나의 소수자 입장과 처지를 보다 부각시킬 것인가의 기로에 서게 되기도 한다. 아시아 여성, 그중에서도 한국 여성은 수적으로 절대적 소수이기도 하다.

이와 관련해 떠오르는 일화가 있다. 내가 사는 도시의 한 호숫가 잔디밭에는 여름마다 사람들에게 사랑받는 '누드 전용 구역'이 있다. 펜스가 둘러쳐지거나 표지판이 따로 있는 것은 아니지만 오랫동안 암묵적으로 합의되어 온 그 공간에서 사람들은 남녀노소 올 누드가 되어 수영이나 일광욕을 즐긴다. 작년 여름, 나도 여자 친구들 두 명과 같이 가서 간식과 수다, 일광욕이 어우러진 멋진 시간을 보내고 있었다. 슬슬 해가 기울고 얘깃거리가 떨어져갈 즈음, 이 구역을 지나가던 (10대 후반의 북아프리카 이주민으로 추정되는) 청년들 몇이 우리 셋을 바라봤다. 다음 순간 그들 중 한 명이 앙칼진 목소리로 "니하오! 니하오!"를 외쳤다. 그건 인사가 아닌 명백한 공격이었다. 아주 짧은 순간 주변을 스캔하며 문득, 이 누드 구역에서 내가 유일하게 비백인, 아시아인(외모)이라는 것을 깨달았고, 그러자 그 목소리가 나를 향했다는 것이 분명해졌다. 당시 이미 길들여진 반응 기제에서 많이 벗어난 나는 벌떡 일어나서 (물론 올 누드로…) 즉각 "뭐라고? 당장 그만 둬! 아주 부적절한 행동이야!"라고 맞고함을 쳤다. 내 기세에 그들은 발걸음을 다시 뗐고, 옆에 있던 내 친구들은 (각각 오스트리아, 미국 출신의 백인 여성들) 별 반응이 없었던 반면, 엉뚱하게도 역시 가까이에 있던 장애인 백인 남성이 나에게 동조하며 추켜세웠다. 그때는 경황이 없어서 반응을 못했을 수 있겠다 싶어서 나중에 친구들에게 다시 물었다. "너네 그때 일 기억나지? 나 솔직히 너네가 아무 말도 안 하고 지나가서 좀 서운했거든. 그거 완전히 인종 차별에 성추행이었잖아. 다음엔 나랑 같이 싸워 줄 거지?" 이 사건이 정치적으로 어떤 의미인지, 내가 어떤 점에서 분노하고 상처받았는지도 열심히 설명했다. 그런데 뜻밖에도 나와 가장 친한 대학원 동료이자 개념 있는 좌파인 그녀들의 반응은 공감도 지지도 아니었다. 오스트리아 출신 친구는 내가 상대 남성과 똑같이 공격적인 태도를 취한 것에 동의할 수 없다고 했다. 자신은 비폭력대화를 지향하기 때문에. 미국인 친구는 그게 인종 차별인 건 맞는데 사실 누구나 하나쯤은 불리한 정체성을 어쩔 수 없이 떠안고 있는 것 아니겠냐고, 자기는 레드넥[07]들이 우글거리는 텍사스 출신이라서 그 사실이 알려질 때마다 자동적으로 받는 편견을 견디고 있다고 했다. 두 사람의 피드백을 이해는 했지만 동의할 수 없었고, 당연히 기대했던 **여성 연대**가 일어나지 않아 당혹스러웠다. 나는 어떤 갑작스러운 힘을 느꼈다. 우리 셋은 옹기종기 함께 서 있었는데, 어떤 힘에 의해 나만 한순간에 저 멀리 튕겨 나온 느낌이었다. 우리는 매일 같은 수업을 듣고, 같은 식당에서 밥을 먹고, 같은 정치인을 비판했고, 주말이면 같이 클럽에 갔지만 그녀들은 이 도시를, 아니 이 세상을 나처럼 느끼지 않았고, 앞으로도 그렇지 않을 것이라는 씁쓸한 자각을 제대로 맛본 순간이었다. 이 친구들 역시 나와 마찬가지로 외국인 학생 신분으로 독일에

07 redneck; 미국 중남부의 보수적인 노동자.농민 집단을 주로 일컫는 속어. 공화당지지, 인종차별, 총기소지, 카우보이와 개척 시대에 대한 노스탤지어와도 연관 있다.

체류하고 있지만, 인종과 출신 지역에 있어 둘은 주류에 속했고, **체감해보지 않은 차별과 폭력**에 대해 무덤덤하기만 했다. 내가 느끼기에 오스트리아인 친구가 말한 비폭력 커뮤니케이션은 그 당장 부당한 공격을 받는 여성의 입장에선 사치스럽기 그지없었다. 젠더 불평등이 덜하고, 합리적인 의사소통 문화와 국가가 개인을 지탱해주는 복지 시스템 속에 살아온 유럽인이라서 나온 반응 같았다. 다른 미국 친구는 한편, '예쁜 백인 여자'로서 자신이 평생 받아온 성적인 관심이 대개 호의, 친절, 찬사라는 형태를 띠었기 때문에 '예쁜 아시아인'의 울분에 공감 못 하는 것 같았다. 그녀는 차이에 의한 편견과 차별과 통하는 편견을 구분 못하고 자기 경험을 내 것에 섣불리 동일시해버렸다. 나는 차라리 이들 앞에서 마구 울었어야 했을까? 사회적 약자의 편에 서는 사람들은 정의실현에의 의지보다 측은지심에서 동기부여를 더 받는다는 연구결과가 있다. 그러나 그건 내 방식이 아니다. 스스로를 약자라고 주장하는 나의 목소리는 힘 있고 당당하고 신념에 넘쳤다. 무지하고 그래서 더 고통받는 '도와주고 싶은' 모습이 아니라 지식과 논리, 언어로 무장한 핏발 선 액티비스트에게, 나의 선량하고 평화로운 좌파 친구들은 마음을 열지 않는 듯이 보였다. 나는 약자라고 **스스로를 인증하면서** 오는 굴욕감을 느꼈다. 다른 외모와 배경을 가진 외국인인 처지가 문득 도드라져 외로웠다. 학창시절의 트라우마였던 또래 집단에서의 소외감도 좀 되살아났다.

한국에 살고 있는 비서구/비백인 이주 여성들이 문득 생각난다. 그녀들 역시 인종 차별과 교차되는 성폭력을 숱하게 겪고 살아왔을 것이다. 내가 한국에서 토착민으로 시민권을 누리고 살면서 체험하지 못했고, 그만큼 무지했을 뿐. 조금만 떨어져서 보면 한국사회 역시 얼마나 백인/서구중심적인지, 뿌리 깊은 인종 차별 정서와 문화를 가졌는지 훤히 보인다. 나는 거기서 오래 살다 나왔고, 별수 없이 익숙해져 있었기에, 인종 차별에 관한 한 나는 스스로의 감각과 습관, 인식을 경계한다. 이 문제에 대해 바짝 긴장하고 의심하고 자주 고민하려고 한다. 게다가 실은 안다, 차별당한 경험이 차별하는 인식으로 내 안에서 반향되고 있다 것을. 우리 지역에서 시리아 난민 공동체와 적극 연대하는 백인 시민들을 보면 지나치게 엄격하거나 괜한 트집 잡기를 하고(가령 '이미 가진 게 많으니까 나눌 것도 있지. 타고난 특권 계층인데 저들이 말하는 공감에 진정성이 있을까'와 같은 생각), 밖에 나오면 무슬림 이주 남성(처럼 보이는 이)들을 외모만으로 감별해 잠재적 가해자로 점찍고 있는 나를 발견한다. 결국 이는 무수한 잠재적 우호 가능성이 차단되고 마는 것이고, 안 그래도 사회에 넘쳐나는 편견의 벽과 혐오의 물결에 내 몫까지 보태지는 셈이다. 대단히 껄끄럽다. 이를 뛰어넘기 위해서 사소하게나마 꾸준히 행동하려 한다. 아무리 달걀로 바위치듯 지치고 답답해도 주변의 백인 지인들에게 상호교차적 폭력의 문제를 계속 제기한다. 시간을 내어 무슬림 남성들을 접하고 관계 맺을 수 있는 시민사회 프로젝트에 참여한다. 올해 5월에는 무슬림 포비아를 주제로 한 세미나를 열기도 했다. 무슬림 이주민들이 급속도로 늘어가는 독일/유럽의 환경에서 자국민과 기존 현지인들이 느끼는 집단적 불안과 경계에 대해 이야기 나눴다.

근래 유럽 등 해외에 거주하는 한인 여성들은 상호교차성의 맥락에 있는 인종 차별×성폭력을 주제로 활발하게 토론하기 시작했다. 주로 온라인 커뮤니티에서 서로의 피해 경험을 공유하며 대처 방안을 궁리한다. 과거에도 외국에 나가 사는 한인 여성들이 많았고 그들도 비슷한 경험을 안 했을 리 없지만, '그럼에도 불구하고' 보란 듯이 잘 살고 있다는 '불굴의 성공담'만 있었다. 이제 비로소 인식의 힘, 연대의 에너지로 말문이 트이고 이야기의 봇물이 터져 나온다. 다만 현재 펼쳐지는 담론의 주요한 내용에 있어선 아쉬운 점이 많다. 특히 '내 안의 인종 차별 의식'에 대한 성찰이 별로 보이지 않는다는 점에서 그렇다. 무슬림 포비아(무슬림/북아프리카/아랍계 남성에 대한 무차별적 혐오와 비하)를 드러내거나, 대응책으로 쓸 언행으로 제안하는 것이 가해자의 인종을 지적하는 또 다른 인종 차별인 것. 아예 '가해 남성=독일(유럽)인=백인'으로만 가정하고 주장하는 사람들도 많이 있다. 독일(유럽)에서 성폭력이 백인뿐 아니라 다양한 인종과 출신 지역의 시민권자 및 외국인 남성들에 의해 행해지는 현실을 못 보는 것이다. 하지만 실망하기는 이르다. 이 움직임은 이제 걸음마 단계니 앞으로 무수히 부딪치며 발전할 것이다. 또한 여성들이 생생한 자신의 체험을 바탕으로 생각하고 행동한다는 점에서는 모든 이야기가 일단 유효하다. 나는 우리 재외 한인 여성들이, 이 공동체와 담론이 앞으로 인종 차별에 맞서는 성숙하고 정의로운 페미니즘으로 이어질 것을 바라고 또 믿는다. 나는 여기서 무엇을 할 수 있을까?

not
olic
pace
I am not
your
Asian Fetish
I am not
a raper Terrorist

7.
심리치료 할 것인가? 어떻게 할 것인가?

Key Factors for Successful Psychotherapy

sexuality

치료에서 치유로 확장하기

Expanding a Therapy to Healing

한껏 심란하고 헛헛한 마음으로 치료실을 나오는데 바깥 날씨는 참 화창하거나, 거리를 걸으며 마주치는 행인들의 얼굴이 그늘없이 밝게 빛날 때 나는 참 쓸쓸해졌다. 나 빼고는 세상이 다 행복한 것 같아 누구에게인지 모르게 야속하기도 했다. 내 사정을 일일이 하소연하는 일도 극도로 피곤하게 느껴져 전화번호부를 한번 쓱 훑곤 말았다. 대신 길모퉁이 장난감 가게를 찾아 정신없는 선반들 사이를 헤매고, 돈 관념이 허술해진 틈을 타 회전 초밥집을 들락이며 위안을 찾았다. 바쁜 기차역 대합실 구석에 앉아 일부러 기차를 놓쳐가며 한참 투명인간이 되기도 했다. 심리치료는 정말, 정말 어려운 숙제였다. 그리고 돌아보면 또한… 더없이 소중하고 자랑스러운 시간이기도 했다. 와, 내가 이걸 진짜 했구나! 애써 덮은 상처를 긁어 부스럼 만들고, 매주 정해진 시간에 꼬박꼬박 사람을 만나 내 비밀을 다 털어놓고, 예측불허의 감정 상태에 무방비가 되는 성가시고 까다롭고 아픈 일을.

심리치료를 하기로 결정한, 이미 용기 있고 지혜로운 사람에게 몇 마디 건네는 것이 무례한 일이 아니라면, **치료에서 머물지 말고 치유로 확장**하자는 말을 하고 싶다. 나의 치료사는 언젠가 그랬다. 트라우마를 극복하는 데 꼭 필요한 세 가지가 있는데, 그건 트라우마로부터 일정한 거리 두기, 생활 속에서 심신 안정에 도움이 되는 활동들을 하는 것 (뜨거운 목욕, 음악 듣기, 산책, 요가 등) 그리고 주변 사람들과 좋은 관계들을 맺어 나가는 거라고 했다. 이 말에 따르면 치료사가 직접적으로 도움을 줄 수 있는 것은 사실 첫 번째, 거리 두기(트라우마를 다른 관점에서 대하며 언어와 사고를 통해 재경험하는 것)밖에 없다. 내가 경험한 심리치료는 서양 주류 의학에 편입된, 본질적으로 차가운 행위였다. 엄격한 시간 제약 속에서 이뤄졌고, 철저히 언어로만 교류했다. 내가 극도의 혼란이나 복받치는 감정으로 눈물을 흘릴 때에도 포옹도 토닥임도 함께 울어주는 반향 같은 것은 있을 수 없었다. 손목을 긋거나 발작을 일으키지 않는 한, 내가 아무리 힘들어도 나는 응급 케이스가 아니었다. 트라우마 치료에 중요한 나머지 두 가지 요소는 결국 내담자가 의식적으로 찾아내고 능동적으로 실천해야 할 몫이니 치료의 영역을 한참 벗어나는 치유의 과정이 되는 것이다.

치유는 총체적 행위가 되어야 하고 될 수밖에 없다. **논리와 이성, 정서와 감정, 본능과 직관, 의식과 무의식, 잠재의식까지 함께** 회복을 갈구하는 과정이다. 이 과정에서 우리의 몸이 마음과 조응하는 방식, 몸이 생명을 유지하기 위해 기능과 에너지를 분배하는 고유의 방식마저 달라질지 모른다. 일, 사랑, 여가, 잉여(?) 등 삶의 모든 부분이 지각 변동을 겪을 수 있다. 우리가 긍정하거나 부정하거나 무관심했던 신의 존재, 가족이라는 운명적 테두리, 부정하고 싶은 나의 모습을 잔인할 정도로 가까이서 맞닥뜨려야 하는 이도 있을 것이다. 자, 치유라는 단어가 너무 무겁거나, 반대로 '힐링'이란 단어에 곧장 시니컬해지는 마음을 뿌리칠 수 없다면, 다른 개념들로 설명해도 좋다. 자기 탐구, 자기 긍정, 상처 회복, 의료 서비스(?) 등등.

심리치료는 아무리 집중적으로 계획해도 일주일에 50분이다. 달랑 그 시간에 가서 얘기 좀 하고 오는 것만으로 어떤 변화가 일어나기를 기대할 수는 없다. 따라서 인생에서 너무 바쁜 시기, 감정 기복이나 변화가 있어서는 곤란한 시기 말고, 상당한 시간과 에너지를 치유에 쓸 수 있을 때 시작해야 할, '인생 프로젝트'다. 치료 약속이 있는 날에는 그 일을 중심에 두고 다른 일정은 최대한 줄이고, 아예 없다면 더 좋다. 하지만 완전히 빈 날을 만들긴 현실적으로 어려우니, 면담 앞뒤로 최소한 두 시간은 혼자가 되어 안전하고 편안하게 느끼는 공간에 있도록 하면 어떨까. 가까운 사람들에게 치료를 받는다고 알려서 지지를 받을 수 있다면 더 좋다. 어떤 요법을 쓰느냐에 따라 차이는 있겠지만, 영화나 드라마에서 치료사가 과정을 이끌어 가는 이미지로 비춰지는 것과 달리 실제로는 내담자가 적극적으로 분석에 참여하고 자꾸 질문하는 주체적 태도로 임해야 한다. 내 문제를 제일 잘 알고 또 제일 궁금해 하는 사람은 역시 나다. 치료사가 아무리 좋은 말을 해주어도 이는 스스로 얻은 통찰의 힘에 비할 수 없다.

이러한 조건이 바탕이 되면, 심리치료와 발맞춰 생활 전반에서 많은 것들을 새로 시도하고, 궁리하고, 꿈꾸고 그리고 해낼 수도 있다. 삶의 여러 부문에서 능동적으로 스스로를 일깨우고, 곱씹고, 새로운 다짐과 실천들을 해보는 것이다. 어떤 사람은 차곡차곡 글을 쓰고, 식물을 많이 기를 것이다. 멀리 이사를 가보거나 지겨운 직장을 그만두는 이도 있을 테고, 자꾸 상처만 주고받는 애인과 과감히 헤어지는 대신 새로운 친구들을 만나 세상을 달리 보는 경험도 누군가는 할 것이다. 몰랐던 자기 자신의 어떤 부분에 전율하며 직업을 바꾸고, 평생 반목하던 부모와 화해하는 일도 어떤 이에게는 일어날 것이다. **뜨거운 의지**와 **뼈아픈 통찰**로 긴 터널을 통과한 이들이 맞는 다채로운 치유의 순간들.

다 내보일 수 있는 치료사를 만나기

Building Rapport with a Therapist

두 번째로 치료사와의 좋은 관계 맺기도 중요하다. 바쁜 일상을 보내다 보면 친한 친구도 한 달에 한 번 볼까 말까 하다. 그에 비하면 치료사와는 최소한 몇 달간 매주 정기적으로 잦은 만남을 갖는 사이가 된다. 또 눈 깜짝할 새에 문진이 끝나버리고, 기계적으로 약을 처방해주는 다른 진료와는 다르게 평생 누구에게도 못한 내밀한 이야기를 한다. 그 과정에서 감정적 교류가 많이 일어난다. 그런 면에서 심리치료사와 환자는 지극히 사적인 관계라는 생각마저 든다. 서로에 대한 신뢰와 호감이 있어야 좋다. 치료사를 선택할 때, 우선 그 사람이 삶의 다양한 가치와 양식에 있어 얼마나 편견 없이 열려 있는가를 고려하면 어떨까. 특히 한국처럼 비주류적인 삶이 많은 간섭과 공격, 반대에 부딪치고 전반적인 문화가 동질적인 곳에서는. 만약 내담자는 비혼주의를 고수하며 채식을 하는데 치료사는 '채식하는 사람에게는 다 도덕적 우월감이 있다'는 믿음을 은연중에 가지고 있고 비혼과 미혼을 구분해 쓰지 않는 사람이라면 치료가 잘 이루어진다고 상상되지 않는다. 말로는 성소수자를 존중한다고 해서 믿었는데 알고 보니 보수 기독교인으로, 동성애를 질병으로 여기고 내담자의 문제를 다 성적 지향이 잘못된 탓으로 몰아가는 일이 실제로 있다. 유복하게 자라 경제적 지원을 잘 받고 의사가 된 치료사가 지독한 가난에서 비롯된 갖가지 심리적 어려움을 달고 사는 내담자에게 통찰력 있는 조언을 해주기란 어려울 수도 있다.

내 경우에는 치료사 R의 사회적 지위 때문에 거리감과 어떤 벽을 느꼈고, 라포[08] 형성에 꽤 지장이 있었다. 내가 보기에 R에게는 여러 겹의 특권이 있었다. 백인 중산층 이성애자 여성이자white-middle class-heterosexual privilege 정상 가족에서 아내와 어머니의 지위를 가진 사람. 또, 그녀는 무상교육을 비롯한 복지제도가 안정적이고 빈부격차가 적은 독일에서 태어나 심한 경쟁이나 위기감, 박탈감, 성과주의 압박 없이 자랐다. 특권적 지위라는 반투명한 보호막은 거의 영구적으로 한 사람을 감싸고 있으면서 그 사람이 어떤 것들은 뚜렷이 보지도 느끼지도 않도록 작용한다. 뿐만 아니라 한국에 대해서도 거의 아는 것이 없었고, 아시아 문화 전반을 잘 몰랐다. 우리 엄마 또래의 여성이기도 해서, 좀 과장하면 때로는 '꽤 쿨하지만 그래도 세대 차이는 어쩔 수 없는 친구 어머니'와 대화하는 듯한 기분마저 들 때가 있었다.

매 회기마다 어린 시절부터 학창 시절, 청년기까지 한국에서의 내 기억이 나오고 또 나오는데, R은 이야기의 맥락도 세부 내용도 잘 모르니 내 부연 설명은 자꾸만 길어졌고, 많은 시간이 거기에 할애됐다. 휴가(방학)도 없이 3~6년은 꼬박 이어지는 입시 지옥, 학교에서의 성과에만 지나치게 집중되어 있던 부모의 관심과 기대, 성공적인 대학 입시-취업-결혼-자녀 양육으로 이어지는 '효자, 효녀의 가치.' 학창 시절 야자를 땡땡이치는 게 어려웠듯, 칼퇴에도 학습

08 rapport; 신뢰와 친근감으로 이루어진 인간관계. 특히 의사와 환자 사이의 신뢰를 가리키는 표현

된 눈치 보기와 죄의식이 적용된다. 휴식과 취미 계발보다는 극기와 인내로 목표로만 정주행하는 게 미래에 대한 '올바른 투자'라고 배웠다. 그 모든 경쟁과 과로의 풍경들. 지극히 평범한 이 **한국에서 산다는 것의 의미**를 그녀는 정말 하나도 몰랐다! 그러다 보니, "자, 이제 거기서 벗어났잖아요. 그걸 이겨 내고 이렇게 훌륭한 여성으로 성장했네요! 독일은 안 그렇잖아요. 이제 점차 나아질 거예요" 같은 공허한 말도 때론 들어야 했다. 고작 몇 해 떠나왔다고 내가 다 자유로워진 것은 아니라고, 얼마나 시간이 두고 비워내고 씻어내야 이 독을 다 풀 수 있을지 모르겠다고 가슴을 치며 말하고픈 심정이었다. 그래, 우리는 모두 살아남았지. 그러나 살아 있다고 생명이 다 건강한 건 아니지.

섹슈얼리티를 둘러싼 사회적 경험과 관념에 있어서도 하나씩 설명하며 나를 이해시켜야 하는 피로감은 마찬가지였다. 족히 6년은 하체를 냉하게 하는 스타킹과 치마 교복 차림으로 죽어라 공부만 하고 살다가 스무 살이 넘으면 시집가기 전까지 연애 몇 번은 해봐야 정상인데, 그래도 우리 딸이 아직 남자 경험은 없을 거라고 기대하는 것(적어도 우리 엄마 생각). 남자라면 다들 자위하고 포르노도 보기 마련이지만 여자들은 그런 걸 잘 모르고 섹스할 때도 주도하지 않는 게 여자답다는 생각들. 시집은 제때 가야하고 흡연이 웬 말, 몸보신하다 아이 한둘은 꼭 낳고 그러다 섹스리스 부부가 되면 예쁜이 수술을 고려해야 하는 이 요상한 성 관념과 실천들이 상식인 사회. 거기서 살다 왔다고 말해주면 그녀는 눈살을 찌푸리고 고개를 흔들었다.

내가 한국에 대해 부정적인 얘기만 주로 하기도 했고, 그녀 자신이 한국을 모르기 때문에, 평균 한국 사람들의 독일에 대한 지식도 낮을 거라 여겼다. 혹은 한국 사람이면 듣고 금방 헤아릴 만한 행동의 동기를 전혀 짐작 못했다. 예를 들면 이런 식. 우리 엄마가 독일에 오는 길에 기내식으로 한식이 나오자, 공항에서 만나기로 한 내게 준다고 안 먹고 싸온 얘기를 들려준 적 있다. R은 막 웃으면서 "아니, 어머님이 독일 공항에 식당 있는 거 모르세요?"라고 했다. 난 또 줄줄이 설명을 해야 했다. 엄마는 내가 마중 나와서 배고플까 봐 굶으면서까지 '킵'해둔 거고, 싸가는 게 오버인 줄 알면서도 한식을 보니까 외국 사는 내가 짠해서 그랬다는, 이게 바로 '엄마의 모성애'라는 예시로 들려준 얘기라고. 우리 엄마 〈걸어서 세계 속으로〉 전편 다 본 사람이고, 로마에서 생중계하는 교황 집전 미사를 열 번은 봤다 등등….

그럼에도 불구하고 우리는 일 년 동안 원만하게 치료 과정을 밟았고, 심리치료를 마칠 때 이례적으로 편지를 주고받을 정도로 서로를 좋아했다. 그 편지에서 R은 "치료를 재개하고 싶을 때 언제든 연락하세요. 어쩌면… 나 말고 다른 도움support이 필요할지도 모르겠네요"라는 암시를 남겼다. 그녀 말처럼, 다음에 '심리치료 프로젝트 2'를 전개한다면 다른 사람을 만나 또 다른 '케미'를 느끼고 싶다. 스스로가 좀 다른 삶을 살고 있는 이는 어떨까. 예를 들어, 마흔다섯 살쯤 먹은, 아프리카에서 이주해와 두 번 이혼한 후, 지금은 레즈비언이며 불금마다 클럽에서도 만날 수 있는, 그런 여성 치료사?

한국의 심리치료는 어디쯤

Psychotherapy in South Korea: Current Issues

'아휴, 이거 진짜 트라우마 될 것 같아' 같은 표현이 관용구처럼 심심치 않게 들려온다. 적어도 트라우마라는 용어는 이제 생활 속에 들어온 것 같다. 그렇다면 심리치료는 어떨까? 신문이나 방송에서 이 단어를 접하는 경우는 성폭력 사건이나 각종 재난, 대형 사고의 피해자와 관련된 것이 대부분이지만 '심리치료'를 키워드로 인터넷 서핑을 해보면 다수 사람들의 인식이나 관심의 향방을 어느 정도 알 수 있다. 각종 커뮤니티, 지식 검색, 블로그와 카페에 올라온 정보나 대화를 보면 우선 우울 증세를 호소하는 글들이 많이 눈에 띈다. '우울증 공화국'인 한국 상황에 걸맞다. 또 심리치료를 받고 싶다고 문의하는 사람들도 많은데 이때 빠지지 않고 등장하는 질문은 1) 어디를 찾아가야 할지 2) 보험 처리 여부 및 진료 기록이 남는지 3) 비용이 얼마나 비싼지였다. 구체적인 심리치료 방법이나 심리상담과의 차별점, 효과나 장단점에 대한 논의는 드물었다. 이는 심리치료라는 개념 자체는 퍼졌지만 제도적 여건이 어떤지는 아직 '누구나 아는 상식'이 되지 않았고, 실제 경험도 제한적이라는 현실을 보여주는 것 아닐까?

한국에서는 현재 정신건강의학과, 보건소 정신보건센터, 사설 연구소 및 센터, 이렇게 크게 세 종류의 기관에서 심리치료를 받을 수 있다. 정신건강의학과에서는 전문의 자격증이 있는 의사가 치료를 담당하는데, 필요한 경우 의학 검사나 약물 투여가 동반될 수 있고 보험 처리를 받으면 비용이 네다섯 배까지 저렴해진다고 한다. 보건소도 유사하다. 하지만 보험 처리를 받으면 진료 기록이 남고, 비밀보장 원칙에도 불구하고 드러나는 경우가 있을 수 있다(운전면허, 소송 연루, 정부 기관 취업 등). 또 자살 가능성을 이유로 들어 정신의학과 진료 기록이 있는 사람의 가입을 거부하는 보험사도 아직 있다. 이 제도적 허점 때문에 사설 기관으로 발길을 돌리거나 비보험 청구를 요청해 돈을 더 내고 치료받는 사람들이 많다고 한다. 보험 처리를 하면서도 진료 기록은 비밀에 부칠 수 있는 제도 개편과 엄밀한 행정 처리, 사회적 분위기가 어서 가능해져야 할 텐데, 아쉽다. 두 번째로 사설 연구소나 센터에는 심리학을 전공하고 관련 자격증을 소지한 치료사가 있다. 국내 사설 연구소나 센터의 경우 치료 요법의 선택의 폭이 넓고 병원과 마찬가지로 전문 인력이 있으나, 치료비 수납 시 보험 처리가 전혀 안 된다는 단점이 크다. 이처럼 우리나라는 의학과 심리학을 경계로 의료보험 보장이 결정되는 반면, 독일의 경우 심리학 경로를 거쳐 개인 치료실을 운영하는 치료사들도 의료보험사에 진료비를 (전액) 청구한다는 점에서 더 포괄적이다. 내 심리치료사도 대학에서 심리학 디플롬Diplom, 석사학위에 준함을 받고 치료사 수련 과정을 거쳤다.

국내에서 심리치료 받는 데 드는 비용은 사실 제 각각이다(정신의학과의 경우, 보험 적용되기 이전 기준). 가장 기본적인 면담이 1회당 8~10만 원, 최면 치료나 정신분석 등 특수한 요법을 사용하면 10~15만 원. 심리 검사비는 별도로 또 나간다. 커플 상담은 두 배로 비싸진다. 대중적으로 유명하거나 의료계에서 권위 있는 치료사들은 5~10배 더 청구한다는 얘기가 공공연히 들리기도 한다. 이는 사실 대다수의 사람들에게 정말 부담스러울 만한 비용이다. 당장 일상생활이 불가능한 심리적 문제가 있거나, 치료가 너무 절실해서 다른 지출은 모두 확 줄일 각오가 되어 있지 않으면 짧아도 몇 달을 매주 그 만한 비용을 내고 다니기란 어렵지 않을까. 스무 살 때 경제적으로 독립한 이후로 한 번도 주머니 사정이 넉넉해 본 적 없는 나도 한국에 있을 땐 심리치료에 관심은 있었지만 해볼 엄두를 못 냈었다. 주변에는 비용이 부담스러워 치료 경과와 상관없이 중단해버린 지인들이 있었고, 경제력이 부족한 20대 초중반에 심리치료에 대한 편견까지 더해져 부모님께도 못 털어놓고 다른 명목으로 용돈을 받아 충당하거나 심지어 아르바이트를 뛰어 푼푼이 번 돈을 '통 크게' 쓰는 것도 봤다.

게다가 심리치료에 대한 거리감이 좁혀지고 호감도가 올라갈수록, 이 분야의 상업화가 심각해지고 있는 것으로 보인다. 환자도 의료 서비스를 받는 **고객님**이 되는 시대, 심리치료도 예외가 아닌 것. 높은 '가격'으로 인한 '소비자'들의 거부감을 사설 심리상담, 치료 연구소나 센터들이 모를 리 없다. 이에 따라 기관들 간에 인지도 및 가격 경쟁이 벌어지고 있다. 몇몇 알려진 기관들은 서로의 이름을 거론하며 가격 비교를 해 자기네가 더 저렴하다는 것을 노골적으로 홍보하기도 하고, 심리치료에 대해 문의하는 글에 열심히 답해주며 ○○센터를 추천하는 간접적인 전략도 흔히 보인다. 치료라는 이름이 붙었으면 어쨌든 (준)의료 행위로서의 윤리적 기준이 있어야 할 것 같은데 상품을 파는 것과 다름없이 취급하기도 한다. 사정이 어려우면 할인해준다는 귀띔부터, '네티즌 추천 NO 1', '명품 상담', '대한민국 최고', '전국에서 입소문을 타고 찾아오시는' 같은 표현들은 오히려 신뢰도를 확 떨어뜨린다. 안 그래도 심리적 어려움 때문에 사는 게 힘든 예비 내담자들에게는 정보 수집 단계에서 이미 피로가 극에 달할 것 같다. 게다가 고생해서 찾아보고, 결정을 내리고 큰 비용까지 쓰며 찾아가기 때문에 '본전 뽑아야 한다는' 부담감과 기대감이 자연스레 따라오게 된다. 치료에 결코 좋은 영향을 주지 않을 것이다. 어러모로 볼 때 제공 기관에 상관없이 일정 기준을 충족한 심리치료 행위는 모두 의료보험 적용 대상이 되어야 할 것 같다(환자비밀보장도 물론 되어야 한다). 그래서 환자 부담 치료비도 대폭 줄이고 의료법에 따라 광고 행위도 제한하면 좋겠다. 결국 한국에서는 현재 사회적 편견, 환자비밀보장 문제보다도 비용이 가장 큰 장벽인 것 같다. 이런 현실에선 모 아니면 도가 되기 쉽다. 심리치료 없이는 생존이 위협받거나, 법적으로 강제된 사람들이 거치는 '재사회화' 프로그램이거나, 아니면 중산층 이상의 문화적 경제적 여건을 갖춘 사람들의 '자기 계발' 수단이거나. 이제 논의는 또 정신 건강에 대한 사회적 인식과 합의의 차원으로 돌아가게 되고, 제도와 정책에 반영하는 정부 및 국가 기관의 상상력과 집행의 효율성, 예산편성의 우선순위의 문제는 자연스레 뒤따른다.

존엄에 대한 사회적 합의를 바란다

Calling for Consensus on Human Dignity

독일은 어떻게 해서 지금처럼 포괄적인 심리치료 지원 제도를 갖게 됐을까. 독일에서는 공보험이나 사보험에 가입되어 있으면 심리치료비 전액을 보장받는다. 우선 비용적인 부담이 없으니 아주 심각한 문제가 아니어도 많은 사람들이 치료를 쉽게 선택하고, 보편화되다 보니 심리치료를 받는다는 것이 사회생활에서 전혀 흉이 안 된다. 특정 심리적 장애나 질병뿐 아니라 가까운 사람의 죽음, 이혼, 이직, 비만, 사고후유증으로 인한 스트레스 때문에 정기적으로 심리치료사를 만나는 경우도 많다. 독일 사회가 정신 건강과 관련해 지금과 같은 시스템을 갖추게 된 데는 다양한 요인과 문화적 맥락이 있다. 언뜻 생각나는 설명만 해도 여러 가지다. 19세기 후반부터 북미와 유럽을 통틀어 심리치료 관련 이론과 연구가 가장 성행했던 나라 중 하나라는 점, 근대에 두 차례의 세계대전이 이 땅에서 벌어졌고, 뒤이어 혹독한 산업화와 파시즘의 광풍이 불었다는 점이다. 결과적으로 지금도 독일은 통제와 규제가 개개인의 삶 구석구석에 자리 잡은, 억압적인 사회 구조로 되어 있다. 엔터테인먼트 산업 등 발달하지 않아 볼 만한 텔레비전 프로그램을 찾기 어렵다. 대다수 지역의 날씨가 으레 우중충하고 을씨년스럽다. 실용, 효율, 규칙과 직업 윤리를 최고 가치로 여기고 열심히 일해 유럽에서 부동의 1등 부자가 되었지만, 이는 여유, 유연함, 웃음, 농담, 실수 등을 값으로 치르고 얻은 것이다. 흔히 독일인들은 무뚝뚝하고 농담할 줄 모른다는데, 이 스테레오 타입이 들어맞을 때가 많다.

이유야 어찌 되었건, 설사 이 모든 게 성실한 납세자, 노동자, 유권자, 부모를 확보하려는 기득권 세력의 전략이라 할지라도, 나는 국가가 공공보건의료 제도를 통해 누구에게나 심리치료 기회를 동등하게 보장한다는 것을 무척 긍정적으로 본다. 처한 현실이나 삶의 조건이 상이해도 모든 사람이 살면서 어려움을 겪게 마련이라는 사회적 공감대가 마련되어 있다는 의미이기 때문이다. 어려움을 딛고 잘 살아보려는 사람들의 의지와 목표를 지원하는 것은 곧 인간의 존엄성을 인정한다는 뜻으로 다가와서다. 살면서 어려움이 닥쳐도 이를 극복하고 더 나은 삶을 가질 수 있는 기회, 과거의 상처로부터 자유로워질 수 있다는 희망에 대한 최소한의 사회적 합의. 한국에서도 머지 않는 미래에 그게 가능하길 바란다.

Another Healing Journey

Taking Care of Ourselves with Everyday Practices

쉬어가기

자가 치유, 치료실 밖에서 나를 돌보기

1.
트라우마 기억의 습격
Defending against Trauma Attacks

툭하면 화가 난다. 속상하고 서운한 일, 당황스럽고 수치스러운 일, 한심하고 답답한 일도 모두 분노로 수렴되는 듯, 타고 남은 감정의 끝은 자꾸 분노. 피가 거꾸로 솟는다. 머리에 피가 몰린다. 두통이 생기고 코가 막힌다. 명치끝이 아리고 숨이 가빠진다. 곁에 있는 무엇이든 집어던지고픈 충동. 냅다 고함치고 싶은 충동. 상처 입은 과거에 복수라도 하듯 조금만 불리한 것 같으면 과민 반응. 폭주하는 분노는 감출 수만은 없다. 사람들은 말한다. "너 답지 않게 왜 그래?"

일 년 여간 심리치료 동안, 치료실 밖의 일상생활과 삶 전반에서 일어난 일들이 마냥 긍정적이고 회복세였던 것은 아니다. 트라우마 기억 재처리를 집중적으로 하던 몇 주간은 특히 하루하루 싸우듯 보냈다. 만사 의욕 없이 무기력한 내 마음과 싸우고, 그래도 해내야 할 일들과 싸우고, 가까운 친구나 파트너의 사소한 말과 행동에 상처받아 싸우고, 더 심해진 비염과 월경통과도 싸웠다. 순탄한 하루를 보냈다고 방심하고 있으면, 밤에 이부자리로 불행감이 오싹한 유령처럼 스멀스멀 파고들었다. '나는 왜 이렇게 예민해서 매사가 어려울까.' '나보다 더한 일을 겪고도 명랑하게 잘 사는 사람도 많은데, 내 성격이 이상한 건가.' '나는 대체 언제까지 이런 고민에 시달릴까.' '누구보다 열심히 살아왔는데 딱히 더 행복해진 것도 없네, 뭐 이래. 다 때려치우고 싶다.' 구질구질한 자기연민이라고 생각하고 털어내려 하면, 그것까지 자책감으로 더해지는 꼴이 됐다. 다행이라고 해야 할지, 내가 얼마나 괴롭든 그래도 시간은 잘 갔다. 어김없이 밤이 돌아오고, 눈뜨면 또 새로운 하루. 다만 내가 주도적으로 시간을 쓴다기보다 시간이라는 무심한 괴물이 나를 대강 들춰 업고 제 갈 길 가는 것에 가까웠다.

이 모든 것은 사실 당연했다. 그저 자연스러운 현상이었다. 내 치료사는 기억 재처리 첫 시간이 끝나고 가방을 챙기는 내게 분명히 말했다. 좋지 않은 기분이 지속될 수 있고, 돌발적인 충동이나 악몽에 시달리거나 몸살 나듯 아플 수도 있다고. 응급 상황이 생기면 연락하라고 말이다. 나는 내 마음속에 묻었던 가장 불행한 기억들을 구태여 끄집어 올려 언어와 사고 기능을 총동원해 살려내고 있었다. **지금 좀 망가져도 괜찮다. 힘들어도 된다. 당연하고 자연스럽다. 다 거쳐 가는 과정이다.** 당시에 나는 이 생각을 만다라처럼 외며 시커먼 기억의 강을 무사히 건너왔다. 트라우마 치료 중인 사람들, 아픈 기억에 시달리는 사람들, 혹은 막 고통스러운 일을 겪고 허우적대는 사람들 모두에게 필요한 자기 긍정의 만트라다.

그런데 이런 어려운 시기를 잘 보낼 수 있는 방책은 또 있다. 바로 EMDR 요법 8단계에 포함되어 있고, 나 역시 치료사에게 안내받았던 자기조절기법self regulation techniques을 활용하는 것이다. 이는 심리치료나 상담을 하느라 트라우마를 재경험할 때 어두운 정서와 감정을 그때그때 처리해서 안정된 상태로 일상에 복귀하는 데 도움을 준다. 또 트라우마에 집중하다 보면 삶을 너무 부정적으로 바라보는 역효과도 날 수 있어서 긍정적인 기억과 경험도 다뤄 균형을 잡는 것이기도 하다. 꼭 심리치료 중이 아니더라도 누구나 배워서 쓸 수 있다. 나는 요즘도 예상치 못한 때 내면에 황폐한 풍경이나 검은 형상이 나타나면 이 방법들을 쓰면서 균형을 회복한다.

2. 기억을 활용한 정서적 안전장치

Building Safety Measures with Memories

{마음 편히 찾아갈 수 있는 안전지대 만들기}

Imagining a 'Safe Place'

안전지대 만들기는 힘들 때 찾아가면 큰 위로를 받을 수 있고 마음을 밝게 만들어줄 안전한 장소를 마음속에 만드는 것이다. 이 장소들은 인생에서 가장 아름다운 기억 열 가지를 골라 구체적으로 적어 만든다. 기억을 적을 때는 1) 그 기억을 대표하는 장면을 서술하고 2) 그 당시 스스로에 대한 긍정적인 감정 3) 지금도 느낄 수 있는 당시 경험에서의 감정과 신체 감각으로 목록을 만든다. 그리고 심리치료가 매회 끝날 때나 일상에서 힘들 때, 특히 스스로에 대해 혹은 자기 삶에 대해 좌절하고 부정하게 될 때 수시로 이 목록을 꺼내본다. 목록에 있는 기억을 머릿속으로 생생하게 떠올리며 잠시나마 그 행복한 순간을 다시 살아본다. 마음이 밝아지면 몸의 긴장과 고통도 수그러들어 편안한 상태를 회복하게 된다.

'아름다운 기억'에 대한 기준은 물론 사람마다 다를 테니 어떤 것으로 정하든 자유지만, 주의할 점 한 가지는 그 기억에 부정적인 감정이 섞여 들어 있지 않아야 한다는 것이다. 가령 애인과 지독하게 울며불며 싸우다가 마지막에 가서 극적으로 화해하고 서로 눈물을 닦아주며 최고의 섹스를 한 기억이 있다고 치자. 이는 누군가에게 복잡 미묘하고 달콤살벌하며 끝내는 섹시한 아름다운 기억일 순 있지만 안전지대로 정하기에는 애매하다. 죽자사자 싸울 때 서로 주고받은 말이나 표정, 몸짓이 몸과 마음에 여전히 상처로 남아 있을 수도 있다. 최대한 순수하게 긍정적인 요소로만 구성된 기억이 적당하다. 아주 좋았던 기억인 건 분명한데 구체적인 감정을 써내기 막막할 때는 인터넷에서 감정을 묘사하는 단어 목록을 찾아서 참고해도 좋다.

조앤 롤링의 해리포터 시리즈 3편《해리포터와 아즈카반의 죄수》에서는 해리가 늑대인간 루핀교수에게 '패트로누스'라는 마법을 처음 배우는 과정이 나온다. 이 마법을 하려면 특이하게도 기쁨, 환희, 희열과 같은 순수하고 강렬한 행복감을 느꼈던 기억을 떠올려야 한다. 그런 기억을 선명하게 머릿속에 불러내면서 주문을 외면, 은빛 형상을 한 자신만의 고유한 '패트로누스'를 불러낼 수 있고, 이를 방패막이나 전령으로 쓸 수 있다. 해리는 아기일 때 부모님이 살해당한 현장에 있었고, 이후 이모부네서 온갖 학대를 받으며 살아온, 말하자면 트라우마가 많은 사람이라 행복한 기억을 떠올리는 데 어려움을 겪는다. 하지만 훈련을 거듭하면서 점점 더 이 마법을 완성시켜서, 나중에는 사람의 영혼을 빨아먹는 괴물 '디멘터'를 수십 마리 물리치거나, 힘없이 당하는 사람들을 구하기 위해 보호벽을 만들며,

친구들에게 이 마법을 전수하기까지 한다. 이처럼 안전지대 그리기 요법도 처음에는 쉽지 않지만 연습을 통해 능숙해질 수 있고, 흡사 디멘터와 같은 트라우마 기억의 '습격'에 맞서게 해준다.

나의 안전지대 열 가지

나이	기억의 대표 장면	자아 감정 : ~한 나	현재 감정 · 신체 감각
11	학교 줄넘기대회에서 복표량 400개에 성공하고 숨을 헐떡인다	자랑스러운	만족스러운, 자랑스러운, 기쁜, 힘이 넘치는
13	아주 세찬 소나기가 내리는 여름 날, 빗속을 씩씩하게 걷는다	자유로운, 해방된, 강인한, 야성적인	활기찬, 자유로운, 당당한
15	학교 컴퓨터실에서 짝사랑하는 사람에게서 온 이메일 답장을 읽는다	사랑받는	기쁜, 설레는
19	단짝이 된 친구와 기숙사 2층 침대에서 뒹굴며 장난을 친다	사랑받는, 사랑하는	즐거운, 편안한
20	축제 같은 분위기의 촛불 집회 인파 속에서 광화문 한복판 8차선 도로 위를 걷는다	해방된, 자랑스러운	당당한, 활기찬, 가슴이 트이는, 신나는, 힘이 넘치는

21	생애 첫 해외여행 첫날, 일본의 호텔방에서 홀로 누드 사진을 찍는다	해방된, 예술적인, 성숙한, 섹시한	온전한, 자유로운, 자신감 넘치는
22	햇살 가득한 오후, 가족들이 다 나가고 혼자 있는 집 거실에서 알몸으로 자위를 한다	야성적인, 성숙한, 섹시한	만족스러운, 편안한, 나른한
26	강원도 산속 통나무집 어둠 속에서 애인과 알몸으로 춤을 춘다	사랑받는, 야성적인, 섹시한	자유로운, 신나는, 흥겨운
26	피곤한 하루를 마치고 잠자리에서 반려견 누룽지와 나란히 누워 눈을 맞춘다	안전한, 사랑받는, 사랑하는	만족스러운, 편안한, 온전한
28	비 내리는 스코틀랜드 스카이 섬의 대자연에서 나 홀로 트레킹을 한다	독립적인, 강인한, 야성적인	자유로운, 자신감 넘치는, 신나는

안전지대를 만들며 덤으로 스스로에 대해 새삼 깨닫게 된 몇 가지가 있었다. 먼저, 내게 **내향적인 성향**이 두드러진다는 것. 학교나 회사 등 조직에서 나는 늘 자기주장이 강했고, 새로운 사람을 사귀거나 많은 사람 앞에 서는 것에 거리낌이 없었다. 그래서 나는 스

스로를 외향적 성격이라고 알고 지냈다. 외향적이라는 것은 '활달하다, 적응을 잘한다'는 의미로 통하며 보통 사회에서 환영하는 특성이기도 했으니, 여러모로 그렇게 자기인식을 하는 게 편리했을 법하다. 그런데 20대 중반이 되어서야 내향적인 면도 사실 많다는 것을 자각하고 인정하기 시작했다. 나는 혼자 있을 때나 가까운 사람 소수와 함께 있을 때 진정 편안함을 느끼고 정서적으로 충만해진다. 또, 큰 파티처럼 외향성이 요구되는 장소에서는 일종의 사회적 가면을 쓰고 '기능'할 수는 있지만 이를 즐기지는 않는다. 내심 어색하고 지루해하다가 나중에는 공허함마저 느끼기 일쑤. 이런 성향은 안전지대를 만들면서 다시 한 번 드러났다. 가장 행복했던 기억으로 혼자이거나 친밀한 대상과 단 둘인 기억이 아홉 개로 절대 다수를 차지했다.

또, 나는 자연 속에 있을 때 행복한 사람이라는 것도 확실하게 나타났다. 이때 행복감은 **강인한**, **야성적인**, **해방된**과 같은 구체적인 얼굴을 하고 있었다. 그러고 보면 나는 서울에서 나고 자랐고 생애 대부분을 아파트에서 살았음에도, 늘 자연에 본능적인 끌림을 느꼈다. 어린 시절부터 콘크리트 틈을 비집고 나온 풀꽃을 반가워하며 코를 처박고, 아파트 앞 한 뙈기 잔디밭에서 하루 종일 혼자 놀던 아이였다. 포유류라면 개, 고양이, 쥐 정도만 일상적으로 볼 수 있는 도시 환경에서도 동물에 대한 관심이 아주 많아서 힘들이지 않고 수많은 동물종과 그들의 습성을 줄줄 외기도 했다. 어릴 때 가장 갖고 싶었던 건 다른 게 아니라 시골에 사는 할머니, 할아버지였다. 자연에 대한 내 갈망은 흥미롭게도 **야성적인, 자유로운, 해방된**이라는 키워드를 통해 성적인 순간들과 맞닿아 있었다. 이전까지 나는 한 번도 스스로를 성욕이 크다거나 성적으로 활발한 사람이라고 여긴 적이 없었는데, 열 가지 중 세 가지나 되는 좋은 기억이 성애와 성감이 충만한 상황이었고, 이는 만족스럽고 성숙하고 섹시한 자아 감정을 넘어 예술적으로 고양된 상태(예술 작품을 마주하거나 스스로 예술 행위를 하며 깊은 감동과 자극을 받은 상태)로까지 이어졌다. 아, 나는 **팔딱팔딱 뛰는 성 에너지**를 가진 사람이고 그걸 표출할 줄 아는구나. 신선하고 기분 좋은 자기 발견이었고, 성폭력 기억에 몰두하면서 지쳤던 마음에 자아존중과 활기를 불어넣어줬다.

좋은 기억들로 안전지대를 잘 구축했다면, 이를 토대로 한 발 더 나아가서 자신에게 무엇이 긍정적인 에너지를 주는지, 그 원천과 자원에 대해 써보는 것도 좋다. 나는 열 가지 기억을 보고 내 에너지의 원천이 되는 감정을 해방감, 독립심, 예술적 극치감이라고 썼다. 나를 지지해주고 성장하도록 이끌어준 사람으로는 나를 각별하게 살펴주던 선생님 세 분과 가까운 친구들 세 명을 적었다. 또 다른 중요한 내적 자원으로는 동서양 신화의 여신들, 날개도 없이 자유롭게 나는 꿈들, 불교의 만다라와 싱잉볼singing bowl, 그리고 달, 폭포, 바다와 같은 대자연의 이미지들을 꼽았다. 흙냄새를 맡으며 땀 흘리는 밭일,

산과 숲에서의 트래킹, 문화권마다 다양하게 변주되는 북소리도 내게 큰 에너지를 준다고 했다. 나는 EMDR 치료 첫 시간에 이러한 숙제들을 받았기에, 트라우마를 본격적으로 돌아보기에 앞서 일종의 **정서적인 안전망**을 만들 수 있었다.

{ 마음을 안정시키는 양측성 자극 }

Relaxing with Bilateral Stimulations

EMDR 요법의 개발자 샤피로 박사의 책에 소개된 양측성 자극은 기억을 재처리하기 위한 것과, 기분을 회복하기 위한 것 두 가지가 있다. 이 중 마음을 안정시킬 때 쓰는 후자는 안전지대를 떠올리면서 스스로에게 적용할 수 있는 방법이다. 마음을 괴롭히는 생각을 떨치기 어렵거나 정신적 스트레스가 심한 상황에서 잠시 시간을 내어 실행하면 즉각적으로 마음의 안정을 찾을 수 있다. 진동 자극기나 눈앞에서 손가락을 추처럼 움직여줄 사람 없이, 자기 몸으로 직접 자극을 만든다. 양손을 허벅지 위에 두고, 머릿속으로 안전지대를 떠올리며 4~6번씩 천천히 번갈아 두드린다. 이때 호흡 역시 깊고 느리게 쉰다. 한 세트를 하는 데 10초 정도 걸린다. 도중에 특별히 나쁜 기억이 떠오른다거나 불쾌하지 않다면 여러 세트 반복한다. 양손을 엑스 자로 교차해 어깨 위에 올려 나비 모양을 만들면 '버터플라이 허그 butterfly hug'를 할 수 있다. 스스로를 안아주는 모양새라서 무릎 두드리기보다 좀 더 포근하고 위안이 된다. 이때도 역시 양쪽 어깨를 같은 방법으로 두드리며 안전지대를 상상한다. 멕시코의 허리케인 피해 지역에서 EMDR 치료 워크숍을 할 때 버터플라이 허그가 처음 쓰였다고 하는데, 한 아이가 대피 중에 양팔을 잃는 사고를 당해 이 동작을 따라 할 수 없자, 그 아이의 동생이 뒤에서 안아주면서 둘이 함께 자가 치료를 했다는 따뜻한 일화도 전해진다. 사랑하는 사람과 버터플라이 허그를 하는 것, 상상만으로도 벌써 위로가 된다.

{기억을 닫는 장면 상상하기}

Visualizing Memory Control

심리치료에서 50분의 면담시간이 끝날 때, 시간이 다 되었다고 갑작스레 대화를 중단해버리면 내담자는 뒷감당을 온전히 떠맡게 된다. 미처 못한 얘기에 미련이 남을 수도 있고, 대화 중에 상기된 안 좋은 기억을 종일 떨쳐내기 힘들지도 모른다. 안 좋은 기억은 다음 면담 때까지, 혹은 다시 생각해보고 싶을 때까지 잘 접어두고, 기분을 회복해서 밖에 나갈 수 있도록 하는 어떤 조치가 필요하다. 이를 위해 나는 일종의 이미지 트레이닝을 배웠다. 기억을 눈으로 볼 수 있는 어떤 물건이나 대상이라고 정하고, 원래 있던 장소에서 몰아내거나 따로 보관해두는 장면을 상상하는 방법인데, 실체가 없는 기억을 상상으로나마 시각화, 사물화하게 되면 통제력을 가질 수 있어서 좋다. 우리가 **스스로의 기억을 통제할 수 있다**고 느끼는 것이 중요한 이유는 '나쁜 기억이 나를 언제 어디서 얼만큼 괴롭힐지 모른다'는 것에서 오는 좌절과 불안, 무기력한 느낌에서 자유로울 수 있기 때문이다. 일상생활에서도 괴로운 생각을 중단하고 싶을 때 잠시 눈을 감고 이 방법을 쓰면 좋다. 아래 내가 활용했던 몇 가지 테마를 소개한다. 이외에도 각자 좋아하는 사물이나 상상하기 쉬운 것을 골라서 장면을 만들어보면 된다.

기억을 몰아내는 테마들

지우개

머릿속이 지저분한 낙서로 가득 찬 연습장이라고 상상한다. 지금은 낙서를 지우고 깨끗한 종이에다 다른 작업을 하고 싶다. 잘 지워지는 큰 지우개를 들고 쓱쓱쓱, 낙서 같은 생각을 지워버린다.

고압 호스

지금 나를 괴롭히는 생각과 감정들을 싹 쓸어버리고 싶다. 옆에 청소용 고압 호스가 있다. 수도꼭지를 비틀어 열고, 호스로 시원하게 마음 한구석을 청소한다.

무지개 샤워

따뜻한 물이 가득 쏟아져 내리는 샤워기 밑에 서 있다. 물은 아름다운 무지개 빛깔이고, 이 물과 함께 트라우마 기억들도 씻겨 내려간다. 샤워가 끝나면 나는 산뜻하고 보송보송한 기분이 된다.

기억을 따로 보관하는 테마들

비디오 테이프

소파에 앉아 텔레비전을 보는 나를 상상한다. 텔레비전에서는 트라우마 기억들이 재생되고 있다. 화면의 영상이 점차 흑백으로 바뀌고 서서히 페이드아웃 된다. 비디오테이프를 꺼내서 잠금 장치가 있는 벽장에 가지런히 꽂아둔다. 텔레비전 앞을 떠난다.

금고

나만 아는 은밀하고 아늑한 방에 금고가 있다. 나를 힘들게 하는 기억들을 꺼내 거기 넣고 자물쇠를 잘 채운다. 비밀번호는 나만 알고, 원할 땐 언제든지 꺼내볼 수 있다.

구름

하늘에 떠 있는 뭉게구름을 손짓해 불러온다. 구름 속에 지금 원치 않는 기억들을 꽁꽁 숨겨두고 다시 하늘로 날려 보낸다. 이제 구름은 아주 멀리 있어 나에게 영향을 미치지 않는다.

귀여운 까만 벌레들

애니메이션 캐릭터처럼 익살스럽게 생긴 작은 벌레 서른 마리가 나의 기억 부스러기를 등에 이고 지고 내 몸에서 스르르 빠져 나간다. 벌레들이 엉금엉금 바닥을 기어 방구석 구멍으로 들어간다. 이 착한 벌레들은 내 편이어서 기억을 잘 보관하고 있다가 내가 부를 때 다시 가져와준다.

기억을 닫는 상상법 역시 연습을 하면 할수록 능숙해지고 효과도 커진다. 기억을 상상 속에서 직접 처리하는 순간, 마음도 몸도 거짓말처럼 가벼워지는 경험을 요즘도 자주 한다. 생각이 얼마나 무섭고 힘센지는 우리 모두 잘 알고 있다. 사람들은 어떤 생각 때문에 30층 꼭대기에서 뛰어내리기도 하고, 남을 죽이기도 하며, 다른 행성에 가고 새로운 발명으로 억만장자가 된다. 하지만 **우리 자신이 바로 그 생각의 주인이라는 것**, 우리에게 전적으로 선택권이 있다는 것을 자주 잊는다.

3.
가장 솔직한 대화 '내면아이에게 말 걸기'

Talking to Our 'Inner Child'

치료를 넘어선 치유란 무엇인가? 다소 건조하고 차가운 임상심리학에 역시나 건조하지만 그래도 꽤 와 닿는 개념으로 '트라우마 이후 성장posttraumatic growth'이라는 개념이 있다. 트라우마가 있는 사람에게 진정한 의미의 회복은 고통스러운 상태에서 벗어나는 것만을 의미하지 않는다. 이를 통해 성장하는 과정까지 포함된다고 한다. 샤피로 박사는 우리가 트라우마 치료와 치유를 겪어내며 궁극적으로 다음의 질문을 할 것을 청한다. **"나는 무엇을 배웠는가? 나는 어떻게 더 강해졌는가? 나는 무엇에 감사하는가? 내가 아는 것을 바탕으로 누구를 도울 수 있는가?"** 이를 토대로 앞으로의 삶을 더 의미 있고 행복하게 살라고 한다. 나는 트라우마 치유와 더불어 성장하기 위해서는 자기 자신과 자기 삶, 그리고 삶에서 겪는 일들을 잘 알고 이에 대해 통찰하는 것이 중요하다고 느꼈고, 이에 유용한 활동들을 꾸준히 해나가려고 한다.

누구나 한번쯤 '모든 사람의 내면에는 어린아이가 있다'는 표현을 들어본 적 있을 것이다. 보통은 어린 시절의 순수함을 회복하자는 메시지나, 어린 시절의 상처를 회고하는 맥락에서 많이 쓰인다.

나는 심리치료가 일단락되고 나서 읽은 책《내면아이의 상처 치유하기Inner Bonding》에서 이와 관련된 개념을 깊이 있게 접할 수 있었는데, EMDR 요법과는 다른 관점에서 나의 과거를 돌아보고, 가족 문제나 부모님과의 갈등에 대한 실마리를 많이 찾을 수 있었다. 에리카 초피크Erika Chopich, 마거릿 폴Margaret Paul 두 여성학자가 1980년대에 공동으로 개발한 '내면적 유대감Inner Bonding' 프로그램에는 핵심적인 개념으로 내면아이inner child가 등장한다. 이는 한 사람의 핵심적인 자아이자 **재능, 감정, 본능, 직관과 관련된 타고난 인격**을 가리키는 표현으로, 나이가 들어도 변함없이 내면에 존재하며, 민감하고 연약해서 상처 입기 쉽다. 이와 같은 특성을 반영해서 이해하기 쉽게 아이라고 부른다. 아이들이 실생활에서는 서툴고 지식도 모자라지만 상상력이 뛰어나고 순수한 것처럼, 내면아이도 그렇다는 것이다. 어릴 때에는 내면아이가 곧 지배적인 인격으로, 외면으로도 투명하게 드러나 있다. 하지만 부모의 양육 방식에 따라, 교육 환경에 따라 대개 일찌감치 억압되고 방치되며 우리는 그 상태로 어른이 되어 계속 살아간다. 하지만 타고난 자아(감정, 본능, 직관), 즉 내면아이의 필요와 욕구에 따르지 않고 사회에서 요구하는 기능과 태도(재테크, 도덕과 규범, 이성적 사고, 스펙 쌓기 등)에만 치중하며 살다 보면 사회적 성공은 가능하지만 그 성공에도 불구하고 불행하고 불만족스러운 심리 상태에 빠질 수 있다. 누가 봐도 잘 나가는 사람이지만 실상은 결혼이나 연애 같은 친밀한 관계에서 불화하고, 일중독에 빠지거나 분노조절장애로 악명을 떨친다. 남몰래 상대적 박탈감과 열등감에 시달린다. 그럴 때 자신의 내면아이와 대화하는 방법을 익히고 내가 몰랐던 자아의 성향을 존중하는 방식으로 삶의 방향을 바꿔나가야 한다. 과거의 트라우마는 내면아이가 심각한 타격을 받은 사건들인데, 이로 인해 지금도 고통을 받는다면 그때 상처받은 내면아이를 지금이라도 치유해야 할 필요가 있는 것이다.

내면아이에게 귀를 기울이라는 것은 무책임하게 제멋대로 살라는 뜻이 아니다. 지금 주어진 어른의 삶을 우리는 어찌되었건 계속 살아내야 한다. 다만 자상하고 따뜻하며 아이를 잘 보살펴주는 **이상적인 부모/어른**의 입장에서 내면의 자아가 갖고 있는 다음 네 가지에 귀 기울인다.

- 남에게 차마 말 못하는 나의 진짜 느낌 (감정)
- 내가 정말 좋아하고 잘하는 것 (재능)
- 당장 논리적으로 설명할 수 없지만 '이게 맞다'는 판단 (직관)
- 해야 할 일이나 주어진 일 말고 순수하게 하고 싶은 활동 (본능)

그 다음으로는 역시 관대하고 현명한 어른처럼 내면의 아이(자아)에게 이로울 만한 행동을 취한다. 어린아이는 어떤 욕구, 가령 새로 나온 만화 영화를 보러 가고 싶어도 혼자서는 할 수 없다. 극장에 데려가고, 영화 표와 팝콘을 사주고 만화가 끝나면 다시 집에 데려올 어른이 필요하다. 어린아이가 초콜릿을 너무 많이 먹고 있으면 옆에 있는 어른이 나서서 잘 타일러줘야 한다. 이처럼 내면아이의 요청을 진지하게 받아들이되 잘 분별해 때로는 들어주고("친한 친구들을 본 지 한참 돼서 외로워" "그래, 그럼 연락해서 이번 주말에는 약속을 잡아보자") 때로는 부드럽게 거절한다("또 월요일이야. 회사 가기 정말 싫어" "그 마음은 이해해. 하지만 주말에 잘 쉬었잖아. 막상 회사에 나가면 또 의욕이 생길 거야"). 일상에서도 수시로 말을 걸어본다. "지금 너(나) 왜 마음이 불편해?" "오늘은 어떤 옷을 입고 나갈까?" "몸 상태가 좀 어때?" "요즘 엄마랑 사이가 어때?" 이렇게 설명하니 내면아이와 대화한다는 것은 아주 새로운 발상은 아니고, 일종의 **친절한 혼잣말**이라고 볼 수도 있겠다. 혼잣말이 영 어색하거나 내면에 누가 있다는 상상이 오히려 꺼림칙한 사람은 자신을 닮은 귀여운 동물 인형을 하나 구해서 말을 걸면 된다. 아끼는 별명도 붙여준다.

4.
음악 테라피로 다른 차원을 여행한다

Traveling to Another Dimension with Music Therapy

영국배우 키이라 나이틀리Keira Knightley가 담백한 목소리의 인디 뮤지션으로 나오는 음악영화 〈비긴 어게인Begin Again〉(2013)에는 주인공 두 사람이 늦은 밤거리에서 이어폰으로 음악을 나눠 듣는 장면이 나온다. 아주 평범한 거리 풍경도 음악을 들으며 바라보면 마법처럼 특별하게 변한다는 댄의 말에 그레타가 깊이 공감하면서 그에게 마음을 더 열게 된다. 멀리 떠나지 않아도 좋은 음악에 몰입할 때 우리는 낯선 곳을 여행하는 듯한 산뜻한 기분이 되고, 또 거기서 새로운 에너지를 얻는다.

나는 심리치료를 하면서 힘들 때 타악기가 나오는 연주음악을 수시로 들으며 상상 여행을 떠났다. 폐기물을 활용해서 직접 악기를 만드는 스위스인 연주자 비트 펄미Beat Föllmi의 〈Orthodox Approach〉라는 앨범을 수없이 반복해 듣고, 스코틀랜드의 핀드혼 에코빌리지에서 직접 녹음한 40여 분짜리 싱잉볼 콘서트 음원을 자꾸 되감았다. 멜로디가 아니라 리듬을 만들어내는 타음악은 많은 경우, 중심이 되는 리듬을 수없이 반복하면서 점차 다양한 타악기와 타법으로 소리를 확장해나간다. 멜로디 중심의 음악에 비해 신선했고,

나에게는 명상하는 듯한 효과를 주었다. 또, 인류 최초의 음악이 타악기에서 시작되었기 때문인지 아무리 현대적인 메시지를 더해도 여전히 원시적이고 야성적인 분위기가 느껴졌다. 복잡한 도시 문명을 떠나 다른 차원, 말하자면 대자연이나 우주에 떨어진 듯한 **황홀한 압도감과 해방감**을 줬다.

한 타악기 연주회에서는 현대음악가 스티브 라이히Steve Reich, 1936~의 대표적인 미니멀리즘 곡 〈Drumming〉을 감상한 적이 있는데, 그때 경험은 더욱 강렬했다. 라이브 음악에서는 스피커와 비교할 수 없이 생생하고, 피할 수 없이 집요한 에너지가 나왔다. 무대에서 셋째 줄에 앉았던 나는 그 모든 운동 에너지와 음파 에너지를 다 흡수하고 싶어 안달했다. 다섯 명의 목소리꾼들과 아홉 명의 연주자들이 검은 옷을 입고 침침한 조명 아래 있었었다. 그들은 표정을 거두고 마치 악기처럼 중립적으로 서서는, 절도 있게 여러 악기들을 오가며 군무 추듯 채를 휘둘렀다. 나는 그 연주가 나를 위한 주술이 되도록 내 넋을 온전히 꺼내 놓았다. 그날 밤, 음악의 무당이 접신해 내린 주술의 내용은 이랬다. '과거에서 비롯된 고통을 이제 끊어버려라. 내 허리를 휘감은 기억의 끈은 삵은 동아줄이다. 삭은 줄을 못 보게 두 눈을 가린 희끄무레한 장막을 이제 걷어버려라. 두 팔에 힘을 실어 삭은 줄을 끊어내라. 그리고 끝까지 집요하게 가라. **이 삶을 집요하게 살아내라.**'

나는 어떤 고민거리나, 지금 나를 괴롭히는 생각과 감정이 구체적으로 있을 때 쓸 수 있는 요법을 직접 만들어 보았다. 다루고 싶은 문제를 정하고, 음악을 듣는 동안 이를 용감하게 파고 들어가는 것인데, 한 곡이나 앨범, 연주회가 끝나기 전에 아무리 작더라도 어떤 새로운 깨달음이나 사고의 전환에 이르는 게 목표다. 보통 장르를 불문하고 곡에는 특정 주제나 분위기가 담겨 있고, 으레 기승전결 식의 구조와 형식을 띠기도 한다. 클라이맥스를 지나면 아무리 긴 곡도 언젠가는 반드시 끝이 난다. 이러한 흐름에 자연스럽게 마음을 맡긴다는 기분으로 임한다. 음악 감상의 틀을 빌린 명상 의식이라고 할 수 있다. 보통의 명상 기법과 달리 음악에 맞춰 시작과 끝이 정해지기 때문에 힘들여 제어하지 않아도 된다는 것이 장점. 변화와 통일 사이에서 균형을 맞추고, 도입부-발전부-재현부와 같은 형식을 일정하게 구사하는 클래식 음악이 특히 이 음악 명상에 적합하다. 클래식 음악은 좀 어두운 곡이라도 멜로디, 화성, 리듬, 음색이 조화롭고 풍부하게 울려퍼지는 편이라 듣다 보면 마음에도 고루 균형이 잡히는 것만 같다. 괴로운 생각을 할 때도 그 특유의 아름다움 덕분에 심한 외로움, 괴로움, 우울감에 빠지지는 않는다. 그래서 요즘은 클래식 연주회에 갈 기회가 생길 때 이것저것 따지지 않고 흔쾌히 간다. 나는 음악에 전문적인 지식이 있는 것도 아니고, 청음에 뛰어나지도 않은 '막귀'라서 연주자의 실력을 가늠할 수도, 곡을 고차원적으로 해석할 수도 없지만, 대신 나만의 명상 의식을 남몰래 치르며 한껏 치유된다.

물론 클래식뿐 아니라 현대적인 곡들도 음악 명상에 더없이 아름답게 어울리며 노랫말로 친절하게 우리를 일깨우고 다독인다. 파김치가 되어 귀가하는 심야 버스에서, 이별을 결심한 날 화창한 햇살 속을 걸을 때, 두 번째 낙방 소식을 안고 내려가는 명절 고향길에서, 해도해도 끝없는 시험공부에 숨이 막힌 독서실 칸막이 책상에서, 가로등 밑에서도 왠지 모를 불길함에 mp3의 볼륨을 높이던 밤길에, 그리고 그 밖의 많은 순간에 우리가 듣던 **음악이 매일 우리를 살린다.** 절규하듯 고백하고 속삭이며 호소하는 아일랜드 남자들, 글렌 핸사드Glen Hansard와 데미안 라이스Damien Rice의 노래는 내가 눈물조차 흘리지 못할 때 울지 않아도 아픈 걸 안다는 듯이 날 껴안아줬다. 아이슬란드 밴드 시규어 로스Sigur Ros의 자연으로 회귀할 듯한 초월적 음악, 잠자리에서 이어폰을 꽂고 들으면 우주 유영을 시켜주는 콜드플레이Coldplay의 일렉트로닉-팝 앨범 〈고스트 스토리즈Ghost Stories〉, 스웨덴의 싱어송라이터 호세 곤잘레스Jose Gonzalez 의 마음 심층을 두드리는 기타 연주, 페미니스트의 유토피아에 대한 상상이 간절할 때마다 듣는 영화 사운드트랙 앨범 〈헝거게임 캣칭 파이어The Hunger Games: Catching Fire〉, 살아 있는 여신의 목소리로 와 닿는 플로렌스 앤 더 머신Florence and the Machine의 음악들은 심리치료보다 훨씬 오래전부터 변함없이 뜨겁게 나의 치유와 성장을 도왔다.

5.
말과 불의 연금술, 글쓰기 테라피

Writing Therapy: Alchemy of Words and Fire

다른 방법들에 비하면 시간과 노력이 많이 들지만 그만큼 예외 없이 강력하게 회복과 치유를 도울 수 있는 것은 단연 '글쓰기'다. 아무런 제약 없이 생각이 흐르는 그대로 써버린다면, 자주 그렇게 할 수 있다면, 아마 심리치료 같은 건 필요 없을지도 모른다. 쉬운 일은 아니다. 맞춤법, 주어와 서술어의 호응, 자기검열, 있지도 않은 독자 눈치 보기를 다 제쳐놓고 쓸 수 있다면, 그럴 수만 있다면…!

고통을 내려놓고 희망으로 가기까지, 그저 모든 것을 다 솔직하게 털어놓는 글쓰기에서는 공간이 특히 중요하다. 꼭 **안전하게 느껴지는 공간**에서 써야 한다. 필요한 것은 편안함, 안정감이 아니고 안전함이다. 가끔은 내가 안전하게 글을 쓸 공간을 찾다가 독일까지 오게 되었다는 생각을 한다. 좀 어이없지만 정말이다. 우리 집, 우리 동네, 우리 학교가 아니라 내 방, 내 집, 내 마을을 원했던 것 같다. 월세 보증금을 모으지 못하고, 문을 잠그면 의심하고 잠그지 않으면 갑자기 들어오는 엄마와 타협하지 못하고, 지방에 내려가면 뭘 해먹고 살지 막막했고, 서울에 본가를 두고 따로 나와 독립하면 부족한 생활비에 더욱 쪼들릴 현실에 나는 답답했다. 그러다 이리 극단적인 선택을 하게 됐는지 모른다. 독일에 와서 내가 찾아 들어간 첫 번째 방은 북서향이라서 좋아하는 노을을 매일 볼 수 있었다. 나는 짙은 회색 커튼을 달았었다. 나중에 보니 영 칙칙해서 이사할 때 그냥 두고 나왔다. 아직은 마음을 다 못 열었던 모양이다. 그 방이 좀 추워서 옮겨 간 두 번째 방은 이내 붉은 방이 되었다. 동쪽으로 난 창으로 드는 볕이 너무 강해서 어느 여름날 아무것이나 손에 잡히는 천을 둘렀는데, 그게 태양빛 린넨이었다. 그 방에서 붉은빛에 둘러싸여 나의 트라우마를 처음 종이에 토해낼 수 있었다. 원래 옷 방인 곳에 책상을 놓아 협소하고 그만큼 간결하며 따뜻하기도 해서 꽤 좋은 글쓰기 방이 되어주었기 때문이다. 지금 머무는 방은 천정이 높고 창이 커서 밝은데 단열은 잘 된다. 진짜 나무를 짜 넣은 바닥이 마음에 든다. 그 사이 나는 대범해져서 이번에는 진보라색 암막 커튼과 파스텔 톤 색깔들로 염색한 얇은 수제 커튼을 덧달았다. 겨울 세일 때 스웨덴에서 배달 온 모로코 느낌의 카페트도 깔고 내 키보다 더 긴 책상을 두었다. 글쓰기 책상이다. 엄마 집에 살 때 방마다 의무적으로 놓였던 십자가와 레이스 커튼 대신에, 나는 보란 듯이 내 부적과 분신으로 벽과 선반을 채웠다. 낙타와 도마뱀, 코뿔소, 코끼리, 사자, 여신, 해와 달, 고등학교 때 직접 그린 색판화, 프리다 칼로의 자화상, 엄지손가락만한 부처상, 꽃 자수 박힌 초록색 카우보이 부츠, 내 가상의 헬스트레이너인 토끼인형 '주디 버틀러', 내 애인의 옛날 사진, 스물한 살 때 찍은 내 누드, 그리고 그와 내가 키웠던 개들의 사진. 이것들을 자유롭게 품을 수 있는 내 방이 없었다면 지금 이 책은 세상에 없을 것이라 단언한다.

누가 봐도 탐날 만큼 멋지고 단단한 표지에 가지런히 줄 간 노트의 흰 여백은 어쩌면 너무 휑하다. 거기다 어떻게 여과 없이 모든 걸 쏟아놓을까. 버리려다 모아둔 이면지를 6등분해 만든 메모지가 이 **생각의 흐름 마구쓰기** 요법엔 훨씬 적당한지도 모른다. 네모반듯하지 않고 틀어진 이 메모지는 참 만만해서 낭비하듯 한꺼번에 몇 개씩이나 써도 좋다. 욕지기가 치밀어오를 때, 집을 나서기 직전에, 밤에 이 닦으러 가다가, 아점 먹고 돌아와서, 그야말로 나는 언제든 조금씩 여기 내 생각과 감정을 툭툭 떨궈놓는다. 그리고 때때로 모아서 태운다. 그냥 없애기엔 아까운 통찰의 흔적이 있는 메모는 손으로 쓰는 일기장이나 온라인 메모 앱에 옮겨 적는다. 이 **불태우기 의식**은 집에 벽난로가 있었던 호사스런 독일살이 초반에 시작했고, 이제는 동네 캠프파이어에 던지거나 궁색하나마 라이터를 써야 한다. 손바닥보다도 작은 쪽지들은 금세 활활 타고 없어지지만 나는 불꽃을 한참 더 바라보고 싶다. 단어와 문장과 잉크로 분명하게 써 있던 말들을 순식간에 왈칵 삼켜버리는 불은 얄미울 정도로 미묘하게 타오른다. 그 빛깔도 형태도, 소리와 온기도 형언하기 쉽지 않고, 그 속에서 사라진 내 말, 내 기억도 전처럼 사납게 날뛰지 않는다. 글쓰기는 불과 말의 연금술을 거쳐 **내가 나를 더 잘 볼 수 있는 거울**이 되어준다.

6.
스트레스를 그때그때 해소하기

Don't Stack up Daily Stress: Let Go Now

살면서 스트레스는 피할 수 없는 숙명이다. 하면 또 생기는 집안일이나, 먹고 자고 싸는 일의 반복인 생존 사이클처럼 스트레스도 왔다가 가는 자연스러운 삶의 요소다. 따라서 스트레스를 받는다는 것 자체 아니라, 받은 스트레스를 어떻게 잘 풀어내고 회복할 것인가 문제다. 고통스러운 감정이 밀려올 때, 알게 모르게 회피하거나 억누르는 것 말고 무엇을 할 수 있을까? 일이 바빠서 제때 쉬지 못할 때 몸과 마음의 부담을 그나마 덜 수 있는 방법은 없을까?

{ 심리적 스트레스 1. 고통스런 감정 상태 }

Stress Type 1: Painful Emotions

감성과 영성보다는 지성(지식)과 이성(논리)을 기반으로 굴러가는 현대 사회를 살아가는 대부분의 사람들의 마음은 거의 평생 동안 사회생활에서 낙오되지 않고 살아가도록 움직인다. 생산성, 효율성, 처리 속도 같은 개념은 기계, 시스템, 조직에만 해당되는 것이 아니라 그것들을 만들고 운영하는 사람에게도 적용된다. 우리는 좀 더 부지런해야 하고, 계획에 따라야 하고, 시간을 아껴 써야 하고, 능력을 더 계발해야 한다고 배우고 길들여졌고, 스스로가 부족하다고 느낄망정 이 모든 노력을 결코 멈출 줄은 모른다. 이렇게 '기능'하려면 **우리 마음은 어떻게 작동**해야 할까. 동기부여와 생산적 활동에 자극이 되는 생각과 감정은 좋은 재료로 우대되고 그렇지 않은 것들은 재빨리 흘려보내야 할 것이다.

우리는 모두 때때로 지금 하는 일과 사는 방식에 회의감을 갖거나 의심하고, 후회하고, 반항하고 싶어진다. 그러나 그 상태에 오래 머무를 여유는 없다. 매번 출근 시간과 출시일, 마감일이 다가오고 어김없이 월요일도 돌아온다. 우리는 관성에 끌려 학력과 경력을 이어나간다. 힘든 하루 일과가 끝나고 그 지친 몸으로 할 수 있는 일은 별로 없다. 꼭 보고 싶어서는 아니지만 텔레비전을 틀면 나오는 뉴스나 드라마를 보고, 자정이 지나면 만료되는 모바일 쿠폰으로 쇼핑을 하며 대충 저녁밥을 때울 때, 우리 마음속을 떠돌던 **오늘 하루치 감정의 부산물들**-슬픔, 불쾌감, 환멸, 괴로움 따위-은 조용히 마음의 무대에서 퇴장한다. 우리는 자기 마음속에서 무슨 일이 일어나는지 미처 깨닫지 못한 채, 피로한 몸을 겨우 가누며 이를 닦고 잠으로 떨어진다. 지금 드는 '쓸데없는 생각'은 처음이 아니고, 좋지 않은 기분은 하루에도 여러 번 찾아오지만 자꾸 마음 구석으로 떠밀려 먼지처럼 켜켜이 쌓여만 간다.

{ 심리적 스트레스 2. 제때 쉬지 못해 쌓이는 피로 }

Stress Type 2: Fatigue from Overworking

'오후 네 시의 사무실. 지금 하고 있는 일은 너무 지루하다. 진이 다 빠졌다. 두 시간 넘게 책상에서 꼼짝 않고 컴퓨터만 들여다봤다. 오늘도 제때 퇴근 못할 것 같다. 그나마 일의 진도를 빼려면 나중에 더 피곤해지는 커피나 담배, 스마트폰 말고 다른 기분 전환이 필요하다.'

많은 사람이 일하는 동안에 쌓이는 피로를 종일, 혹은 몇 날 며칠 내내 이고 다닌다. 피로가 어깨 결림, 두통, 다리부종, 소화불량 같은 신체 반응으로 나타나도 좀처럼 자리를 떠나지 못한다. 커피를 너무 많이 마셔서 자신이 얼마나 지쳤는지 아예 잘 못 느끼는 경우도 많다. '빨리 끝내고 쉬어야지' '지금 해놔야 내일은 일찍 퇴근하지' 라고 휴식을 유예하는 것도 흔하다. 그런데 그렇게 열심히 쉬지 않고 일해서 마침내 쉴 수 있게 되면 **막상 잘 쉬지 못한다.** 잘 쉰다는 건 지쳐 나가떨어져 있는 상태는 분명 아니다. 일할 때 쓰지 않아 찌뿌둥한 몸을 움직이는 운동, 요리, 춤추기, 만들기, 여행이나, 기분전환을 하고 새로운 자극을 얻는 문화생활과 모임이 누구나 바라는 이상적인 휴식이다. 그런데 일하는 동안 너무 피곤해진 사람에게는 이런 **놀이**를 하는 데 필요한 에너지조차 없기 때문에 결국 늦잠, 계속 누워있기, 야식, 텔레비전 시청 정도의 선택지가 남는다. 이렇게 쉬고 나면 스트레스 수치가 0으로 겨우 회복되거나 여전히 마이너스 상태라는 점에서 그리 질 높은 휴식은 아니다. 너무 피곤할 때까지 일하는 것의 또 다른 문제점은 몸에도 무리가 간다는 점이다. 술을 많이 마셔서 필름이 끊길 때마다 지나친 알코올로 인한 뇌 손상이 일어나는 것처럼, **피로가 임계점을 자꾸 넘어가면** 언젠가 몸에 이상이 생기게 마련이다. 지속적인 스트레스 상태는 특히 면역 시스템과 심장 운동에 해롭다고 알려져 있다.

특히 한국 사람은 **안 쉬고 일하는 것**에 특화되어 있다. 아침 일곱 시부터 밤 열 시까지 이어지는 고등학교 시간표 자체가 사람에게 무리인데 우리는 다 해냈다. 그리곤 군소리 없이 야근하는 사람들이 되었다. 나에게는 초등학교 때 아무런 의무 없이 재미로 하는 공기놀이나 컴퓨터 게임에서도 마음속으로 목표량을 정해놓고 (공기 100년 채우기, 게임 10탄까지 한 번에 깨기) 해낼 때까지 스스로를 혹사시켰던 흑역사가 있다. 교내외 대회 준비나 시험공부 때는 더 했다. 그때는 공부는 엉덩이로 한다는 말이 굉장히 와 닿았고, 50분 작업하고 10분 쉬라는 컴퓨터 사용 지침 같은 것을 보면서 그 비현실성에 콧방귀가 나왔었다. 학교에서도 직장에서도, 잘 쉬지 않는 행동이 문제가 된 적은 없었다. 어른들은 오히려 내 성품이 끈기 있다며 뿌듯해 했다. 끈기 있는 어린아이는 끈기 있는 어른으로 자라났다. 한국에서 문화기획자, 번역가, 학원 강사, 편집자, NGO 활동가, 홍보

에이전트로 직장을 옮겨가며 일할 때, 나는 끼니를 대충 때우고 자주 야근했다. 다양한 직종을 오갔지만 150만 원에서 많아야 200만 원 초반을 웃도는 월급이나, 턱없이 적은 휴가, 야근하는 분위기 같은 근무 환경은 대체로 한결같았다. 남들처럼 오래 버티지 않았을 뿐, 내 얘기는 지극히 평범하다. 나는 정규직 피고용인의 꿈(?)을 끝내 이루지 못하고 독일에 왔다. 내게 안정되고 합리적인 환경의 정규직 일자리가 주어졌더라면 독일로 오는 일은 아예 없었을지도 모른다.

평범한 노동으로 평범하게 몸과 마음을 혹사해온 나에게 심리치료가 의외의 돌파구가 되었다. 부정적인 감정을 지속적으로 겪어야 하는 트라우마 치료에서 이를 피하지 않고 정면 대응하는 경험을 했고, 나아가 고통스러운 생각과 감정을 잘 다루는 연습을 했다. 나는 여기서 배운 자기조절 기술을 비단 트라우마로 인한 감정적 어려움에 대처하는 기술로만 보지 않았다. 마침 독일에서 새로운 삶의 리듬을 찾아가고 대안적인 생활을 고민하던 시기였기 때문에 **스트레스를 대하는 삶의 태도**라는 더 일반적인 주제와 자연스레 연결이 되었다. 어떤 생각과 감정이 나타나면 부정하거나 외면하지 않되, 여기에 속수무책으로 시달리는 것이 아니라 스스로 잘 조절할 수 있고, 이를 통해 이상적인 마음 상태로 다시 돌아갈 수 있다는 믿음을 가졌다. 나에게 맞는 기법을 적극적으로 받아들이고 때때로 직접 개발해 보기도 했다. 특정 종교나 철학에 얽매이지 않고 마음을 열어두니 책이나 잡지, 강의와 워크숍, 모임 등 다양한 매체에서 많은 것을 배울 수 있었다.

{ 공감각을 집중하는 '지금, 여기, 이 순간 느끼기' }

An Easy Meditation Technique : 'Be Here Now'

좋지 않은 생각과 감정에 격렬히 사로잡혀 있을 때, 일을 하느라 잔뜩 긴장해 있을 때 모두 우리는 자신이 존재하는 시공간에 극히 둔감하다. 머리는 과열되는데 몸은 잠든 것과 다름없다. 방이 더운지 추운지, 눈앞에서 무엇이 움직이는지, 옆 사람은 무엇을 하고 있는지에 무감하다. 그때, 몸을 깨우고 마음을 새롭게 하기 위해서 순간적으로 오감에 집중해본다.

내가 있는 바로 그 자리에서 즉시 눈을 감고 깊은 들숨과 날숨을 반복하며 무슨 냄새가 나는지, 무슨 소리가 나는지 귀를 기울여 본다. 조용한 듯해도 미세한 소리는 어디선가 나기 마련이다. 마시던 차에 온기가 남아 있는지 컵을 손에 쥐고 촉감에 집중해본다. 바닥에 닿은 발에서 어떤 감각이 전해지는지, 뺨에 와 닿는 공기는 어떤 느낌인지, 입안에선 쓴맛이 나는지 바싹 말랐는지 확인한다. 감은 눈꺼풀을 통해 들어오는 빛은 어떤지도 살핀다. 무대의 한 부분을 비추는 핀 조명처럼 내 주의집중이 움직일 수 있다고 상상하면서 내 몸

구석구석, 척추와 어깨, 엉덩이, 다리 등에 집중해본다. 지금 이 순간에 집중이 잘 되었고 마음이 차분해졌다고 느껴지면 눈을 반짝 떠서 사방을 둘러본다. 무심코 지나친 주변 사물에 하나 하나 눈길을 두며 전에 못 본 것을 발견한 듯 새삼스런 마음이 되어본다. 시계를 보지 않고 하늘을 보면서 시간을 가늠해본다. 지금은 낮과 밤 사이 어디쯤인가. 그리곤 잠깐 음미해본다. 아, 나는 지금 이런 시간과 공간에 있구나. **다시는 돌아오지 않는 한 번 뿐인 순간**을 살고 있구나. 이건 바로 정신이 번쩍 드는 현실감이다.

독일에 오고 나서 처음 살던 집에서 이 명상 효과를 우연히 알아냈을 때의 기쁨과 흥분이 아직도 생생하다. 당시 컴퓨터 작업이 잘 안 풀려 짜증이 잔뜩 나 있었는데, 사실 내가 있던 그 공간은 내 마음 상태와 달리 평화로운 곳이었다는 것을 깨닫고 깜짝 놀랐다. 산이 마주 보이는 한적한 우리 집 내 방. 열어둔 창문 사이로 신선한 숲 냄새가 희미하고, 지저귀는 새소리와 아득한 교회 종소리도 들려왔다. 춥지도 덥지도 않은 5월의 어느 오후 다섯 시였다. 사방이 고요했지만 많은 것들이 살아 생동한다고 느꼈다. '지금 여기 테크닉'은 내게 일깨워준다. 나에게 어떤 일이 있었든, 나라는 분명한 실체가 **여기 무사히 숨 쉬고 있다**는 것을.

{ 언제 어디서나 가능한 호흡 요법 }

Powerful Breathing Techniques

숨을 헐떡인다, 숨이 고르다, 숨소리가 거칠다, 긴장해서 숨도 못 쉰다, 숨을 크게 들이쉬고 내뱉는다… 호흡과 관련된 표현은 어느 언어에나 참 풍부하다. 호흡은 생존의 가장 기본적인 메커니즘이면서, 몸과 마음 상태와도 **직접적으로 연결**되어 있다. 호흡기관에 손상을 입은 경우가 아니더라도 몸에 이상이 있으면 호흡에도 곧잘 문제가 생기고, 마음이 불안해도 마찬가지다. 그래서 호흡을 의식적으로 조절하면 반대로 몸과 마음 상태에도 영향을 줄 수 있다. EMDR 요법에는 '5초 호흡법'이 포함되어 있다. 1~3초까지 숨을 들이쉬고 잠시 멈췄다가, 4~5초 동안 내쉰다. 마음을 가라앉히면서 생각과 감정도 차분하게 정리시킨다.

미국의 카운셀러이자 작가인 에릭 메이젤이 자신의 책 《작가의 공간》 중 〈10초 안에 목표에 집중하는 법〉이라는 챕터에서 소개한 호흡법도 정말 마음에 든다. 이 호흡법은 5초간 숨을 들이쉬고 5초간 내쉬면서 한 문장을 마음속으로 외는 빠르고 간단한 기술이다. 보통 때의 호흡이 길어야 3초 정도 이므로 5초로 늘리려면 연습이 조금 필요하다. 초침을 보면서 10초 동안 들숨과 날숨을 연습하다 보면, 저자가 말한 것처럼 단 10초의 시간이 얼마나 길고 풍부한지 깨닫게 된다. 숨을 쉬는 동안 욀 문장을 잘 정해야 한다. 이 문장은 내가 바라는 상태, 나에게 지금 필요한 것, 나에게 이루고 싶은 목표 등 특정 의미를 담아 짧고 간결하게 만든다. 다음은 메이젤이 적은 예시들이다.

- (나는 내 일을)(하고 있다)
- (나는 내 재능을)(믿는다)
- (나는 지지받는)(느낌이다)
- (나는 과거에서)(자유롭다)
- (나는 이 도전을)(감당할 수 있다)
- (나는)(더 강해질 것이다)

나는 애초 영어로 쓰인 책의 한국어 번역본으로 위 문장들을 접하고 다소 어색하고 입에 잘 붙지 않는다는 느낌을 받았다. 두 언어가 구조적으로 매우 다르기 때문인 것 같다. 가령, 직접 확인해보지는 않았지만 아마 원문은 '(I believe)(in my talent)' '(I feel)(supported)' '(I am free)(from the past)'와 같이 주어+동사를 하나로 묶었을 것이다. 영어는 주어와 동사가 확고부동한 중심이 되는 언어이기 때문에 그게 자연스럽고, '내'가 행위의 주체라는 능동성을 강조하는 느낌도 준다. 그런데 한국어 번역문에서는 동사부가 맨 뒤로 가서 묶음의 구성이 완전히 달라져버려 아쉽다. 그렇다고 호흡법의 효과가 크게 퇴색되지는 않는다. 한국어로 문장을 직접 만들 때에는 꼭 주어로 문장을 시작하지 않고 좀 더 유연하게 구성하거나, 마지막에 오는 서술어에 의미를 더 부여할 수 있다. **들숨-잠시 멈춤-날**

숨, 이 세 가지 모드에 맞춰 세 개로 쪼갤 수도 있다. 이 책을 쓰는 동안에도 나는 10초 호흡법을 활용해서 자주 마음을 다진다. 다음은 내가 만든 문장들이다.

- 아침에 글쓰기를 시작하려고 책상에 앉았는데 막막함이 밀려오고 불필요한 웹서핑의 유혹을 느낄 때:
  나는 오늘 하루도/즐겁게/글을 쓸 수 있다.

- 이 책 작업을 무사히 끝마칠 수 있을지 자신이 없어지고, 왜 고생을 자처했을까 회의감이 들 때:
  이 일은 나에게/큰 의미가 있다.

- 아직 목표한 작업량을 채우려면 멀었는데 친구의 전화를 받고 나니 집중력이 흐트러져서 오늘은 글렀다는 생각이 들 때:
  좀 더 집중할 힘이/아직 남아 있다.

- 인터넷에서 페미니스트들의 글에 잔뜩 달린 혐오 댓글을 보면서 세상은 온통 잔인하고 악의에 찬 것만 같고,나의 글 역시 아무 소용없을 거라는 좌절감이 들 때:
  우리 여성들은/아주 강하다.

7.
'마음 챙김'과 아주 사소한 명상
Mindfulness and Everyday Meditation

현대인의 일상생활에 접목한 불교 가르침을 전하는 이른바 생불生佛, 틱낫한 스님은 심지어 설거지를 할 때도 할 수 있는 '마음 챙김 명상'의 수많은 예시를 알려준다. 불교 수련의 핵심용어 중 하나인 마음 챙김mindfulness은 서양에도 널리 퍼졌고, 심리학자들 사이에서도 연구가 많이 되었는데, **존재를 있는 그대로 바라보는** 마음 상태를 뜻한다. 스님은 설거지할 때는 설거지만 하라면서, 자신이 설거지를 하고 있다는 사실에 완전히 집중하라고 한다. 그건 대체 어떤 마음 상태를 말하는 걸까? 내가 경험한 바로는 이랬다. 나는 내 손에 닿고 흘러내려가는 물의 촉감에 집중했다. 거의 자동적으로 움직이는 듯한 일사불란한 손놀림도 의식했다. 세제 거품과 주방의 형광등과 반짝이는 스테인리스 개수대와 막 닦여 물을 뚝뚝 흘리는 도자기 표면에도 집중해보았다. 그러자 다른 것들이 끼어들 틈 없이, 그 자체로 꽉 차고 완전한 것 같았다. 수백 번, 아닌 수천 번도 더 해본 설거지를 그렇게 완전히 달리 해보았다.

앞서 소개한 메이젤은 여기에 착안해, 자기 마음을 관찰하면서 생각과 감정을 자각하고 이를 언어화하면 거기서 자유로워진다고 말한다. '난 지금 겁을 먹었구나' '아까 회의 때 부장님 행동에 아직도 화가 나 있어.' '난 지금 일하기 싫어서 괜히 스마트폰을 보고 있구나' '다음 주에 시댁에 갈 생각에 벌써 우울하다' 등등… 어떤 순간의 자기 생각과 감정 상태를 인정하는 것이다. 이때 중요한 것은 어떤 가치나 판단(난 한심해/게을러/쪼잔해/너무 부정적이야 등)이 들어가지 않고 그냥 묘사만 해야 한다는 점. 이렇게 1) 그저 떠오른 생각과 기분을 알아차리고, 2) 언어로 확인하고, 3) 그러면 그것들은 다음 순간 사라진다. 생각이나 감정을 붙잡거나 분석할 필요도 없다. **그냥 왔다가 사라지도록** 내버려둔다. 우리는 다른 사람들에게 비난이나 지적을 받으면 부당하게 느끼곤 하지만, 우리를 가장 심하게, 가장 자주 몰아세우고 손가락질 하는 것은 사실 우리 자신이기 때문에 이 명상법은 특히 의미가 있다.

영어로 **명상하다**meditate의 어근은 16세기 중반 라틴어의 '사색하는meditat-'과 '측정하다meditari'에서 왔다고 알려져 있다. 그 의미는 대략 '일정 시간 동안 침묵하거나 간단한 노래를 부르며chanting 종교적, 영성적 혹은 이완의 목적으로 정신을 집중하는 것'으로 정의되어 있다. 우리말로 명상瞑想은 고전학자 최상용의 한자풀이가 무척 마음에 와 닿았다. 먼저 저물 명暝은 해 일日자와 어두울 명冥을 합쳐 쓰는데, 이 명暝자가 사실 산모의 출산 과정을 글자화한 것이란다. 산모의 하복부를 덮은 천과 자궁의 모양, 아이 받는 산파의 손 모양이 합쳐져,

출산실처럼 '어둡다'는 의미가 되고 거기에 해를 추가하면 해가 저문 어둔 밤이라는 의미가 된다. 한편, 최상용은 뒷글자인 생각할 상想을 서로 마주 대하고 바라보듯이 마음속으로 대상을 그려본다는 의미로 풀이했다. 나무의 성장을 눈으로 살펴본다는 뜻, 혹은 나무의 처음 대칭되는 싹눈이 나는 것에서 파생된 의미의 서로 상相, 심장을 본뜬 마음 심心자가 합쳐진 것이다. 와, 이렇게 맑고 아름다운 뜻을 지녔다니.

이처럼 명상이 본래 뜻하는 것은 흔히 생각하듯 종교적인 행위가 아니고 조용히 자기 마음에 귀 기울이는 것에 가깝다. 나는 명상이 **마음속 경건함과 다 내려놓음의 최대치**를 구현하는 작은 의식이라고 의미부여한다. 물론 명상이 종교와 관련이 깊은 것은 사실이다. 모든 종교는 사람들이 명상 상태에 효과적으로 이르도록 하는 수많은 의식을 마련해두었다. 그러니 높은 천정을 울리는 오르간과 공들여 읊는 기도소리, 바람을 따라 울리는 풍경, 수없이 앉았다 일어서는 절, 강렬한 향냄새 같은 것들이 익숙한 사람은 명상을 시작하는 것이 좀 더 수월할지 모른다. 하지만 종교를 가져본 적 없었고, 성인이 되어 이제 영성에 관심을 갖게 된 사람들에게도 이점이 있다. 편견이나 고집이 없어 더 열린 마음과 눈으로 자신에게 잘 맞는 수련 방법을 찾아다닐 수 있다는 것.

나는 가톨릭 집안에서 나고 자랐다. 아빠 쪽 족보에 개화기 때로 추정되는 신자 조상이 발견될 정도로 유서 깊었던 신앙이 아빠 세대에 이르러서는 희미해졌다가, 결혼하면서 성당에 다니기 시작한 맏며느리, 우리 엄마의 열성으로 맥을 잇고 있다. 나는 '머리에 피가 마르기' 전까지는 시키는 대로 열심히 성당에 다니며 많은 것을 흡수했지만, 나름대로 종교의 원리와 의미에 대해 고민하면서부터는 교리나 의무와 거리를 두게 되었다. 다 커서는 개인의 수양과 친자연적인 세계관을 강조하는 불교 가르침에 많이 이끌렸다. 그렇다고 절에 다니게 된 것은 아니고, 농담처럼 '나는 30퍼센트 가톨릭, 30퍼센트 불교, 40퍼센트는 무신론자'라고 스스로를 소개하곤 한다.

내가 기독교와 불교에서 깊은 영향을 받은 것은 분명하고, 또 그걸 고맙게 여긴다. 덕분에 나는 늘 바쁜 생활에 내몰리던 와중에도 이따금 멈추고 성찰할 줄 알았던 것 같고, 정규 학교 교육이나 주류 철학에서는 여전히 등한시 하는 것들 – **어떤 초월적인 힘, 눈에 보이는 것 너머의 현실, 정신의 안위 뿐 아니라 영혼의 자유** – 에 이미 친숙했다. 명상과 영성 같은 것들을 내 삶에 적극적으로 끌어들이고자 했을 때, 이미 알던 것들을 딛고 도약하듯, 나만의 자유분방한 탐구를 시작할 수 있었다. 자신만의 영성을 가꾸는데 있어 일관성이나 정통성, 사이비인가 아닌가, 특정 교리나 원칙을 따를 것인가 등은 그리 중요하지 않다고 생각한다. 작년에는 독일 청년들 사이에서 영어로 불교 명상을 배웠는데, 네팔에서 대승불교 수련을 한 중국계 스님의 '뼈대 있는' 가르침이었지만 사실 그대로 실천하자니 안 하게 된다. 한 번에 윈도우 창을 다섯 개쯤 오가며 일하고, 스마트폰 없이는 일상생활이 어려운 현대인으로서, 가부좌를 틀고 30분 동안 꼼짝 않고 머리를 비우는 방식의 명상은 통하질 않는다. 생각을 안 하려고 할수록 생각이 밀려오고, 10분쯤 지나면 어김없이 다리에 쥐가 난다. 하지만 그렇다고 '명상은 나한테 안 맞아'라고 포기할 것이 아니라, 나에게 잘 맞는 다양한 명상법을 익히고, 때로는 창조적으로 만들어 가면 된다.

아침에 집을 나서기 전 잠깐, 밤 열 시에 알람이 울리면, 점심시간이 끝나고 사무실로 복귀할 때, 바로 그런 일상의 틈에서도 충분히 명상을 할 수 있다. 버거운 노동에서, 관계에서, 과거에서, 기억에서 혹은 나 자신에서, 그리고 영문도 모르고 어느 날 살게 된 이 삶에서 영영 자유로울 순 없다. 그건 허상이거나 죽음이다. 우리는 다만 순간순간 자유로울 수 있다. 그 자유의 간격을 조금씩 넓혀나갈 수 있다. 너무 많은 것을 생각하고 너무 민감하게 느끼는, 저주이자 축복인 바로 이 인간의 의식과 의지의 힘으로.

The Body Liberation Project

3부
몸 해방 프로젝트

1.
몸에도 남은 폭력의 기억

My Body Remembers Traumas, too

몸에 쌓인 독소 감정들

Accumulated Toxic Emotions

트라우마 치료와 거기서 한발 더 나아간 치유와 성장을 고민하고 실천하면서 점점 또렷해진 것은 사람의 마음(뇌, 영혼)과 몸은 끊임없이 상호작용한다는 것이었다. 내 마음속의 황폐한 풍경은 **내 몸도 함께 겪은 것**이었고, 길들여진 반응도 결국 몸을 거쳐, **몸 어딘가를 통해 밖으로 나오는 것**이었다. EMDR에서 트라우마 기억을 재처리할 때 몸에 자극을 주고 호흡을 가다듬도록 하는 것은 바로 그런 맥락에서였다. 결국 마음뿐 아니라 몸의 치유와 회복도 필요하다는 결론이 나왔다. 실제로 마음이 타격을 받으면 몸에도 영향이 즉각 전해진다. 공포, 분노, 수치, 무기력, 회피, 자기혐오 같은 파괴적인 감정들은 우리로 하여금 식욕을 잃거나 먹은 음식을 토하게 하고, 식은 땀을 흘리며 온몸을 떨게 한다. 호흡이 가빠지고 안색이 창백해지거나 반대로 붉으락푸르락하게 만든다. 말을 더듬거나 몸을 웅크리게도 만들고 자도자도 피곤할 만큼 지치게 한다. 이런 몸의 반응이 일시적인 현상으로 끝나면 다행이지만 오래 남아 독소처럼 쌓여가는 경우도 많다.

특히 내게는 분노라는 감정이 그런 것 같다. 과거와 달리 이제 이 시대는 성폭력에 대해 꽤 크게 떠들기 시작했다. 영상 콘텐츠의 성폭력 소재 사용과 묘사가 늘어날수록, 신문과 뉴스에서 성범죄를 더욱 열심히 보도할수록, 아동 성폭력에 대한 처벌 법안이 하나둘 생겨날수록 내게 분노할 대상은 지속적으로 갱신되고 확장되었다. 내 분노가 이 사회에서 점점 더 정당성을 인정받을수록, 나는 더 자주 더 많이 분노했는데, 행동의 연료로 쓰이고 남은 분노 찌꺼기는 잘 배출되지 않는 중금속 물질 마냥 언제고 몸속을 떠돌면서 다른 약점과 결합해 질병과 통증을 일으켰다. 예컨대 내가 그간 겪어온 잔병은 과민성대장증후군, 어깨와 목의 결림, 소화 불량과 속 쓰림, 질염과 비염, 갑상선기능저하증 등 흔히 '스트레스성 질환'이라고 불리는 것들인데, 이런 질환으로 심한 증상을 보여 고생할 때는 으레 마음도 크게 화를 냈거나 여전히 화난 상태였다. 이럴 땐, **마음속의 트라우마와 독소 감정을 해결**함으로써 건강한 몸을 되찾아야 한다.

여성의 몸이 겪어온 고통과 억압

Pain and Oppression of Female Bodies

뿐만 아니라 그동안 여자라는 성별로, 여성의 몸으로 살아오면서 겪어온 **몸의 고통과 억압**도 만만치 않다는 것에 주목할 필요가 있다. 우리 몸은 사회에서 여자에게 강요하는 '부드러운 말씨'와 '조신한 태도' 그리고 '여자다운 행동'을 수행하느라 온갖 제약과 자기검열에 시달리며, 또 매사 성추행과 같은 공격을 경계하느라 위축되고 피곤하다. 여자들은 공적 공간에서 흐트러짐 없는 메이크업을 해서 예뻐 보여야 한다. 옷차림은 부지런히 이중 잣대에 맞춰야 하는데, 가령 직장에서는 감추고 가린 '단정한' 옷 매무새여야 프로페셔널하다고 평가받는다. 자칫 조금이라도 '섹시'했다간, 바라보는 남자들의 성추행의 책임을 뒤집어쓰고 '천박한 년, 먼저 꼬신 년'이 된다. 하지만 사적인 영역에선 또 한껏 노출하라는 요구에 부응하란다. 침대에서, 클럽에서, 해변에서, 거리에서, 기타 등등. 그럴 땐 트렌디한 스타일링과 함께 S라인 몸매를 선보여야 된다. 다수의 **남성이 원하는 몸가짐과 생김새에 구현하는 것**이 여성의 핵심적인 사회화 과정이라고 해도 과언이 아닌 이 현실에서, 많은 여성은 자기 몸을 그리 자랑스러워하지 않게 되어 버렸다. 지금보다 몇 킬로그램 덜 나갔으면 좋겠고, 몸매가 더 늘씬하고 눈, 코, 입은 좀 더 잘났으면 해서 빈약한 다이어트 식단에 불편한 옷차림, 성형수술을 비롯한 각종 뷰티 프로젝트로 몸을 자발적으로 혹사시킨다.

여자다움을 수행하는 피로와 제약과 관련해서 성별에 따른 사회화 현상을 지적하지 않을 수 없다. 사회 구성원 개인이 일상에서 수행하는 관계 맺기 양식과 행동 규범은 사회에서 지정받은 성별에 크게 좌우된다. 즉, 같은 상황과 조건에서 사람들의 반응이나 행동이 갈리는 이유가 많은 경우 성별에 따른 사회화 때문이라는 것이다. 성 역할과 규범에 대한 고정관념이 점점 나아지고 있다고는 하지만, 내가 체감하는 시공간에서 여전히, 남자들은 언제 어디서나 당당하고 주도적으로 행동하며 원하는 것을 명확히 요구하고 쟁취하도록 사회 전반에서 격려를 받으며 살아간다. 그 과정에서 갈등과 희생에 대한 조정 능력이 부족해도 그것은 '뚝심 있는, 사내다운'과 같은 수식어로 무마되곤 한다. 군대와 직장, 가정에서 권위에 대한 복종을 체화하는 것도 남성 사회화의 핵심인데, 이는 상병으로 부장으로 가장으로, 차차 권력의 사다리를 올라가는 데 유용한 태도로서 권장되는 것이므로 다른 적극성 규범들과 모순되지 않는다.

반면, 여자들은 아이 때부터 이미 부모와 가족, 보육시설, 지역 커뮤니티에서 사뭇 다른 기대를 받는다. 사람들은 여자아이가 신체적으로 움직임이 크고 활달한 경우보다는 섬세하고 차분할 때 긍정적으로 평가한다. 감정 노동에 능숙할 것이라는 기대 또한 받는다. 딸은 아들에 비해 애교가 많고 부모 마음을 일찍 아는 것이 당연하다고들 한다. 애교 많은 딸의 미래 모습은 비행기, 백화점, 은행에서 만나는 사근사근한 서비스직 여성일지도 모른다. 여자들은 원하는 것이 있을 때 곧장 요구하다가는 '무뚝뚝하고 기가 센' 캐릭터로 찍힌

다. 대신 에둘러 표현하고, 은근히 달래고, 미인계로 유혹하면서 '역시 남자는 여자하기 나름'이라는 것을 보여줘야 한다. 가정에서, 연애에서, 직장에서 여성들의 언어(말투, 어조, 표현 등)는 질문형 제안(~하면 어떨까요?), 추측형 자기주장(~인 것 같아요), 그리고 잦은 부탁과 사과로 점철된다. 문제제기나 논쟁은 곧잘 '그날이어서' 히스테리를 부리는 것으로 받아들여진다.

남자들은 센 척하고, 여자들은 약한 척해야 유리한 결과를 얻는다는 것이 사회적 통념이다. 막 싹트는 연애에는 보편적인 행동 양식이 아직도 많이 적용된다. 남자는 허세를 부리고, 고백하고, 설명하며 계산을 한다. 이는 1) 자아와 자원 드러내기 2) 먼저 다가가기라는 코드로 묶을 수 있다. 반면 여자는 튕기고, 받아주고, 들어주며, 예쁘게 꾸민다. 공통된 키워드는 1) 감추기/가리기 2) 기다리기/받아주기이다. 이 코드들을 몸의 언어로 변환한다면 남자 쪽이 개방성, 적극성에 훨씬 가깝다.

공간에 대한 점유라는 키워드로 성별 사회화를 바라볼 수도 있다. 여러 사람이 붙어앉는 대중교통에서 두 다리를 쫙 벌려 옆 좌석까지 침범하는 '쩍벌남'은 물리적 공간을 필요 이상으로 점유한 것이다. 술집이나 길거리에서 낯선 이성을 '헌팅'하고 전화번호를 '따는' 남자는 용기 있게 대시했다고 자기만족할 수 있지만 한편으로는 타인의 사적인 거리를 허가없이 침범한 것이다. 술에 취해 노상방뇨나 주먹다짐하고 기물을 부수는 남성들은 공간과 사물에 대한 '점유'를 넘어 '파괴'한다. 가장과 보호자를 비롯한 온갖 리더의 자리는 남성이 디폴트 값인 양, 당연하게 부여받고 누린다. 모임에서 수시로 발언권을 독점하는 남성은 자기 발언이 토론의 시공간을 점유할 만큼 가치 있다 굳게 믿는 듯하다. 유저들이 법까지 어겨가며 여성들의 외모 품평과 비하를 일삼던 '소라넷'은 알다시피 남성들의 커뮤니티였다. 사회에서 자신의 권한과 역할을 과대 평가하는 것을 넘어 기본적인 한계조차 구분 안/못하는 데서 오는 이러한 행동들을 여성은 대개 하지 않을 것으로 기대되며, 실제로도 잘 안 한다. 여성들에게는 애초에 이러한 천부적 점유 권한, 달리 말해 특권이 주어지지 않았고 그래서 과도한 공간 점유의 의도도, 습관도 갖고 있지 않다.

지금까지 논의한 강요된 여자다움과 여자로서 행하는 행동 규범과 생활 양식은 모두 **몸을 통해 구현된다.** 어떤 사람의 태도나 분위기는 결국 그 사람의 생김새와 꾸밈새, 몸의 움직임을 통해 나타난다. 구체적인 행동들은 말할 것도 없고, 무수한 비언어적인 신호를 포함하는 말하기 역시 몸을 통한 행위다. 바로 이런 맥락에서 여자 몸에는 공통된 억압이 있어 왔다고 힘주어 말하는 것이다. 나를 비롯한 여성들이 앞으로 여기서 벗어날 수 있기를 간절히 바란다. 관계 맺기와 자기표현, 그 밖의 순간순간 자연스레 나오는 태도와 행동에 있어서 우리 여성들은 **보다 적극적이고, 주체적이고, 진취적이어야** 한다. 물론 민폐 남성들처럼 공격적으로 되어야 한다는 말이 아니다. 타인의 부름, 선택, 요구, 제안을 기다리기보다 먼저 나서고, 많은 사람 앞에서 분명한 언어로 의견을 내며, 흔쾌히 리더를 자처하는 것.

자기검열은 덜하고 자기주장에는 힘을 더 싣는 것. 내 몸을 타인의 시선과 평가에 굴하지 않고 내가 원하는 대로 꾸미고 만들고 움직이는 것. 걸음걸이와 제스처, 목소리와 웃음소리가 더 크고 다양해지는 것. 바로 이러한 변화들을 통해 **자유로운 몸을 누리는 자유로운 여자**가 되기를 나는 원한다.

온전히 자유롭고, 회복력 있고, 섹시하게

To Be Fully Free, Resilient and Sexy

20대를 지나오며, 나는 스스로 정신의 해방은 꽤 이뤘다고 여긴다. 내가 나고 자란 사회에서 강요당한 억압과 속박으로부터 자유롭고자, 내가 겪은 부당한 폭력을 설명하기 위해, 그리고 동의할 수 없는 것은 거부하고 다른 삶의 선택지를 갖기 위해 그동안 페미니즘을 많이 읽고, 듣고 말하고 생각해왔다. 하지만 이제는 아는 것을 넘어서, 비판하는 것을 넘어서 **내 몸으로 체화하고 내 몸이 자유로울 수 있는 실천**을 원한다. 자신감, 자존감, 자기긍정, 활기, 야성, 홀가분함, 강인함과 같은 좋은 느낌으로 몸과 마음의 연결을 재구성하고 싶다. 그래서 몸 해방 프로젝트를 한다. 이 프로젝트는 여성에 대한 사회적 억압과 폭력(금기, 요구, 평가절하)이 몸에 어떻게 적용되어 왔는지 고민하고, 거기서 자유로워지기 위한 **새로운 인식, 태도, 행동을 위한 것**이다. 여기서 사회가 요구하는 여자다움 말고 우리 스스로가 가졌고, 또 앞으로 가지고 싶은 아름다움, 혹은 아름답고픈 욕망마저 내던져버리고 그냥 나다운 것은 과연 무엇인지 질문한다. 또, 타고난 우리 몸의 활기와 야성, 그리고 섹슈얼 에너지를 자유롭게 분출할 수 있는 구체적인 활동들을 다른 젊은 페미니스트들과 몸으로 직접 체험하고, 더 발전시키고, 소개하는 작업이기도 하다. 새로 시작한 것들이 많지만, 20대 동안 내가 해오던 활동들에 새롭게 의미를 부여하기도 했다. 나는 몸 해방 프로젝트를 하면서 브라를 벗어던지고, 샤푸와 향수와 다른 모든 화장품도 끊고, 일회용 생리대와 탐폰 대신 월경컵을 쓰며 컵에 받은 내 피로 그림도 그렸다. 떠밀려 하던 옷 쇼핑 대신 시작한 텃밭 농사는 채식으로 이어졌다. 어느 여름날엔 문득 알몸으로 일광욕을 했고, 민낯으로 어디에든 갈 수 있게 되었다. 사소하게 반짝이는 영감의 불씨에서 시작된 유쾌 통쾌한 반란의 연속이었다. 난생 처음 해본 이러한 일들은 나를 뼛속까지 짜릿하게 깨웠고 더 강하게 했다. 그 시작은 실은 전부, 놀랍게도 쉬웠다. 그동안 할 수 없거나 어려워서가 아니라, 할 수 있다는 생각을 못해서 안 한 것들이었기 때문이다.

지금 필명으로 쓰고 있는 **하리타**는 이 프로젝트에 탄력이 붙던 무렵 스스로에게 준 이름이다. 하리타는 인도에서 아직까지 이름에 많이 남아 있는 고대 산스크리어로 **초록**이라는 뜻이다. 나는 한자로 이름에 덧붙이는 '호'나 '법명' 혹은 '영적 이름spiritual name'을 갖고 싶어 이 이름을 찾아냈다. 스스로에게 이름을 주었다는 것은, 적어도 내 일부는 새 정체성으로 새로 태어나기를 선택했다는 것을 의미했다. 몸 해방 프로젝트 슬로건도 만들었다. **온전히 자유롭고, 회복력**

있고, 섹시하게 To be fully free, resilient and sexy. 여기에는 내가 하고 싶은 것, 되고 싶은 것을 내 몸으로 직접 찾고 만들어나갈 자유를 추구한다는 뜻이 담겨 있다. 지금까지 살면서 받은 상처와, 또 앞으로도 받을 상처로부터 살아남아 더 강해지리라는 의지도 담겨 있다. 나만의 고유한 아름다움을 정의하고 가꿔나가면서 내 선택으로, 내 몸으로 더 많은 쾌락을 누리겠다는 성적 욕망도 빼놓을 수 없다.

자, 나의 발칙한 체험과 실천의 이야기로, 국경을 넘나들며 관찰하고 해석하고 창조하는 해방의 춤판으로, 지금 초대한다.

身
몸
解放
해방
智慧
지혜
自由
자유
眞實
진실
健康
건강
愛
사랑
力
힘
尊重
존중
應援
응원
勇氣
용기

2.
신나는 가슴 해방, 젖꼭지 캠페인

Liberation of Breasts: Free the Nipple Campaign

sexuality

2016년 7월 8일, 밤 10시

July 8th, 2016, 10pm

방금 해가 완전히 졌다. 창문을 열어 선선한 밤공기를 들이고 은은하게 촛불을 밝혔다. 잔잔하지만 어쩐지 섹시한 스페인 기타 음악을 골라 틀었다. 한껏 분위기가 잡혔으니 이제 변신할 시간. 세계 곳곳의 벼룩시장을 다니며 모은 목걸이들을 과감하게 겹겹이 두르고, 이마에도 컬러풀한 띠를 맨다. 종이에 그려둔 밑그림을 따라 얼굴엔 물감을 칠한다. 이번 코스튬 테마는 '원시림을 누비는 여전사'로, 모래색의 헐렁한 바지를 골라 입고 상의는 모두 벗었다. 난생 처음 탈의실도 목욕탕도 누드비치도 아닌 거리에서 맨가슴을 드러낼 작정을 했는데 마냥 들뜨고 설렌다. 마침 음악도 좋겠다, 야밤에 춤바람이 나 흔들흔들, 좁은 방을 누비고 다닌다.

나의 몸 해방 프로젝트에서 가장 먼저 소개하고 싶은 것은, 아주 유쾌한 이벤트인 'Free the nipple(젖꼭지를 자유롭게)' 캠페인이다. 2016년 여름, 나는 페미니스트 동료들과 함께 우리 도시에서 열린 크리스토퍼 스트릿데이[01] 퍼레이드에 나갔다. 여성의 몸에 대한 억압과 금기, 비뚤어진 욕망에 반대하고 여성들이 자기 몸에 대한 결정권과 존중감을 회복하길 바라는 의미로 가슴을 훤히 드러내고 종일 거리를 활보했다.

국가나 지역, 문화권을 막론하고 여전히 남성중심인 대부분의 사회에선 여성의 몸에 대한 가차 없는 품평과 성적 대상화가 삶의 모든 면에서 깊이 뿌리내려 있다. 누구나 피해갈 수 없는 성적 시선과 언어라는 폭력은 여성들 스스로도 몸매와 꾸밈에 대한 검열기제를 내면화하도록 만든다. 그중 '젖가슴'은 특히나 극도로 성애화sexualized 되는 신체 부위로, 여성에 대한 가부장제의 온갖 모순과 억압이 집중 공격을 받는다. 기껏해야 근육의 유무가 잣대인 남자의 가슴과는 비교도 안 되게, 여자의 가슴이 어떠해야 하는가에 대한 사회적 요구는 촘촘하고 다양하고, 또 집요하다. 크기와 모양에 있어서

01 Christopher Street Day; CSD는 1969년 미국 뉴욕시 그리니치 빌리지 구역 크리스토퍼 거리에서 LGBT(성소수자)들이 경찰의 폭력진압에 맞서 일으킨 최초의 대규모 저항을 기리는 날이다. 도시마다 행사 날짜는 조금씩 다르지만, LGBT의 권리 향상을 위해 6월 중 집회와 행진을 하는 전통이 북미와 유럽에 널리 자리 잡았다. 독일에서는 1972년도에 뮌스터에서 처음 열린 것으로 알려져 있다.

'너무 커도' 실리콘 가슴으로 지탄받고, '너무 작으면' 절벽이라 매력이 없다고 잘라 말한다. 유두의 크기와 색깔, 위치까지 친절히 지시해놓은 보건복지부 〈아름다운 가슴의 모식도〉는 여러 남성 행정가들에겐 타당성 있는 '공익'으로서 발표되었다. 노출의 때와 장소와 방식에도 요상한 엄격성이 드리워져 있다. 남성들은 지하철에서 보채는 아이에게 젖을 물리는 '아줌마'에겐 눈살을 찌푸리고 해변에선 되도록 아슬아슬한 비키니 가슴을 보고 싶어 한다. 가슴을 거진 다 내놓은 여배우의 드레스에 침을 흘리다가 0.5센티미터 차이로 젖꼭지가 드러나면 몸가짐을 조심히 하지 못한 '칠칠치 못한' 여자라 이름표를 붙인다. 포르노를 비롯한 미디어에서 벗어주는 여자는 섹시하지만 내심 창녀로 취급한다. 반면 일상에서 마주치는 아내, 딸, 누나, 여동생, 엄마, 여자 친구는 '조신한 내 여자'여야 하니까 벗으면 안 된다. 이렇듯 젖가슴에 대한 규범 자체는 들쑥날쑥이나 여성의 몸을 성적인 볼거리로 취급한다는 점에서는 참 일관된 '가부장 취향'이다. 결국 예쁜 레이스 브라에 아슬아슬하게 가려져 깊은 골을 만드는 C컵 가슴이 그네들에게 무난한 '정답'이다. 우리는 그들의 답에 종말을 선고해야 한다. 큰 유두, 작은 유두, 까만 유두, 함몰 유두, 탱탱한 유방, 물컹한 유방, 주름진 가슴, 이제 막 멍울 잡힌 가슴, 짝짝이 가슴, 유방암 수술로 변형된 가슴, 그리고 기타 등등… 여자 가슴은 사실 다 다르다. 열 명의 여자가 있으면 열 개의 서로 다른 보지가 있듯이, 그냥 그런 거다.

〈그림. 아름다운 가슴의 모식도〉

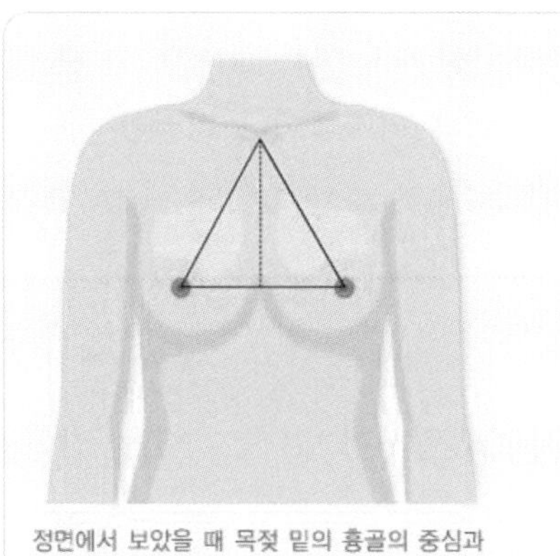

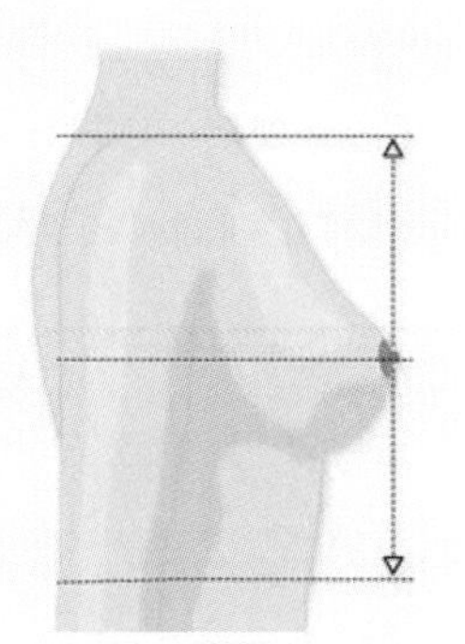

정면에서 보았을 때 목젖 밑의 흉골의 중심과 유두를 연결한 라인이 정삼각형을 이룸

측면에서 보았을 때는 유두가 어깨와 팔꿈치의 중간지점에 위치

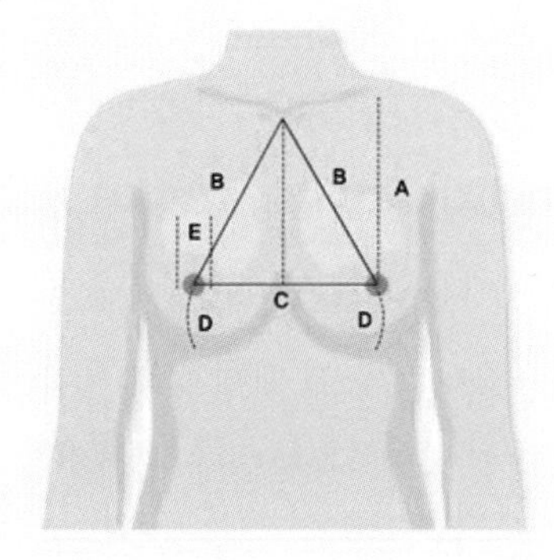

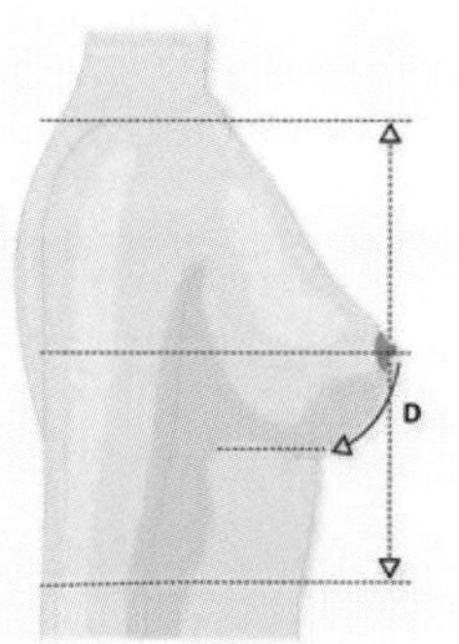

쇄골의 중심과 유두간의 거리(**A**) 18~20cm
흉골의 중심과 유두를 연결한 거리(**B**) 20~22cm
양쪽 유두 사이의 거리(**C**) 18~22cm
유두에서 가슴 아래쪽까지의 길이(**D**) 5~7cm
유륜의 직경(**E**)은 4cm 이내
유두가 살짝 올라간 모양
유두의 색깔 : 연한 적색

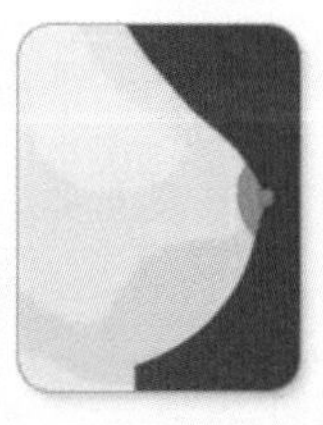

〈아름다운 가슴의 모식도〉
출처 : 국가건강정보포털 의학정보

독일 여성들과 결의를 다지다

Listing to German Women's Voices

캠페인 기획 모임을 위해 여자들이 둘러앉았다. 우리는 '다들 젖꼭지 캠페인에 참여하는 동기가 뭐야?'라는 공통 질문을 나눴다. 작년에 첫 경험을 한 후 열성적인 캠페인 전도사가 된 리사가 먼저 입을 연다. 요가 수련을 하는 그녀는 자기 몸을 더 예민하게 느끼고 싶고 몸 구석구석이 서로 연결되어 있다는 느낌을 받고 싶은데, 여자라서 가슴을 항상 가려야 한다는 사회적 금기 때문에 가슴만 외따로 존재하는 듯, 단절된 느낌이 고통스럽다고 했다. 테레사는 시선 폭력에 대해 얘기한다. 얼마 전 호숫가에서 누드로 일광욕을 하는데, 자기 가슴을 노골적으로 응시하더니 급기야 다가와 "가슴이 참 예쁘시네요"라고 말한 남자가 있었단다. 물론 공공장소에서 일어나는 일을 목격할 자유는 누구에게나 있다. 그런 의미에선 가슴에 쏟아지는 시선을 감수해야 한다. 그러나 유독 가슴에 대해 성적 욕망을 투영한 그 말과 행동에는 자기도 모르게 움츠러들었단다. 불쾌함을 느낀 테레사는 스스로에 대한 실망과 혼란 때문에 금방 자리를 떠버렸다고 한다. 한편, 작년 캠페인에서의 경험을 한 안나는 퍼레이드에선 아무 불안감 없이 행복했는데 그 대열을 벗어난 순간 갑자기 엄청난 공포감이 밀려왔던 경험을 들려줬다. 사람들의 시선도 다르게 느껴지고 공격당할 것만 같은 불안감에 사로 잡혔다고 한다. 안나는 그 점에서 이 캠페인에 다소 회의를 느끼고 있었다. 일회성 해프닝을 넘어, 여자들이 일상에서 **가슴을 내보이는 것이 과연 언제쯤 정상**이 될 것인지. 그렇다면 일상에서 액션은 어떻게 할 것인지에 대해서도 토론을 이어갔다. 여성의 상의 탈의가 아직 상식이 아닌데, 규범을 의도적으로 불이행함에 있어 주변 사람과는 어떻게 소통할 것인가? 탈의하기 전에 미리 설명을 해야 하나? '남자들의 웃통 벗기'는 남성 권력에 의해 널리 용인되는 게 바로 우리의 비판 지점인데, 언어적 설득을 거친다는 것은 액티비즘의 의미를 떨어뜨린다는 의견이 나왔다. 억압을 당하는 자(여성)들이 특권을 누리는 자(남성)들을 배려해줘야 하느냐는 것. 하지만 여성의 가슴 노출엔 막상 같은 여자들도 당황하고 동요하는 것이 사실이다. 그러면 웃통을 벗는 남자들에게도 마찬가지로 동의를 구하는 '새로운 에티켓'을 요구하면 되지 않겠냐는 다소 온건한 목소리도 들린다.

이 자리에서 사실 난 좀 놀랐다. 독일엔 특유의 누드 문화가 있어서 공공장소에서 나체를 드러내는 것이 어느 나라보다 폭넓게 받아들여지고, 법적인 제재도 없어서 페미니스트들도 이 문제에 대해 훨씬 자유로울 것으로 예상했기 때문이다. 그런데 이들도 누구 못지않게, 울분에 차 있었다. 자본주의의 성 상품화와 여자 몸으로 볼거리를 창출하는 미디어의 영향력이 더 커져가는 요즘 세대의 공통된 억압인 모양이다. 또, 캠페인을 앞두고 긴장하거나 참가를 망설이는 모습도 내겐 의외였다. 노출을 비롯한 갖은 일탈이 장려되는 크리스토퍼 스트릿데이 퍼레이드라는 특수한 조건 덕분에 내겐 이번 캠페인이 위험 요소가 거의 없는 놀이로 여겨졌다. 그래서 더 과감하고 생기 넘치는 분위기를 기대했다. 좀 더 크게, 제대로 놀고 싶어 몸이 근질거렸다. 한국처럼 지팡이 휘두르는 해병대 전우회 어르신들, 일

베와 소라넷을 오가는 여성혐오 세력, 저널리즘 윤리보단 조회수 올리기가 더 우선인 언론사 카메라들, 축제 분위기를 초치는 경찰의 과잉대응과 경찰차 철벽이 없을 거라 생각하니 더 그랬던 것 같다.

다음은 퍼레이드 당일에 배포한 젖꼭지 캠페인 분홍색 전단지의 내용이다.

01 몸에 대한 자유와 긍정을 위해

무슨 옷을 입든 우린 자유로워야 한다.
남자들의 시선과 언어, 몸짓, 그리고 성폭력으로부터.

02 젠더 평등을 위해

남자들은 더운 여름날에도 운동할 때도, 언제 어디서나
가슴을 드러내는 자유를 누린다. 우리는 왜 안 되나?

03 몸의 다양성을 위해

여성들의 실제 몸은 포르노나 광고에 나오듯
균일하지도 완벽하지도 않다. 우리 몸은 다 달라서 아름답다.

04 몸매 비판 body shaming 에 반대하며

우리 몸은 끊임없는 평가의 대상이 되어왔고,
그래서 여성들은 자기 몸을 편안하게 느끼지 못한다.
여성의 거식증, 우울증, 폭식증 등도 여기서 기인한다.

05 몸과의 건강한 관계를 위해

모든 여성은 자기 몸을 긍정할 권리가 있다.
모든 여성은 그 자체로 아름답다.

06 여성의 몸에 대한 성애화sexualization 와 대상화sexual objectification 에 반대하며

미디어와 광고에서 부추기는 대로 여성의 몸을 보지 말라.
여성의 몸을 강하고 아름답고 복잡한, 자연의 경이에 따라
느끼고 달리고 춤추며 살아가는 주체로 보라.
특히 여성의 가슴은 지나친 성애화와 대상화 때문에
공적인 삶에서 터부시된다.
여성의 가슴은 무례를 겪지 않고서는 공개되지 못한다.

07 수유하는 여성을 위해

수유하는 여성들은 불편하게 바라보는 시선 때문에
어딘가로 숨어들고 만다. 맨가슴을 보는 것이 불편하다는
사람들 때문에 엄마와 아이를 화장실에 숨기는 현실을
더는 받아들일 수 없다.

시대착오적 외설법, 검열법에 맞서

Confronting the Out-dated Laws and Censorship

페미니즘 캠페인의 일종으로 세계 곳곳에 퍼져나가는 'Free the Nipple(젖꼭지를 자유롭게)'의 기원을 좀 더 파고들자면, 2014년 미국에서 개봉한 동명 영화를 빼놓을 수 없다. 실화를 바탕으로 한 극영화 〈Free the Nipple〉 니나 에스코 감독, Lina Esco 은 2012년에 촬영했지만 상영관 확보 등으로 난항을 겪다 2014년에 미국에서 첫 개봉을 했다. 뉴욕의 젊은 여성들이 뭉쳐 여자 젖꼭지에 대한 검열을 폐지하기 위해 소송을 비롯한 여러 가지 캠페인을 조직하는 내용인데, 영화의 전체적인 분위기는 경쾌하고 발랄하다. 저예산 게릴라 스타일로 만들어져서 영화 제작 자체가 하나의 캠페인이 되었는데, 이를테면 이른 아침 뉴욕 타임스퀘어에서 젖꼭지를 드러내고 시위하는 장면을 촬영하다 신고받고 온 경찰에게 쫓기는 식이다.

여기서 사회적 맥락을 이해하는 것이 중요하다. 2016년 7월 기준, 미국 대부분의 주에는 아직도 여자 가슴에 대한 검열법이 존재한다. 이른바 '나체 및 공공장소 외설법 Nudity and public decency laws'인데, 공공장소에서 여성이 젖꼭지(유두)를 드러내면 이를 범법 행위로 보는 법이다. 이 말인즉슨, 미국에선 공원에서 아이 젖을 먹이는 엄마들, 비키니 브라를 풀고 일광욕을 즐기는 여성들이 범죄자가 될 수 있다는 얘기다. 성폭력과 같이 남성이 주로 가해자가 되는 범죄에서는 규제가 너무 느슨한 게 문제인데, 이 사안에 있어서는 법이 너무 준엄해 여성들을 쉽게 '풍기문란의 가해자 혹은 범법자' 위치로 몰아넣는다.

보다 구체적으로, 10여 개 주는 모유 수유를 위한 가슴 노출만은 기소 대상에서 제외시켜놓았고, 미국의 50개 주 가운데 겨우 6개 주(뉴욕, 하와이, 메인, 뉴햄프셔, 오하이오, 텍사스)만이 여성의 젖꼭지 노출을 합법화한 상황이다. 좀 놀랍지 않은가? 요즘 시대에 웬 외설이며 음란죄, 후진적인 검열법? 더구나 잘 팔리면 그만인 자본주의와 엔터테인먼트의 제국, 미국에서 말이다. 물론 미국 사회에는 모순이 들끓는다. 몇 년 전 연방대법원이 동성 결혼 합법화를 선포해 동성 커플이 결혼할 수 있는 지구상에 몇 안 되는 나라가 되었건만, 이후 올란도의 게이혐오 총기난사 사건처럼 성정체성 때문에 목숨이 위험한 상황은 계속된다. 아직도 중남부 보수적인 주들의 수많은 공립학교에선 창조론에 근거해 동성애를 죄악시한 커리큘럼이 퍼져 있다. 검열법을 둘러싼 이 일련의 넌센스에서 굳건히 버티고 선 것은 여성 자신이 아닌 남성주도 권력(국가)이 특정한 몸(여자 가슴)에 대한 접근과 통제를 결정하고, 사람들의 일상적인 행동 양식마저 규제하는 기울어진 추이다.

미국은 정치·사회·문화적으로 여전히 막강한 영향력을 가진 나라이기 때문에, 이러한 현실은 지구상의 다른 곳에도 칙칙한 그림자를 드리운다. 국경이 적용 안 되는 미디어나 온라인상에서 특히 그렇다. 영상물을 제한 없이 내보내려고 제작자들은 촬영 전이나 후에 X자로 젖꼭지를 꼭 가린다. 폭스 뉴스는 피카소 작품의 경매 소식을 보도할 때 작품 속 유두를 블러처리 하는 만행을 저질렀다. 예술품 속에 젖꼭지인데도, 그대로 내보낸다고 그게 과연 검열법 위반이었을까? 페이스북과 인스타그램같이 미국에 본사를 둔 소셜 네트워크 서비스들에선 여자 젖꼭지가 나온 사진이 아예 업로드가 안 된다. 필터가 자동으로 차단한다. 남자(로 보이는 피사체)가 웃통 벗고 근육 자랑하는 사진은 올릴 수 있어도 여자는 자기 가슴인데 자기 마음대로 못 보여준다. 이 시대착오적인 검열법을 풍자하는 뜻에서 영화 〈Free the Nipple〉의 포스터는 젖꼭지에 테이프 붙인 모습을 더욱 과장한 이미지를 사용했고, 코미디언 여성 첼시 핸들러Chelsea Handler는 푸틴 대통령이 웃통 벗고 말 타는 장면을 패러디하기도 했다. 물론 젖꼭지 두 개에 테이프를 붙이고.

짜릿한 퀴어 퍼레이드 현장

Thrilling Moments at the Queer Parade

오후 세 시. 퍼레이드를 시작하기 위해 도심에 모였다. 날씨가 끝내준다. 햇살이 뜨겁고 하늘은 새파랗다. 좀 덥긴 하겠지만 축제 땐 땀이 좀 나야 더 신난다. **Tanz für Toleranz(관용을 위한 춤)**이라 적은 배너를 건 트럭이 일렉트로닉 음악을 울리며 선두로 나가자, 긴 대열이 천천히 움직이기 시작한다. 해마다 돌아오는 이 LGBTQI[02]

02 LGBTQI; 레즈비언, 게이, 바이섹슈얼, 트랜스, 퀴어, 인터섹스의 앞글자를 딴 단어. 퀴어 커뮤니티의 다양한 정체성을 포괄하기 위해 흔히 쓰는 약자. 앞으로 퀴어이즘이 발전할수록 글자가 계속 길어질 것이다.

퍼레이드를 위해서 중앙역 앞을 포함한 시내의 여러 주요 도로가 낮 동안 통제되었다. 예상대로 제복 입은 경찰은 띄엄띄엄 서 있어도 위압적인 철창 차는 아예 안 보인다. 독일 축제에 맥주가 빠질 수 없지. 시원한 거품을 내뿜는 맥주병을 든 참가자들은 코스튬을 뽐내며 흔들흔들 걷고, 구경하는 행인들이 양옆으로 길게 늘어선다. 망사 스타킹에 터질 듯이 꽉 끼는 미니스커트, 맞지도 않는 브라, 과장된 화장을 한 '크로스드레서'[03]들과 '태양의 신' 콘셉트로 황금색 치장을 한 몸매 좋은 게이들, 뼈만 남은 생선을 형상화한 괴이한 개조 차량 속에서 광적으로 바[bar]춤추는 사람들, 폭탄머리 가발에 팔짱 끼고 걷는 사이좋은 언니들, 해삼, 멍게, 문어를 연상케 하는 전신 탈을 쓴 덕후들. 온갖 '이상한' 사람들 사이를 걷는다. 이상해서 참 좋다. 기분이 서서히 달아오른다. 친구들과 적당히 분위기를 봐 탈의하기로 했는데 못 기다리겠다. 그냥 혼자 훌러덩 벗어버렸다. 순간적으로 주위의 시선이 확 쏠리며 엄지를 치켜든 손, 격려의 휘파람, 공감의 눈짓과 미소가 여럿 내게 날아든다. 허전한 상체와 쏟아지는 시선으로 인한 어색함은 잠시 잠깐. 퍼레이드의 흥겨움과 주변의 긍정적 반응이 위축감을 압도해버리고 나는 통쾌해서 절로 함박웃음이 나왔다. 우리 팀은 아니었지만 역시 가슴을 드러낸 네 명의 용감한 여성들을 만났다. 2백 미터쯤 더 가자, 다른 친구들도 다 벗고 내 옆으로 다가온다. 우리는 열 명 남짓. 앞서거니 뒤서거니 따로 또 같이 어깨춤, 허리춤,

03 cross-dresser: 이성 복장을 한 사람

엉덩이춤, 그리고 무엇보다 **덜렁이는 가슴춤**을 추며 걷는다.

퍼레이드에 가장 눈이 휘둥그레지는 건 쇼핑백 든 관광객들과 방갈로에서 커피 마시던 노인들이다. 잽싸게 폰카를 들이대며 사진 찍는 건 젊은 남자들이고. 아직 편견이 적은 아이들은 그저 재미있어 한다. 나와 눈이 마주치자 눈살 찌푸리며 뜨악한 표정을 지은 중년의 어떤 아시아 여성 말고는, 적대적인 반응이 느껴지지 않았다. 코스튬을 입은 아시아인은 드물었고 젖꼭지를 내보인 아시아 여자는 더구나 나뿐인 것을 의식했을 때, 문득 기분이 서늘해졌으나 거리를 온통 적시는 퍼레이드 카의 비눗물 세례, 지나가다 마주친 지인들과 나누는 호들갑스러운 포옹, 시시각각 바뀌는 시끄러운 음악 속에 금방 잊혀졌다.

그러다 뜬금없이 옛날 기억이 났다. 여름이면 교복 밑에 비치는 브라 끈 갖고 수군대던 남자애들의 얄미운 얼굴. 꽉 끼는 브라를 입고 나간 날 소화가 안 돼 가슴팍을 두들기다 화장실 가서 훅을 풀어버린 기억. 피식 웃었다. 유교 전통이 어쩌고~, 여자는 자고로 어쩌고~, 하는 한국의 케케묵은 규범과 속박이 우습다. 엄마, 엄마도 그런 소리 좀 그만해. "여자가 조신해야지" "다리 좀 모아라" "화장을 이쁘게 하고 다녀야 괜찮은 신랑감 만나지"와 같은 말들. 떠오르는 얼굴들, 목소리들을 죄다 손사래 쳐 흩어내고 나는 보란 듯이 가슴을 5센티미터 더 내민다. **신나게 흔든다.** 난 자유로워! 우리 도시 인구의 1퍼센트라는, 많은 수가 참여했다고 집계된 그날의 퍼레이드는 성공적으로 끝났다. 내 벌거벗은 나신도 뜨거운 관심과 성원 덕에 종일 뻔뻔하게 나다니다 예쁜 사진으로 남았다. 퍼레이드에서 나를 목격한 친구들은 나중에 입을 모아 말했다. "너 진짜 그날 반짝반짝 빛이 나더라." 그래, 그랬을 법하다. 그날은 내 안의 신성, 우리 안의 여신들이 죄다 깨어나 펄펄 날던 순간들이었으니까.

일상에서의 가슴 해방 전략, 노브라

Everyday Strategy, the No-Bra Campaign

젖꼭지 캠페인의 짜릿한 해방감을 하룻저녁의 신기루로 남길 순 없다. 데모와 퍼레이드, 축제, 소송이나 탄원, 기자 회견과 다큐 제작 말고도 'Free the nipple(젖꼭지를 자유롭게)' 캠페인의 의미와 메시지를 일상에서 되새길 수 있는 실천이 필요하다. **작고 사소하게, 그러나 의연하고 끈질기게** 밀고 나가, 이 견고한 사회질서와 규범에 조금씩 균열을 내는 일. 가랑비 내리는 날 호수 물 표면에 수많은 파문이 끊임없이 일듯 그렇게 계속되는 어떤 것. 젖꼭지 캠페인이 그리는 미래, 여성도 남성과 마찬가지로 공공장소에서 거리낌 없이 웃통을 벗어젖힐 날이 하루아침에 올 수는 없다. 나는 바로 **노브라**No-bra; 브라 안 입기가 그 미래를 앞당길 수 있다고 믿고 그렇게 하고 있다. 비가 오나 눈이 오나, 푹푹 찌는 더운 날에도 코끝 시린 겨울에도. 트레이닝복 입고 집 앞 슈퍼에 나갈 때에도, 한껏 차려입고 클럽 갈 때도. 급기야 학교와 직장에서도 노브라로 다닌 지 벌써 여러 해가 되었다. 이는 그리 거창한 활동은 아니고, 뭐랄까, 사람들에게 몸－둥근 가슴 윤곽과 두 개의 젖꼭지－으로 말을 거는 일이다. 매일매일 끈질기게, 단 별일 아닌 듯. 오늘도 나는 버스에서 눈이 마주친 옆자리 사내에게 몸으로 말했다. '봐, 난 브라 안 했어. 가만 보면 그렇게 이상할 것도 없지? 당신 가슴이나 내 가슴이나 다 가슴이잖아', '브라가 얼마나 불편한지, 때마다 신경 써서 사 입고 골라 입기 얼마나 귀찮은지, 당신도 짐작은 가지? 그래서 안 해.' 내가 처음 노브라에 대한 아이디어를 얻은 건 언제였을까? 잘 모르겠다. 좀 티가 나더라도 브라 따위 안

해도 된다는 생각의 씨앗은, 언젠가 슬며시 내 안에 들어왔다가 별 계기도 없이 어느 날 밖으로 싹을 확 틔운 것 같다. 몇 년 전, 겨울날 출근 준비를 서두르다가 깜빡 잊고 나갔는데 별일이 없었다. 이후에도 몇 번을 더 '실수로' 안 하다가 나중에는 그 느낌이 홀가분하고 좋아서 의식적으로 브라에 작별을 고했다. 겨울에 시작해서 자연스럽게 계절을 넘어간 '구렁이 담 넘기' 전략이 꽤 유용했던 것 같다. 얇은 옷 한 장씩만 걸치니 안 하면 뾰족, 확연히 티가 나는 여름에 시작하긴 좀 부담스러울 것이다.

건강 문제에는 다들 귀가 쫑긋하니 노브라를 논할 때 거기서 시작해도 좋겠다. '브라를 하는 게 건강에 그다지 좋지 않다'는 인식은 우리 엄마가 처음 내게 심어줬다. 엄마는 딸 셋을 다 모유 수유로 키우느라 탱탱한 가슴은 일찍 포기했다. 누구 결혼식 가느라 차려입을 때도 예뻐 보이자고 편안함을 포기하지 않는 분이라 와이어 브라도 일찌감치 다 치웠다. 요즘 개발된 무슨무슨 신소재 말고 예전부터 흔히 '부인용'이라 부르는 면 브라가 있었는데, 거기엔 와이어나 뽕, 장식이 없고 소재도 끈 부분만 나일론으로 되어 있었다. 내가 기억하는 한 엄마는 그것만 입었다. 우리 자매들이 10대 때에도 사이즈가 작은 부인용 브라만 사주셨다. "엄마, 디자인 좀 예쁜 거 사주면 안 돼?" "그런 건 못 써. 통풍 안 되고 가슴을 너무 꽉 눌러서 유방암 생긴대. 큰일 나." 엄마가 사준 브라는 가슴을 받쳐주는 기능을 전혀 안 하는 그냥 가리개인데도, 엄마는 가슴 처지니까 브라를 꼭 하긴 해야 한다고 했다. 지금 생각하면 재밌다. 나는 '예쁜 브라'가 지극히 불편하다는 걸 몇 번 체험해보곤 군말 없이 엄마 뜻에 따랐지만, 언니는 작은 가슴이 콤플렉스라며 한사코 엄마가 '위험하다'고 말리는 종류의 브라를 자기 돈 주고 사 입곤 잔소리를 내리 들었다.

브라를 하면 정말 유방암 걸릴 확률이 높아질까? 사실 학계에선 으레 그렇듯, 논쟁 중이다. 유선의 흐름을 압박해서 어쩌고… 하면서 와이어 브라를 하면 유방암에 몇 십 배나 더 노출된다는 연구결과가 실제로 많이 있다. 반면, 유방암 발병은 압도적으로 에스트로겐 호르몬과 관련이 높고, 따라서 브라가 아니라 출산 및 모유 수유 여부와 상관 있다는 얘기도 널렸다. 유제품 소비 발병률을 높인다는 연구도 한때 인기를 끈 적 있다. 듣는 사람 입장에서는 자기 생활 습관이나 처지에 따라 특히 솔깃해지는 설이 있게 마련이지만, 사실 그 어떤 것도 전적으로 믿지 않는 게 좋을 것 같다. 과학, 기술, 의학은 절대로 가치중립적이지 않으니까. 어떤 연구가 어디에서 비용을 지원받는지에 따라, 그 연구를 하는 연구소와 연구자들이 어떤 국가나 정당 혹은 이데올로기 집단과 가까운지에 따라, 그리고 특정 정책을 입안하는 과정을 둘러싼 로비에 연루되어 있는지에 따라 연구의 목적과 과정과 결과는 얼마든지 달라질 수 있다. 유방암 연구의 경우, 제약 회사나 속옷 회사의 지원을 받는지도 모를 일이다. 연구 윤리? 그 경계는 이해관계 당사자들이 모두 만족하고 합의할 만큼 느슨하다. 나는 이 경우 무슨 연구보다는, **몸의 자연스런 감각과 신호**를 믿고 따르면 된다고 본다. 가슴을 떠받쳐주고 보호해준다고 해서 브라를 했는데, 막상 하고 있으니 소화가 잘 안 된다거나 명치가 쿡쿡 쑤시고 호흡이 불편하다면, 나중에 풀어보니 벌겋게 자국이 남았다면 뭔가 잘못된 것 아닌가. 브라를 항상 하고 있어서 불편한 줄 잘 못 느끼는 사람들에겐 하루 이틀 풀고 일상생활을 해보라고 권한다. 그러고 나서도 브라가 여전히 편하게 느껴지면 해도 그만이겠지.

한편, 브라를 안 하면 가슴이 처진다는 통념도 내가 좀 조사한 바로는 확고부동한 근거가 없다. 세계적으로 권위 있다는 의학 저널에서 자료를 찾아보니, 오히려 브라를 하는 것과 가슴 탄력을 유지하는 것은 무관하다는 내용도 많았다. 유선과 지방, 근육 등 다양한 조직으로 구성된 가슴은 애초에 스스로 모양을 유지하게 되어 있다는 것이다. 외부에서 받쳐준다고 오랜 세월 지나치게 압박하면 부작용이 생기는 게 오히려 당연하다. 모유 수유로 가슴이 크게 불었다가 줄어든 경우나 노화에 따라 가슴이 본래의 탄력을 잃게 되는데, 이를 예방하려면 운동을 해서 전반적인 피부 탄력과 근육 양을 유지해야 한다고 한다. 이런 얘기들도 곧이곧대로 다 믿을 필요는 없으나, 내게는 지극히 합리적이고 상식적이기까지 한 주장으로 들렸다. 나는 이 기회에 그간 '브라 안 한다고 설마 처질까? 에잇 좀 처지면 어때'라고 일말의 우려를 가졌던 스스로를 안심시켰다. 이미 처진 가슴을 안 그렇게 보이게 하거나, 실제 크기보다 커 보이게 하려는 목적이라면 몰라도, 미래에 가슴이 처질까 봐 지금 불편한 브라를 굳이 할 필요는 전혀 없다는 것을 확인했다.

여기까지 오니 도대체 우리 여자들이 브라를 하는 이유는 뭘까? 문득 궁금해졌다. 지금은 안 하는 게 익숙해져 예전에 했던 이유가 가물가물했지만, 그래도 열심히 궁리해서 가상의 설문 조사지를 써보았다. 그리고 거기에 내가 먼저 답해봤다. 이제는 정말, 나의 답은 노브라였다.

질문

다음 중 브라를 착용하는 이유는 무엇입니까? (복수응답 가능)

01	가슴이 처질까 봐	그거 근거가 없대요.
02	안 하면 허전해서	전 그 허전한 느낌이 좋아요.
03	그냥 습관이라서	
04	패션의 일부분으로 생각해서	밖으로 안 보이는 패션은 제게 의미가 없어요.
05	가슴 모양을 보정하기 위해서	전 지금 제 가슴에 그냥 만족합니다.
06	안 하면 너무 야해 보여서	좀 야해 보이면 어때요. 내가 아님 되지!
07	안 하는 건 기본적인 예의에 어긋난다고 생각해서	그 예의는 누가 만들었나요… 그 따위 예의는 개도 안 준다!
08	안 하면 남들의 시선을 끌까 봐	남이 쳐다보는 것보다 제가 편한 게 더 중요해요.
09	딱히 안 할 이유가 없어서	음… 그럼 딱히 할 이유도 없는 건가요?
10	예쁜 브라를 하면 기분이 좋아서	네, 그럼 계속하시면 되겠습니다!
11	모르겠다	앞으로 생각해보면 되겠죠?
12	착용 안 함	아, 드디어 해당 사항이 나왔다.
13	기타	또 뭐가 있을까 궁금하군요.

내 몸에 대한 온전한 결정권을 위하여

We Decide on Our Bodies

젖꼭지를 뾰족하니 보이고 다니는 날이 점점 많이 쌓여간다. 원래도 '가리개'만 하고 다녔던 터라 감각 면에서 엄청난 차이가 있는 것은 아니지만, 역시 더 편하다. 홀가분하다. 그리고 그 느낌은 **자신감, 자부심, 자존감**, 이 3종 세트에 긍정적인 자극이 되는 것 같다. 남의 시선과 평가에 신경 쓰기보다 무엇이 아름다운 모습인지 스스로 택해서 **몸에 대한 결정권**을 누리는 여성이라고 스스로를 정체화할 수 있다. 초반엔 매일 거울 앞에 설 때 나도 내 모습에 익숙해질 시간이 필요했다. 아무리 '노브라는 액티비즘'이라는 정신무장이 되어 있어도, 가슴에 뾰족한 원 두 개가 나라고 전혀 신경 쓰이지 않았던 건 아니다. 특히 언제 어디서건 사람들이 많이 쳐다본다. '어떤 사람이 3초 이상 쳐다보면 당신한테 반했거나 변태이거나 둘 중 하나'라는 우스갯소리가 있다. 브라를 안 하니 3초 이상의 시선을 자주 받는다. 시선 폭력과 성적 대상화 측면에서 본다면, 노브라라는 행위는 오히려 스스로를 이 두 가지에 더 많이 노출시키는 일이다. 뻔뻔함이 필요한 만큼 스스로를 격려해줘야 하는 것 같다. '괜찮아, 네 자유야'라고. 하지만 그런 시선 외에 악의적인 공격을 받은 적은 없다. 물론 앞으로도 없을 거라는 보장은 없다. 어느 시대 어느 문화권에나 남의 자유를 침해하지 않는 개인의 선택에도 사회적 규범이니 도덕 따위를 앞세워 꼰대질하는 무리들(주로 남자 어른)이 있게 마련이니까. 늘 조금씩은 따라다니는 불안이나 위험 때문에 노브라를 그만둘 마음은 없다. **지속적인 몸의 말 걸기로 일상의 질서를 흩뜨리는** 이 일을 계속할 것이다. 나의 말 걸기는 늘 온화하지만은 않다. 때로는 무언의 날선 외침이기도 하다. "내가 브라를 하든 말든 내 마음이니, 너도 날 어떻게 인식하든 마음대로 해라. 단, 네가 성적인 느낌을 받는다고 나를 희롱하거나, 공중도덕을 들이대며 모욕하거나, 헤픈 년이라고 손가락질 할 수는 없다." 독일 사회에 개인의 자유에 대한 문화적 합의가 어느 정도 되어 있다는 판단도 든다. 나는 이를 바탕으로 남녀노소를 도발한다. 그것도 '유색 인종 외국인 주제에.'

유럽, 혹은 독일 사회가 한국 사회에 비해 상대적으로 젠더 평등을 실현하고 있다는 점은 분명 내 노브라 행보를 순조롭게 한 요인이다. 그러나 막연히 '독일이니까'라고 치부할 일만은 아니다. 페미니스트는 어디에서나 소수자다. 다만 전체 사회 안에서도 각자가 활동하는 분야, 직종, 지역, 세대 등의 소집단의 분위기에 따라 여건이 달라진다. 가령 독일에서도 네오나치Neo-Nazi와 같은 공격적인 민족주의 세력이 성행하는 지역에선 외국인 여성으로 눈에 띄는 활동을 하기에 위험할 수 있다. 제조업, IT, 이공계 등 아직 남자들이 다수이고 분위기도 보수적인 직장에서는 독일이라도 (비공식적으로) 노브라가 제지를 당할 가능성이 높다. 다행히 내가 지금 활동하는 도시와 연구 분야, 대학원의 분위기는 상당히 개방적이고 자유분방하다. 여성학과도 아니고, 모두가 페미니스트인 것도 아니지만 환경-생태주의라는 큰 우산 아래 비주류 가치들이 비교적 다양하게 공존한다. 다리든 겨드랑이든 도통 제모를 안 하는 여자들, 맨발로 다니며 대중교통조차 멀리하고 자전거만 고집하는 학생들, 일주일째 같은 티셔츠와 청바지에 채식 메뉴를 찾는 선생이나 가죽 가방 하나를 30년째 매일 메고 출근하는 교직원들 틈에서는 '젖꼭지 한 쌍 삐죽 내민 여자'도 흔쾌히 수용된다. 내가 노브라의 의미를 선언하면 남자 동료들도 고개를 끄덕이곤 했다. "아, 그래서 안 하는구나." "너 멋있다." 나름 응원까지 해준다. 브라가 건강에 안 좋아? 놀란 토끼 눈이 된 한 녀석은 자기 엄마랑 여친에게 얘기해주겠단다. '얘, 그들은 진작부터 다 아는 얘기야.' 어떤 여자 친구들은 자기는 차마 못하겠는데 내가 하는 건 지지한다며 안 쓰는 브라는 달라고 위트를 날렸다. '누가 봐도 네 가슴이 훨씬 크거든.'

한국에선 어떨까. 한국에도 노브라 페미니스트가 비빌 언덕은 많다. 유구한 역사를 자랑하는 굵직한 페미니즘 단체들은 물론, 참신한 기획과 전략을 뽐내는 젊은 온오프라인 캠페인과 연대 행동들이 있다. 작지만 재기발랄한 LGBTQI 공동체들도 쿨하게 엄지 척! 치켜세울 것이다. 그리고 근 2~3년간 페미니즘이 꾸준히 상승세를 만들어왔다는 것이 무엇보다 희망적이다. 문제는 이 씩씩한 언니집단 바깥이다. 지하철 몰카범과 성추행남들, 여성혐오 키보드 워리어들, 짧은 치마 입은 날 유독 전화를 해대는 남친, 통금은 밤 열한 시, 결혼은 서른두 살이 마지노선인 부모님, 패디큐어 색깔로도 사람 무안 주는 직장을 경계해야 한다. 그리고 기타 등등. 한국에서 일상적 노브라를 한다면 우선 맘 맞는 언니 동생들을 찾아 같이 다니고, 티셔츠 한 장 때문에 해고당할 수 있는 직장에서보다는 노는 날에 주로 벗고 다녀야 될 것 같다.

일상에서 당장 브라와 결별하지 않더라도, 노브라 역시 페미니즘 캠페인으로서 북미와 유럽권을 중심으로 퍼져나가고 있다. 미국의 한 고등학생은 한창 외모에 관심이 많은 청소년 그룹 내에서 일어나는 자기검열과 시선 폭력에 신물이 났는지, 자기 동네에서 직접 노브라 데이No-bra Day 캠페인을 열었다. 프랑스 웹사이트 붑스타그램Boobstagram은 인스타그램의 가슴검열 정책을 풍자하며 역시 '노브라 데이'(10월 13일)를 조직한다. 이 사이트는 유방암 환자를 위한 캠페인도 겸한다. 〈브라를 안 입으면 생기는 일곱 가지 일들〉 같은 기사가 요리, 건강, 연예 섹션에 종종 등장하기도 하고, 페이스북 페이지 〈No Bra No Problem〉에는 몇 만 명이 '좋아요'를 눌렀다. 2014년 여름, 한국에선 '이것도 시위'라는 이름을 걸고 예닐곱 명의 여성들이 홍대에서 브라를 모아 자르고 가두행진을 했다. 트위터에서 벌어지는 수다, 블로그에 올라오는 체험기, 인터넷 기사들도 서로를 참조하며 노브라에 대한 긍정 여론을 확산시킨다. 다른 시간, 다른 장소에서 우후죽순 열리는 이러한 노브라 캠페인들에 참여한 여자들은 건강과 편의를 이유로 들거나, 패션업계의 지나친 상술, 가슴을 성적으로 대상화하는 시선에 맞서는 데 동기가 있다고 밝힌다.

마지막으로 짚고 넘어가야 할 것은, 노브라 현상의 핵심은 '다 같이 브라를 하지 말자'가 아니라 여성들 개개인이 온전한 선택권을 가지는 데 있다. 속옷 쇼핑이 취미이고, 브라-팬티 세트를 곱게 입은 자신이 너무나 섹시하다고 느끼는 사람, 가슴이 커서 스포츠브라 없인 뜀박질이 고통스러운 사람은 브라와의 인연을 계속할 것이다. 다만, 브라가 아프고 답답한데 지나친 시선이나 뒷담화, 사회적 불이익이 두려워 못 벗는 경우는 없어져야 한다. 현대적 의미의 브라는 이제 백 살 정도 됐지만, 너무 꽉 조여 착용자를 기절로 몰고 간 코르셋을 비롯해 여성에 대한 가슴 압박의 역사는 까마득히 수백 년이다. 그래도 그 세월에 주눅 들진 않으련다. 성적 대상이 아닌 자유로운 한 인간이길 원하는 우리들의 여정은 오늘도 부지런히 계속되고 있고, 앞으로도 길게 이 해방의 역사를 써 나갈 테니까.

3.
누드 예찬, 벗고 다시 보는 내 몸

Rediscovering My Body: A Nude Therapy

sexuality

내 몸을 억압한 공범

I Was Participating in the Conspiracy

몸 해방 프로젝트라는 이름 아래 불명예스러운 이름표나 제한을 풀어주고, 그냥 자유롭게 내보이고, 나아가 새로 의미를 부여한 것은 내 가슴뿐이 아니다. 몸 전체에 걸친 작업이었다. 사회 모든 부문이 사이좋게 공모해 대상화해온 여성의 몸엔 언제나 소수의 모범답안이 제시되어 왔다. 어떤 몸을 어떻게 해야 아름답고 섹시한지에 대한 천편일률적인 공식들. 그러나 그 답안은 극히 소수의 잘 타고난, 혹은 잘 다듬은 몸들을 기준으로 한 것. 실상 대부분의 몸은 그냥 좀 부족하고 모자라고 그저 그렇다는 평가에 시달려왔다. 다 아는 얘기다. 이제는 여기서 더 자유로워지고, 내 몸과 마음이 우호적이고 편안하게 소통했으면 좋겠다. 그런데 참 쉽지가 않다. 내 마음이 이미 오랜 세월 동안 **내 몸을 억압한 공범이었기 때문이다.**

나 역시 다른 많은 여자처럼 내 몸에 대해 혹독한 의견을 갖고 있었다. "내가 몸매가 좋은 편은 아니지. 일단 키가 160센티미터도 안 돼. 상체가 길고 다리는 짧고. 다른 데는 말랐는데 골반이 넓어서 엉덩이는 퍼졌고. 고3 때 살찌면서 허벅지랑 엉덩이에 튼 살 자국도 잔뜩 생겼지. 운동을 별로 안 하니 근육이 빈약하고, 자세가 안 좋아서 그런가, 벌써 목주름, 배주름도 있네. 선크림에 소홀해서 얼굴만 탄 데다가 허연 가슴은 심한 짝짝이야." 페미니즘을 통해 얻은 자존감에도 불구하고 '그래, 이 정도면 괜찮지'라는 적당한 타협이 가능하지, '누가 뭐래도 내 몸은 진짜 퀸카야!' 같은 생각은 도저히 들지 않는다. 내 머릿속에도 아름다운 여자 몸에 대한 기준이 저 위에 단단히 박혀 있는 탓이다. 화면에 보이는 저 몸이 결코 평균도, 표준도 뭣도 아니란 걸 잘 알면서도 '솔직히 객관적으로' 내 몸을 볼 때는 자꾸 떠오른다. 길에서 몸매가 쫙 잘빠진 여자를 보면 나도 모르게 편견이 작동한다. '분명 관리를 엄청 하겠지? 막 똑똑한 타입은 아닐 거야.' '사는 게 얼마나 쉬울까.' '남자들한테 인기가 많겠지? 왠지 싸가지는 없을 것 같아.' 곧바로 죄책감이 밀려오지만 늦다. 이미 생각을 해버렸다. 살이 많이 찐 여성을 보는 내 시선에도 문제가 많다. 그들을 푸근하다, 털털하다, 게으르다, 자기관리를 못한다 등으로 낙인 찍는 사회적 편견에 반대하는 입장이면서도, 나도 모르게 동정심을 갖고 그들에게 괜히 관대하게 굴고, 그 사람이 뭔가 맛있게 먹는 모습을 보면 '저렇게 먹을 걸 좋아하니 살이 찌지'라고 생각한다. 내 스스로가 경악스럽다. 이러한 **내 안의 모순과 편견**을 잘 알기에 성형수술 같은 여성들의 '몸 개조 프로젝트'를 정치적으론 반대해도 그 동기만큼은 이해하지 않을 수 없다. 엄마는 나한테 쌍꺼풀 수술을 자주 권하셨는데, 그때마다 내가 거부하면 그러셨다. '내가 널 못생기게 낳아 놓았어 봐라. 수술해달라고 먼저 성화일걸.'

나는 우리 여자들이 그럴수록 자기 **몸을 자꾸 바라봐야 한다**고 생각한다. 다음엔 어딜 고쳐야 하나 견적 내는 그런 바라봄 말고, 어떤 판단이나 평가를 개입하지 않고 몸을 그냥 몸으로 바라보고, 그걸 나라는 사람이 **온전히 머물러 있는 그릇**으로 받아들이는 연습을 위해서. 자기 몸이 불만족스럽고, 또 알몸에 대한 학습된 금기의식까지 더해져서 우리는 몸을 있는 그대로 잘 보지 않는다. 일상생활에서 옷을 갈아입을 때, 샤워하러 들어갔을 때야 잠깐씩 알몸이 드러나는데, 그냥 서둘러 가리고 닦기에 바쁘다. 여건이 안 받쳐주기도 한다. 결혼 안 한 여자가 혼자 나가 살려면 아직도 피치 못할 사정이 있어야 되고, '둘만 낳아 잘 기르자' 운동의 유산으로 사람 수에 비해 방 개수가 모자라기 일쑤인 아파트가 보편화된 주거공간이다 보니 몸을 차분히 마주할 프라이버시를 챙기기 어렵다. 컴퓨터 앞에서 남몰래 남의 벗은 몸을 보며 흥분할지언정 내 알몸을 봐주고 만져주고 구석구석 음미하는 연습은 잘 안 되어 있다. 이 모두가 **몸을 소외시켜 온 생활**이 아닌가. 반성할 거리가 많다.

그래도 다행히 내가 그동안 몸과 우호적인 관계를 맺는데 특효가 있는 활동을 한 가지는 하고 있었다는 걸 깨달았다. 은밀하고 뻔뻔하고 발칙한 몸 해방 작전으로 프로젝트에 당당히 들어갈 수 있는 액션, 그건 바로 셀프 누드 사진 찍기다. 나는 적어도 매년 한 차례는 누드 사진을 남겨왔다. 벌써 7년째. 누드 모델이 되는 것은 전문 배우나 연예인의 업이지 보통 여자가 그런 걸 민망해서 어떻게 하냐고 여길지도 모르겠다. 술 취해 긴장이 잔뜩 풀어지거나 나르시시스가 강림하지 않고서야. 하지만 나는 스스로의 누드를 사진으로 남기는 이 놀이, 혹은 의식이 가진 힘과 재미를 누려본 사람으로서, 강력 추천하고 싶다. 셀프 누드 사진 찍기는 동반 모델 혹은 촬영 보조로 당시 애인의 도움을 받은 적도 있었지만 보통은 혼자 즉흥적으로 한다. 이유가 뭐가 됐든, 문득 아랫배와 보지에서 간질간질 성적인 에너지가 올라오거나, 그날따라 스스로가 뭔가 섹시하다고 느껴질 때면, 그걸 음미하는 방법의 하나로 카메라를 세우는 것이다. 장소는 아무래도 밀폐된 공간. 소품으로는 촛불, 호랑이 그림, 독특한 무늬의 천, 그림자, 물, 꽃, 보라색 모자 따위가 쓰인 적 있다. 늦은 오후 커튼 친 방의 침침한 공기 속에서, 가족들이 다 잠들고 난 뒤 걸어 잠근 문 뒤의 은은한 촛불에서, 천정 거울과 빨간 조명이 있는 모텔 방에서, 여행지 숙소의 환한 창가를 배경으로, 샤워하고 난 뒤 온몸이 아직 촉촉할 때 나는 현대 무용수처럼 과감한 춤 동작이나 잡지 모델 같은 포즈, 혹은 생각에 잠긴 얼굴로 카메라 앞에 섰다. 혓바닥이나 젖꼭지, 귓불과 배꼽을 클로즈업하거나 장기간 노출 기법으로 여러 몸체가 겹친 괴기한 이미지를 만들어내기도 했다.

그냥 알몸이 되는 것과 그 몸을 카메라로 기록한다는 것은 느낌이 다르다. 사진을 찍는 행위, 찍힌 사진을 나중에 또 본다는 것이 보다 적극적인 '내 몸 관찰'의 기회를 준다. 나름대로 예술적인 연출을 의도하고 찍은 사진이다 보니, 그 속의 나는 비록 몸에 '결점'이 좀 있어도 충분히 섹시하고 아름다워 보인다. 남이 어떤 기준을 갖고, 혹은 일방적인 성욕을 갖고 나를 바라볼 때 느끼는 부당함과 불쾌함과는 전혀 다르다. 인터넷상을 달구는 연예인의 반라 사진을 소비할 때의, 좀 불편하고 껄끄러운 기분과도 다르다. 밖에 나가려고 옷을 입고 거울을 볼 때, 여기저기 못마땅한 심정과도 다르다. 셀프 누드 사진은 자꾸 봐도 마냥 뿌듯하고 속 시원하다. 그리고 그 당시의 건강한 성욕이 되살아난다. 이건 철저히 **내 욕구와 선택으로, 나를 위해 만들어낸 이미지**임을 알기 때문이다. 성적이기만 한 건 아니다. 앞서 몸을 중립적으로 바라보는 마음이 필요하다고 했듯, 누드 사진을 찍는 과정은 **몸을 잘 기록하기 위한 집중과 관찰의 시간**이 된다. 마치 명상하듯이 조용히, 평화롭게. 그러면서 평소 의식하지 못한 내 몸의 개성을 새롭게 발견하거나 낯설게 다시 본다. 처음에는 '알몸을 찍는다'에 머물렀다면 지금은 몸의 어떤 부분에 집중하거나 특정한 주제를 갖고 작업하고 싶다는 발상이 떠오르기도 한다.

내 첫 셀프 누드 사진 작업은 스물한 살 때 3주간 떠난 배낭 여행에서 이뤄졌다. 유럽 여행을 꼭 가보고 싶어서 알바 세 개를 뛰고 친구들과의 술자리를 마다해가며 악착같이 돈을 모아 떠났다. 당시 최저가 비행 편은 일본을 경유하고 다음 날 유럽행으로 환승하는 것이라, 공항 옆에 있는 비즈니스 호텔 투숙권이 같이 나왔다. 열쇠를 받아 들어간 1인용 객실은 아주 작고 간소하지만 효율적인 공간 활용 덕에 있을 건 다 있는, 참 일본스러웠던 방이었다. 카펫이 깔리고 방음이 잘된 방 안은 정말 조용했다. 복도를 지나는 발소리도 거의 안 들렸다. 여행길에 올라 종일 정신없다 갑자기 조용한 곳에 오자 기분이 참 묘했다. 거대한 배낭을 내려놓자마자 나는 내게 주어진 객실 용품을 하나씩 확인하며 즐거워했다. 목욕 가운으로 제공된 (호텔 로고가 무늬로 찍힌) 유카타로 갈아입고 커튼이 길게 처진 커다란 창문 너머로 노을을 지켜봤다. 무더운 한낮 더위가 꺾이고 선선해질 무렵 노랑, 빨강, 분홍, 보랏빛이 뒤섞인 노을 속으로 비행기가 날아가던 그 장면은 정말 환상적이었다. 문득 깨달음이 왔다. 머리부터 발끝까지 쫙 훑고 지나가는 진짜 '느낌적인 느낌'이었다. 아, 처음이구나. 이렇게 오래 집을 나와 보는 것, 그것도 홀로 여행한다는 것, 한국 땅을 벗어나보는 것. 인천에서 나리타로 날아온 짧은 비행도 내 생애 첫 비행이었다. 게다가 카펫과 커튼, 닫힌 문으로 사생활에 특화된 호텔이라는 곳에도 처음 묵어보는 거였다. 갑자기 기분이 말로 설명할 수 없을 만큼 좋아졌다. 몸에 맞지도 않아 대충 허리띠를 둘러맨 유카타의 덜렁거리는 두 소매를 쥐고 맨발로 카펫이 깔린 좁은 호텔방을 깡충깡충 뛰어다녔다. 그건 주체할 수 없는 해방감이었다. 이제 진짜 '어른 여자'가 된 느낌. 앞으로는 뭐든 이렇게 혼자 해낼 수 있을 거라는 자신감. 지금 같으면 당장 나가서 맛난 와인 한 병 구해와 홀라당 다 마실 텐데, 그때만 해도 순진했던 난, 혼자 어떻게 그 짜지는 기분을 풀까 잠시 궁리했다. 그리곤 다음 순간 나는 잽싸게 똑딱이 카메라를 꺼내 텔레비전에 세웠다. 셀프 모드로 해놓고 침대 위에 앉아 찰칵, 기념사진을 남겼다. 한두 장으로 끝내긴 서운했다. 곧이어 나도 모르게 유카타를 벗고 알몸이 되었다. 즉흥적으로 여러 포즈를 취해가며 찍고 또 찍고, 카메라를 이리저리 옮겨 놓기도 하며 시간을 잊고 사진 놀이에 빠져들었다.

당시 포르노를 보던 것도 아니고, 섹스나 자위 같은 본격적인 성행위를 해보기도 전이었는데, 그런 발칙한 생각이 어디서 술술 나왔는지 모르겠다. 내 영혼이, 지금 이 순간을 기념하는 성인식을 치르라는 신호라도 보냈었나 보다. 그렇게 처음 스스로를 당당한 '성인 여자'로 느꼈을 때 옷이나 화장, 남의 시선 때문이 아니라 자립감과 해방감에 의해서 나는 알몸을 드러내며 한껏 섹시해졌다. 그리고 그 은밀하게 경이로운 순간을 기록으로 남겼다. 에너지를 한껏 충전하고 떠난 길이라 그랬을까, 배낭여행은 순조로웠다. 아니 실은 통통 튀는 공처럼 발랄하게 사고치고 다녔다. 암스테르담에서, 빈에서, 뮌헨에서 낯선 사람들과 허물없이 어울렸고 베를린에서는 짐 캐리를 꼭 닮은 동유럽 유학생과 3일을 붙어 다녔다. 그와 포츠담의 호숫가 잔디밭에서 첫 키스를 했고 진한 애무를 나눴다. 마치 늘 하던 사람처럼 자연스럽게. 가끔 외장하드 깊숙이 묻어둔 나의 첫 누드 사진 폴더를 열어본다. 지금 봐도 내게 전율을 일으킨다. 흑백으로 찍힌 사진 속 나는 취한 듯 몽롱한 표정과 자연스런 포즈로 스물한 살 여자의 완벽하지 않으나 생생한 곡선들을 내보이고 있다. 거기서 나는 부끄러움도 어색함도 없이 자연스럽다. 포토제닉하지 못한 평소와는 전혀 달랐다. 친한 친구나 애인들에게 그 사진들을 보여준 적이 있다. 친구들과는 페미니즘 동지애를 다지고, 애인에겐 포르노 말고 좀 더 건강한 이미지를 심어줄 수 있을까 해서. "이게 스물한 살 때 너야?" "이거 진짜 셀프로 한 거 맞아? 예술적인데?" 스스로 이룬 해방의 순간에 대한 만끽, 지금 자기 몸에 대한 찬사, 꾸밈없는 욕망과 몰입이 들어간 순도 100퍼센트 섹시함. 내 사진들 앞에서 그들은 뭘 느꼈을까? 물론 성욕을 느꼈단다.

시선에서 자유로워지는 연습

Breaking the Panopticon

스스로 자기 몸을 훨씬 긍정하게 되면 남의 시선에서 자유로워지는 연습도 조금씩 해나갈 수 있는 것 같다. 나는 독일에 오고 난 뒤에 남 앞에서도 과감히 벗을 기회가 자주 생겨서 좋다. 이곳에선 물놀이와 일광욕의 계절인 여름에 호수나 개천에서 완전히 알몸이 된 사람들을 쉽게 볼 수 있다. 일명 FKK Freikörperkultur; 자유로운 몸 문화 라는 고유의 누드 문화가 있기 때문인데, 기독교 문화가 많이 남아 있는 남쪽보다는 북쪽에 더 많이 퍼져 있고, 요즘 세대보다는 중장년층의 생활 양식이다. 지금도 누드 협회라는 시민 연합체가 존재하는데, 예전에는 여기서 잡지도 나왔었다.

다른 유럽 국가가 아니라 법과 제도가 까다로운 독일에 누드 문화가 퍼진 연유에 대해서는 독일인들 사이에서도 의견이 분분하다. 동독 사회주의 당시 개인에게 억압적인 제도와 분위기 때문에 그나마 별 제재가 없었던 공공장소에서의 누드가 사람들에게 심리적 분출구가 되어주었다는 설이 있다. 어떤 사람은 신화로까지 거슬러 올라간다. 독일인들이 자기 뿌리로 간직하는 게르만족 신화에 묘사된 신과 인간들이 그렇게 야성적이고 자유분방하단다. 다른 문화권에서 날아온 나로서는 더 아리송할 따름이지만, 벗을 수 있는 자유가 있는 곳에 사는 혜택은 열심히 누리고 있다. 넌 독일 사람도 아니면서 왜 벗어? 사람들이 뭐라 하든 상관없다. 어디서 어떻게 자랐는지는 좀 접어두고, 나는 이제 벗는다.

지금 내 애인의 독특한 생활 습관도 내게 좋은 자극이 되었다. 애인은 벗길 참 좋아한다. 직장이 격식을 따지는 곳이라 출근할 땐 어쩔 수 없이 셔츠에 청바지를 입고 정장 흉내를 낸다. 허리까지 내려오는 머리도 얌전히 하나로 묶어 넘긴다. 하지만 퇴근하고 집에 들어오면 가장 먼저 옷부터 홀라당 다 벗는다. 계절과 날씨에 무관하게 다 벗어버려야 '퇴근=자유' 공식이 성립된다는 듯이. 평일에도 저러니 주말에는 더하다. 게다가 10대 중반부터 이제까지 속옷, 그러니까 팬티를 아예 안 입고 살았단다. 웃통을 벗는다거나 팬티만 입고 있는 것도 아니고, 홀라당 다 벗고 온 집안을 휘젓고 다니는 게 나는 처음엔 못마땅했다. 나에 대한 예의 따위는 생각 안 하나, 그러다 갑자기 누가 오면 어쩌나, 이웃들이 창문 틈으로 다 보는 건 아닌가 등 집에서도 옷을 입고 있어야 할 이유는 많아 보였다. 물론 그에겐 내가 들이민 이유가 하나도 안 통했다. 그러던 어느 여름날 바깥 기온이 40도에 육박하자 보통은 습하지 않고 그늘에 가면 시원한 유럽 날씨에도 못 견디게 더웠다. 나는 한참 재택근무 중이었다. 일을 빨리 마쳐야 했기 때문에 절박한 마음에 창문을 활짝 열고 냉수 한 잔 떠다 놓고는, 머리부터 발끝까지 다 벗고 컴퓨터 앞에 다시 앉아봤다. 즉시 체감온도가 한 5도는 쑥 내려간 듯 시원하고 가뿐했다. 그날 이후론 나도 집에서 거리낌 없이 벗고 다니게 되었다. 몸이 덥거나 마음이 답답하면 지체 없이 벗는다. 이 문제에 있어서만큼은 그 사람의 '탈인간론'에 완전히 동화되었다. "인간으로 산다는 건 너무 큰 속박 아냐? 도대체 왜 집에서까지 옷을 꼭꼭 챙겨 입고 살아야 해? 그냥 벗어!"

꼭 거창한 뭔가를 해야 한다는 얘기는 아니다. 우리가 일상에서 단 5분이라도 우리 몸, 그 자체에 관심을 갖고 편안히 바라보고, 나아가 탐구하고 긍정할 수 있길 바란다. 이 사회가 어떤 꼼수를 써서 어떻게 우리를 주눅 들게 하든 내 몸은 내 몸이라서 참 귀하다. 이런 마음으로 오늘 당장 목욕탕에 한번 가보자. 넉넉잡아 한 살부터 구십 살까지의 다채로운 몸들을 만나본다. 안 보는 척하면서 다 본다. 왕년에 애 다섯 낳으신 할머니의 잔주름 잡히고 길게 늘어진 배는 한지 공예 뺨치는 예술. 어떤 아기는 허벅지 뒤쪽까지 흩어져 내려간 몽고반점을 가졌는데 꼭 은하수 같다. 또, 가만 보니 모든 가슴 쌍들이 다 짝짝이고, 그래서 재밌다. 내 몸도 이 '아름다운 몸' 행위 예술에 한켠을 빛낸다. 이거 목욕 값 7천 원에 덤으로 받는 예술 테라피네. 올해 누드 사진 프로젝트는 가을쯤, 숲에서 하고 싶다. 벌써 답사도 다녀왔다. 촬영 날은 날씨가 너무 화창하면 안 된다. 날이 좀 흐려야 초록 색감이 선명히 나오고 인적이 드물어 조용하게 자연과 교감을 할 수 있으니까. 비 내리고 난 후면 더 좋다. 촉촉하게 젖은 숲에서 맨발로 땅을 딛고 맨 엉덩이로 숲 바람을 쐴 것이다.

4.
월경, 그 보편적인 몸의 억압
The Universal Oppression on Menstruation

sexuality

이 거대한 사회 문제에 대해 말하기
This is a Huge Social Issue

예외는 있지만 여성 보편의 경험으로는 단연 월경[04]을 들 수 있다. 생물학적으로 그 연장선에 있는 임신, 출산보다 더 많은 사람들이 훨씬 자주 겪으며, 조절이나 통제의 여지는 훨씬 적다. 예전처럼 아이를 많이 낳지 않고, 아예 안 낳기도 하는 현대 여성들에겐 출혈 횟수도 늘어났다. 이 사회에서 **여성 보편의 경험은 여성 보편의 억압**이기도 하다. 몸 해방 프로젝트에서 월경이 아주 중요한 주제

04 사실 생리(生날 생, 理다스릴 리)라는 단어는 여러 신체 작용을 포괄적으로 지칭하는 것이므로 월경(月달 월 經지날 경)이라 부르는 것이 적절하다고 본다. 순우리말로는 '달거리'라는 표현이 있다. 우리 할머니는 이 단어만 쓰셨다. 이 글에서는 대화체 등 특정 맥락이 있을 때만 생리라고 쓰려고 한다.

가 되는 이유다. 어림잡아 세계 인구의 절반이 여성이라 하면, 그중 10~50대에 걸친 또 절반 이상의 여성들이 거의 매달 피를 흘린다. 여기서 인구 통계까지 들먹일 필요는 없을 것이다. 대강 짐작해봐도 월경은 규모에 있어서 거대한 사회 현상이다. 재생산이 인간 사회에도 적용되는 준엄한 명령이라면 그런 측면에서도 월경은 중요한 사회 문제다. 그런데도 그 행위의 주체, 혹은 매개가 여성이기에 이 남성 중심사회의 다양한 공적 영역 어디에서도 비중 있게 다뤄진 적이 없다. 학교 교육은 월경을 언급할 때 재생산 메커니즘과 생식기 기능 위주로 짤막한 지식을 전달할 뿐, 여성들의 관점에서 쓰인 월경의 역사나 지혜는 전혀 언급하지 않는다. 월경에 대한 오늘날의 주류 지식 체계가 – 자궁 내벽의 변화, 배란과 호르몬 분비 등 – 70여 년 전 생리학의 발견에서 크게 나아간 것이 없다는 점, 월경통의 원인 연구나 치료법 개발이 더디다는 것은 보건의료 분야의 현실을 짐작게 한다. 공공 제도와 정책도 부실하다. 여학생 휴게실과 생리휴가가 생겨났지만, '일회용 생리대'는 어느 나라보다 비싸다. 그동안 여성들은 사회에 적응하느라 자기 몸에서는 소외되고 월경과 반목하고 불화해 왔다. 남자들에게 월경이 있었으면? 이 세상은 많은 면에서 완전히 다른 곳이었겠지. 지금보다 훨씬 많은 사회적 인정과 존중, 그리고 실질적인 지원이 따랐을 것이 분명하다.

월경, 하면 나에겐 **자유롭지 못한 것, 억눌러온 것, 참아온 것, 인정받지 못한 것, 불편한 것, 아픈 것**이다. 그래서 억울했던 모습들이 유령처럼 눈앞을 어른거린다. 그런데 우리는 그런 것들에 대해 **말**

하지 않는 것에 너무나 길들여져 있다는 생각이 든다. 그간의 대통령, 정치인, 사업가, 교사, 법조인, 조직의 임원, 의사, 학자 들이 남자라서 월경에 대한 관심과 거기서 비롯된 결과물들 – 담론, 연구, 정책, 제도, 신제품 등 – 이 부족했던 것만은 아니다. 그들 중에 여자가 점점 많아져도 변화는 느리기만 했다. 그녀들도 분명 열에 아홉은 매달 피를 흘렸을 텐데, 그러면서 아프고 불편했을 텐데도 자기 자리에서 자신의 다양한 자원으로 월경 문제를 위해 활동하는 사례는 그동안 적었다. 다른 모든 여성과 마찬가지로 아무 말 않고 묵묵히 월경하는 것에 더 익숙했다. 물론 수적인 열세와 경쟁, 조직의 문화와 시스템 탓도 컸겠지만. 이제 다른 모든 문제와 마찬가지로, 월경에 대해서도 우리 여자들이 더 말해야 한다.

2016년 7월, 언론에도 보도된 일명 '생리대 퍼포먼스'는 작은 규모에도 불구하고 화제를 일으켜 인터넷상에서 엄청난 댓글 전쟁이 일어났다. 독일에서 기사로 접한 첫인상은 '진짜 통쾌하다', '끝내주는 인포그래픽 캠페인이다'였다. 월경 일별로 쓰이는 일회용 생리대들을 일렬로 쭉 걸어놓고, 진짜 피처럼 리얼한 붉은 물감을 칠하고, 거기다 가격 비교표와 지출액 산수까지. 어림잡은 평균치이긴 하지만 생리로 인한 출혈이란 게 얼마 동안 얼마큼 일어나는지, 경제적으론 어떤 의미인지, 월경을 둘러싼 중대한 현실의 한 측면을 잘 보여줬다. 이 퍼포먼스는 또한 소통의 문제를 부각시켰다. 도대체 어디서부터 어떻게 알리고, 이해시키고, 설득하고, 협상해야 할지, 어떠한 방식으로 말을 걸지 여자들은 그동안 막막했다. 가령 생필품인 일회용 생리대 가격이 너무 비싸 여성들에게 불평등한 경제적 부담이 된다는 논의는 예전부터 있었다. 충분한 여론몰이와 정책적 결과물이 안 따라왔을 뿐. 이번 퍼포먼스 때에는 사정이 달랐다. 페미니즘이 이슈로 대세였던 데다가, 직설화법인 이 캠페인은 누구도 안 보고 지나칠 수 없게 눈길을 확 끌었다. 많은 댓글은 이 퍼포먼스의 방법을 비난했다. 취지에는 공감하겠는데 왜 꼭 저렇게 자극적인 방법을 써야 되냐, 자기가 보기에도 더러운 생리혈을 왜 전시까지 하냐, 오히려 반감을 일으킨다 등등. 그러나 지지하는 댓글들이 더 압도적이었다. 불결하든 아니든 이것이 현실이다, 보편적인 생리 현상인데 더럽다고 비난하는 것이 몰지각하다, 남자들의 무지를 이렇게 해야 겨우 깰 수 있다 등. 소통의 방식은 앞으로 갈수록 중요한 논점이 될 것이다.

나는 이야기의 힘을 믿는다. 어떤 이슈에서든 여성들이 우리의 이야기를 좀 더 많이 세상에 내놓아야 한다고 믿는다. 가장 개인적인 것이 가장 정치적인 것이라고, 특정 사회, 문화권, 공동체의 맥락 속에서 여성들이 실제 살아낸 삶을 그려낸 **구체적이고 생생한 내러티브**들이 전면에 등장해야 한다. 이를 통해 여자들끼리는 공유 기반을 찾아 함께 정치적 행동을 디자인할 수 있다. 또 우리가 궁극적으로 이해와 협력을 이끌어내야 할 대상으로서의 남성들, 수많은 차이와 차별로 인해 철저한 타자인 남성들, 그들이 가는 곳마다 촘촘한 이야기의 그물을 내려서, 듣지 않고 읽지 않고 말하지 않고는 빠져나갈 수 없도록 해야 한다. 그런 의미에서 써본다. 나의 16년 유혈사史, 아니 월경사를.

초경부터 월경사 1기: 10대의 고난

Her-story Part 1: My Menarche and Teenage Years

열한 살 무렵이었던 것 같다. 학원 끝나고 어둑어둑해진 때, 집 앞 놀이터에서 처음 본 아이와 시소놀이를 하고 있었다. 몇 번을 신나게 방아 찧었을까. 아뿔싸, 건너편에 저 녀석이 예고도 없이 위에서 훌쩍 뛰어내려 버렸다. 꽝! 너무 아팠다. 거기를 부여잡고 한참을 아득히 끙끙거렸다. 집에 돌아와 샤워를 하고 누웠는데 빨래 더미를 보던 엄마의 비명이 들렸다. “너 벌써 생리 시작했니? 아이고, 이렇게 일러서 어쩜 좋아!” 잠시 어리둥절하다가 이내 알았다. 시소에서 바닥을 세게 부딪치고 아팠던 거기서 피까지 났구나. 음순 안쪽이 제법 크게 찢어져 있었다. 자초지종을 들은 엄마는 안도의 한숨을 쉬며 연고를 꺼내줬다. ‘가짜 초경’ 해프닝이었다.

진짜 초경은 2년 뒤 어느 날 예고 없이 왔다. 올 법할 때 왔건만 엄마는 이번에도 탄식, “아휴, 이제 너도 시작이구나. 키는 다 컸다. 언니 하는 것 봐서 다 알지?” 선홍빛 혈이 힘차게 터져 나오자 통증도 따라왔다. 허리와 골반이 욱신거리고 질은 밑으로 빠질 듯 뻐근하고, 아랫배는 살살 꼬였다. 어디선가 본 적 있다. 온 가족이 파티를 하는 장면. 초경은 이제 여자가 됐다는 반가운 신호라며 아빠가 케이크를 사온다. 그건 현실감이 한참 떨어지는 가족 드라마였나 보다. 우리 집에선 아무도 기뻐하지 않았다. 파티는커녕, 약 서랍에 간신히 하나 남은 타이레놀을 삼키고 전기장판에 눕는 것이 조촐한 초경 기념이었다. 한 가지 우스운 일화도 있다. 하루는 언니가 화장실에 가는데 따라 들어갔다. 언니는 내 앞에서 생리대를 갈며 퀴즈를 냈다. “너, 이거 한번 맞춰 봐. 생리할 때 피 나오는 거 느껴지게 안 느껴지게?” 초경이 오기 전인 내가 그걸 알 리가 없었다. 나는 곰곰이 생각하다 그냥 찍었다. “안 느껴져. 맞지?” 하지만 웬걸. 안 느낄 수가 없는 거였다. 이른바 ‘굴 낳는 느낌’. **온몸으로 통증을 전파하며 자기 존재를 마구 발산하는 것**, 그게 월경이었다.

나는 중·고등학교를 교복 입는 남녀공학에 다녔다. 한창 풋풋한 사춘기여서 그랬는지, 거르지 않고 매달 꼬박꼬박 대용량 월경혈이 나왔다. 출혈 중에도 쉬지 못했다. 진통제 삼키고 하루 열두 시간 책상에 앉아 있기를 계속했다. 교복 치마 밑에 나일론 스타킹, 쫀쫀한 속바지까지 입어 늘 통풍이 잘 안 되었고, 운동 부족에 만성 피로였는데도 월경이 꾸준했다는 게 지금 생각해보면 기특한 일이다. 하지만 혈액 순환이 제대로 안 되고 있다는 신호는 있었다. 첫째 날 생리대엔 보통 검은색에 가까운, 무슨 진액처럼 말라붙은 피딱지가 붙어 있곤 했다. 기간도 5일을 꼬박, 특히 2~4일째엔 양이 아주 많아서 생리대 중형 사이즈를 두세 시간 만에 갈아도 흠뻑 젖어 있었고 새기도 잘 샜다. 여름철엔 습도와 통풍 관리가 더 안 됐고, 쓰던 생리대의 재질도 표백한 합성 섬유라 끝날 무렵엔 늘 회음부에 피부 발진이 생겨 있었다. 벌겋게 두드러기가 돋고 따갑고 쓰렸다. 그런데도 ‘건강한 월경’에 대한 문제의식은 별로 없었던 것 같다. 몸과 마음이 각종 고사와 입시 준비의 노예가 되어 있었으니까. 생리대와 진통제는 엄마가 구비해 놓으셨다. 우리 집은 딸 셋, 한때는 가족 다섯 중 네 명이 매달 피를 쏟았으니 엄마는 생리대 사 나르기 바빴다. 마트 갈 때마다 세일 중인 신제품이든, 베스트셀러 감사 세일이든, 특별기획 세트든 하여간 제일 싼 걸로 왕창 사다가 화장실 벽장을 채워놔야 했다. 브랜드 충성도는 제로, 오버나이트와 중형, 이 두 가지 사이즈이기만 하면 됐다. 그 때문에 나는 시중에 나온 생리대란 생리대는 거의 다 써본 것 같다. 여러모로 월경은 그저 고역이었다. "야, 너 생리 샜어!" 옆 친구의 경악하는 속삭임. 학창 시절 여학생들 사이에서 제일 공포스러운 말 중 하나 아닐까.

월경사 2기: 진통제 쇼핑과 무수카페인

Her-story Part 2: Pain Killer Shopping and Caffeine

대학에 가고 참 바빠졌다. 하고 싶은 것도 해야 할 것도 많았던 때. 학교 공부 말고도 동아리 활동에, 아르바이트에, 세미나와 집회에도 다녀야 하는데 월경일이 닥치면 짜증이 났다. 하지만 까짓 거 인심 쓰는 셈 치고, 반나절쯤 쉬곤 했다. 진통제 먹고 전기장판에 누워 한숨 자곤 생리대를 넉넉히 챙겨 또 밖에 나갔다. 이 무렵에 '진통제 쇼핑'을 했다. 이부프로펜, 아세트아미노펜, 진경제 등 다양한 성분의 약들을 두루 먹어보고, 효과가 빠르면서도 속 쓰림이나 소화 불량 같은 부작용이 없는 걸 찾고 싶어서였다. 여성전용 진통제라며 새로운 브랜드가 광고되면 솔깃해서 그것도 사 먹어봤다. 그런데 어느 날, '여성전용'이라 이름 붙은 진통제들엔 무수카페인(물 분자가 빠진 인공 카페인)이 공통적으로 들어 있다는 걸 알게 됐다. 진통 작용을 촉진시키고 지끈거리는 두통을 없애주는 효과를 위해 들어 있다는데, 어쨌든 카페인이었다. 몸을 둔감하게 하는 것과 민감하게 하는 것, 상반된 성분을 같이 먹는 셈이라, 먹었을 때 진통 작용만 오는 게 아니라 기분이 들뜨고 흥분되기도 했다. 출혈량이 많고 분명 몸이 지칠 텐데 약 때문에 피곤한 줄도 모르고 야근을 할 정도였다. 깜깜한 밤이 되어서야 녹초가 된 몸으로 이불에 누워 가만 생각해보니, 좀 화가 났다. 왜 굳이 진통제에 카페인을 넣어 팔까. 월경일 동안에 힘든 게 당연하고, 그래서 좀 쉬엄쉬엄 지내야 하는데. 진통제에 카페인을 '끼워 파는' 관행이 어떤 강요처럼 느껴졌다. 월경 출혈로 인한 고통을 덜어보려고 약을 먹는 여성을 은근슬쩍 각성까지 시켜 평소와 똑같이 기능하게 하는 강요. 생리 중이라고 힘든 티를 내는 여직원, 생리 중이라고 체육 시간에 뛸 수 없는 여학생, 생리 중이라고 신경이 날카로운 여자 친구를 원하지 않는 이 사회 집단 무의식의 산물로 느껴졌다. 게다가 무수카페인은 천연카페인보다 중독성이 강하고 장기 복용하면 부작용으로 만성 두통이 생길 수 있다는 얘기도 들었다. 젠장 할. 나는 결국 다른 첨가성분 없는 400미리그램의 이부프로펜 한 알에 물 한 컵으로 결론을 내렸다.

이 시기에 본격적인 페미니즘 공부를 시작하면서, 월경에 대해 좀 다른 시선과 태도를 가져보려 애쓰기도 했다. 월경일을 마냥 부정하고 혐오하는 것이 싫어서 '붉은 마차를 탄 생명의 여신이 오는 날'이라는 나만의 존칭(?)을 정해 불렀고, 배란통, 월경통에 대비해 스트레칭이나 가벼운 운동에 신경 썼다. 월경일 동안의 불편과 고통에 대해 주변에 적극적으로 알리고 도움을 요청하길 꺼리지 않게 됐다. 남자들이 있는 자리에서도 월경통에 대해 얘기하고, 공강 중에 애인의 자취방을 빌려 휴식을 취한다거나, 친구들에게 지압과 마사지를 청하는 등, 사소한 것이었지만 나름대로 열린 소통을 시도했달까. 반면, 면생리대의 장점은 익히 알았음에도 사용하지는 않았다. 멀리 통학하던 내겐 피 묻은 천을 종일 가방에 넣고 다니고 집에 가면 또 그걸 빨아야 한다는 게 별로 달갑지 않았다. 엄마가 사놓은 생리대에 의존하고 이 귀찮은 '한 달에 5일'이 더 빨리 지나가라고 바쁘게 돌아다녔다. 여전히 월경이 삶의 우선 이슈는 아니었다. 친구들과는 때로 '아, 진짜 그냥 생리 아예 안 했으면 좋겠다. 어차피 애도 안 낳을 것 같은데.' 월경통이 정말 심한 애들은 생각도 과격해져서 아예 자궁을 드러내는 수술을 해버리는 게 낫겠다는 말도 할 정도였다.

직장 생활과 진로 고민으로 스트레스가 많던 졸업 이후엔 월경주기에 이상이 오기도 했다. 보통 주기는 32일쯤 되고, 그 전후로 곧 시작한다는 증상이 있는데도 35일에서 40일이 지나도록 지연되곤 했다. 그렇게 차일피일 늘어지며 언제 할지 모르니 아슬아슬. 생리대를 항상 가지고 다녀야 하고, 여행 계획을 세우기도 어려웠다. 출근하기 전 새벽 혹은 주말에 마침내! 출혈이 시작되면 황송할 지경이었다. 산부인과에선 다낭성 난소증후군 때문이라는 낯선 진단을 내렸다. 난소에 난포(난자가 들어 있는 주머니)가 비정상적으로 많이 발달해 있어 배란 장애를 일으키는 질환인데, 당시엔 처음 들어보는 병명에 가슴이 철렁했다. 하지만 의사선생님은 대뜸 비만 여성에게 많이 나타나는 질환이니 살을 빼라고 했다. 누가 봐도 마른 체형인 나에게 무성의한 처방이었다. 게다가 그 사람은 발병 원인을 따져보거나 주의할 점, 연관 질환의 가능성 같은 것은 전혀 알려주지 않고, 임신 계획이 없다는 내게 난임이 될 수 있다는 경고만 늘어놓았다. 나는 직장 생활이 바쁜 여성으로서 원활하지 않은 월경이 불편하고 걱정되어 찾아간 것이지 임신과 출산은 전혀 관심 밖이었는데도 말이다. 병원 진료가 결국 전혀 도움이 되지 않았다. 요즘엔 산부인과를 여성건강의학과라고 부르는 추세다. 여성의 몸을 단순히 임신과 출산이라는 기능 차원에서만 바라보는 시각에서 벗어나자는 의도인데, 내가 만난 의사에게는 이런 의식이 한참 부족했던 것 같다.

이때는 불규칙한 월경일 전후로 질염도 잘 생겨서 생리대나 탐폰, 진통제, 진균제, 좌약, 연고를 분주히 오가는 수난 시대이기도 했다. 잦은 야근, 장시간 에어컨 노출, 만성 피로 같은 게 면역력을 떨어뜨리고 몸을 차게 했을 거라 생각된다. 하지만 나는 직장에서 월경을 이유로 쉬엄쉬엄 일할 수도, 보건휴가라는 이름으로 존재하는 무급 생리휴가를 마음껏 쓸 수도 없는 보통의 현실 속에 있었다. 정말 그냥 보통의 이야기다. 수많은 여성이 나처럼 몸에 거부 반응이 있어도 '청결'을 위해 탐폰을 쓰고 '성실'을 위해 진통제를 꿀꺽하고 임무를 수행한다. 한 3일 연속 대여섯 시간 간격으로 진통제를 두 알씩 삼키는 릴레이를 하다 보면, 어느새 몸은 무감각한데 정신은 막 갈아 끼운 형광등처럼 쨍한 상태가 되었다. '내가 이렇게 피를 많이 흘리고 밥도 제대로 못 먹고도 여덟 시간을 서서 강의했는데 아직도 안 쓰러졌다니.' 감탄이 나올 지경. 배란일 전후와 월경일 전에 나타나는 여러 증상들이 점점 심해지고 있다는 자각이 있었지만, 거기까지 신경 쓸 여유는 없었다. 진통제로 월경통을 잠재울 수 있다는 걸 다행으로 여기고 그냥 앞만 보고 직진했다.

월경사 3기: 월경전증후군과 이념 전쟁

Her-story Part 3: PMS And an Ideology War in My Head

20대 후반에 접어들어 직장 생활을 중단하고, 독일로 이주해 대학원에 진학했다. 유학은 좋은 구실이었고, 실은 삶의 방향도, 스타일도 크게 바꾸고 싶었다. 한국에서 독일로 간 것도 큰 변화인데, 게다가 서울이라는 메가시티에서 인구 1만 명의 시골 마을로 급진적인 이사를 했다. 덕분에 자연 가까이에 살게 되었고, 집도 아파트가 아닌 넓은 이층집을 구할 수 있었다. 고정적인 수입이 없어지니 경제적으로는 당장 쪼들리게 됐지만, 시간과 공간 그리고 마음의 여유가 생겼다. 늘 마음뿐이었던 창조적인 취미 생활, 이를테면 밴드 연습, 공예, 텃밭 농사 같은 것들이 가능했다. 월경에 있어서도 마찬가지. 시간과 노력을 더 쓰기 시작했다. 열심히 알아봐서 월경컵을 구하고 면생리대도 빨아 쓰고, 무엇보다 월경통을 해결해보려 이것저것 시도했다. 그동안 천덕꾸러기 취급하던 월경에 관심을 갖고 뭐랄까, 화해를 청해본 것이다. '그동안 미안했다, 앞으로 잘해보자.' 월경일 1일차에는 되도록 종일 쉬기로 했다. 정해진 약속이 있으면 미뤘다.

온찜질, 마사지, 스트레칭, 따뜻한 음식을 챙기고, 한의학 수련 중인 애인에게 침과 한약도 처방받았다. 목표는 죄책감 없이 스스로에게 온전히 생리휴가를 주는 것, 그리고 진통제를 먹지 않아도 될 정도로 월경통이 줄어드는 것이었는데, 꽤 많이 달성했다.

하지만 복병은 배란일과 월경일을 중심으로 여러 신체적, 정서적 증상들이 점점 심해진다는 것이었다. 이른바 월경전증후군Pre-menstrual syndrome; PMS 문제였는데, 내 경우 우울감, 다리 부종, 소화 장애, 요통, 두통, 피로가 주된 증상이었다. 이 중에서도 우울한 게 제일 불청객이었다. 월경주기 호르몬 변화로 인해 주기적으로 우울을 겪는다는 게 생활에 얼마나 큰 영향을 주는지는 여자들끼리 조금만 대화해보면 금방 공감대가 형성된다. 월경일이 지나가고 이제 좀 살만 하면 배란일이 다가와 배란통 때문에 신경 쓰인다. 지난달의 슬럼프를 겨우 극복하고 아직 다음 월경일은 멀었으니, 이제 좀 사는 게 즐겁다 싶은데 또 우울해진다. **밑도 끝도 없이 아득히 우울한** 나머지, 우울한 이유가 호르몬 때문인 것을 잊고 인생을 비관하고, 우울하다 보니 평소의 자신감이나 자기긍정, 객관적인 판단이 안 된다. 그저 막연히 모든 게 잘못되어 가고 있고 나는 아무것도 아니고 앞으로도 아닐 실패자, 이번 생은 망했어, 같은 느낌. 평소 좀 불쾌하고 석연치 않았지만 깔끔하게 못 넘기고 지나간 일들, 주로 인간관계에서의 서운함과 의혹이 강렬하게 존재를 드러내는 것. 매사 의욕이 없어지고 집중력도 떨어지니 평소에 잘 해낼 일도 버겁고 무엇보다 '나는 왜 이렇게 멘탈이 약할까'라는 자괴감도 심해진다. 어쩔 수 없는 호르몬의 영향인데도 원치 않는 감정 기복과 부진을 자기 탓으로 돌리게 되는 것이다. 빠져 나오기 힘든 덫과 같은 이 무한반복 사이클. 대체 해결책은 없는 건지!

그러던 어느 날, 피임약이 월경통도, 월경전증후군도 개선시키는 작용을 해서 '치료제'로 처방되기도 한다는 얘기를 어디선가 들었다. 나는 여태까지 피임약을 먹어본 적이 없었다. 인위적으로 호르몬을 조절하는 것에 대한 거부감이 있었고, 성기 결합 섹스를 잘 안 했기 때문에 별로 필요하지도 않았다. 더구나 나는 월경전증후군이 '만들어진 질병'이라는 입장에 동조하고 있었다. 새로운 수입원이 필요한 다국적 제약 회사들과, 치료할 질병이 많을수록 그 권력도 공고해지는 의학계의 합작 발명품, 현대인이 조심해야 할 또 하나의 증후군. 여자의 몸은 월경과 호르몬의 작용으로 임신이 아니더라도 끊임없이 변하게 되어 있고, 그런 맥락에서는 월경통이나 우울감도 예전부터 존재했던 생리 현상이다. 에스트로겐과 비슷해서 몸을 교란시킨다는 환경 호르몬을 염려해서 플라스틱 통이나 컵라면 용기를 피하는 나를 보고 엄마는 "그런 것 하나도 안 쓰고 다들 순면 기저귀천 받치고 다니던 나 처녀 때도 생리통은 심하기만 하더라. 진통제도 구하기 힘든 우리 엄마, 할머니 때는 아파도 다 참고 살았다"고 하신 적 있다. 오늘날 여자들이 월경에 부정적인 영향을 주는 심한 스트레스나 각종 오염 물질에 많이 노출되어 있다는 것은 맞다. 분명 예전보단 월경 문제, 자궁 질환, 유방암 같은 게 흔해졌다. 하지만 월경 때문에 힘든 게 **새삼스런 일은 전혀 아니라는 말**이다. 게다가 월경전증후군을 처음 상식으로 퍼트린 사람들은 생활 습관을 바꾸라는 말은 잘 안 한다. 그들은 약을 판다. 그 약이 효과가 백발백중인 근본적인 치료제도 아니다. 그렇게 원래부터 있던 현상에 그럴듯한 이름이 붙자, 너도 나도 이 병을 앓는 환자가 되고 마그네슘과 오메가3가 들어 있는 평범한 영양제는 'PMS 치료제'로 둔갑해 시장에 나오는 것이다.

우스운 건 이렇게 짙은 회의감을 품은 나 역시 흔들렸다는 것. '다 마음에 안 들지만… 약을 먹으면 어쨌든 좀 낫다잖아? 안 아픈 게 제일이지.' 일상에서 계속되는 집요한 불편과 고통 속에서 정치적 입장을 오롯이 지키긴 어려웠다. 내 머릿속에서 **일종의 이념 전쟁**이 나는 것 같았다. 일과 사회적 성취가 중요한 현대 여성으로서 매일 경쟁과 압박에 시달리는데 기술의 진보 덕분에 월경을 좀 편하게 치를 수 있다면 그걸 당당히 누리자는 모더니스트modernist들의 목소리와, 여성의 몸과 자율성을 통제하는 가부장적 의학 기술은 거부하고, 여성성의 근원과 자연적인 리듬을 지키자는 사이클리스트[05]들이 내 머릿속에서 치열하게 싸우고 있었달까. 세 달여의 이념 전쟁 끝에 승

05 cyclist; 사이클리스트는 미국의 여성 SF작가 코니 윌리스Connie Willis의 단편 〈여왕마저도Even the queen〉(1993)에 나오는 개념이다. 이 소설에서는 근 미래, 여성들이 단결하여 '해방'을 이뤘다. 체내 삽입하는 '회피 장치'와 자궁 내벽을 흡수하는 약물 '암메네롤'이 일반화되어 여성들이 월경을 안 하는 사회가 된 것. 줄거리는 20대 초반의 딸이 호기심에 월경하는 여성들의 운동단체인 사이클리스트에 가입하자 월경 해본 윗세대 여자들-할머니, 어머니, 시어머니-이 다 나서서 뜯어말린다는 내용이다.

자가 나왔다. 나는 결국, 병원에 갔다. 새로운 의사를 찾았다. 독일에서만 두 번째 의사. 나는 본래 경청하고 공감하는 의사가 좋은 의사라는 기준을 갖고 있었고, 산부인과에 대한 기준은 더 까다로울 수밖에 없다. 두 다리 쫙 벌리고 차가운 쇠기구에 보지, 질, 자궁을 내줘야 하는 굴욕의 진료대가 있는 곳이니까. 하지만 한국에서도, 독일에서도 아직 기다리는 그분을 만나지 못했다. 이번에 만난 선생님은 내가 문제를 하소연하는 동안, 내 눈이 아니라 모니터를 보면서 추임새만 좀 넣다가 말을 중간에 자르고는 "그래서 지금 피임약을 원하는 거죠?"라고 확인했다. 짜잔, 프로게스테론만 있는 피임약 3개월 치를 처방해줬다. 이 약을 먹으면 자궁내막 발달 및 임신 호르몬인 프로게스테론의 영향으로 내 몸은 임신 중이라고 착각해서 세 달간 출혈이 없을 거라고 했다. 그 다음에 에스트로겐도 같이 들어간 복합제를 6개월 정도 투여하는 게 계획이었다. 그리하여 나도 작은 알갱이와 화살표가 잔뜩 그려진 판을 처음으로 갖게 되었다.

그 피임약을 먹기 시작하면서 월경이 없으면 얼마나 편할까 내심 기대했는데, 사실 여러 부작용이 나타나 곤란을 겪었다. 우선 세 번의 부정기 출혈이 있었다. 체내 에스트로겐 수치가 인위적으로 낮아지면서 오는 소퇴성 출혈 breakthrough bleeding 로 의심이 됐다. 월경통과 똑같진 않았지만 질 입구가 타오르는 느낌, 두통, 피로 증상과 함께 일주일씩이나 소량의 피가 계속 나왔다. 또 눈에 띄게 성욕이 줄었다. 결코 바라던 일이 아니었다. 배란기 때 한창 달아오르고 또 월경이 끝나갈 무렵 몸이 근질거리던 그 감각이 그리웠다. 생전 처음 먹는 호르몬 약이라 몸이 적응하는 데 시간이 걸릴 거라 예상은 했다. 부작용을 전혀 예상 못한 것도 아니었다. 병원에서 준 쪽지도 약 설명서도 꼼꼼히 읽었다. 그런데도 막상 닥치니 영 꺼림칙했다. 첫 만남에서 전혀 신뢰가 가지 않았던 의사선생님을 찾을 마음도 안 들었다. "그 정도 부작용은 흔해요. 괜찮아요" 같은 말에 실망하고 싶지 않았다. 가장 큰 불만은 **몸과의 연결이 끊어진 듯한 감각**. 약을 안 먹을 때는 괴롭긴 해도 내 몸의 월경주기와 호르몬 작용에 대해 직관적인 이해와 통감을 할 수 있었다. 아침에 일어나서 그날따라 유난히 머리가 무겁고 허리가 뻐근하면 '아 곧 오겠구나' 했고, 월경일 동안에는 날짜가 지남에 따라 컨디션이 비 그친 하늘처럼 차츰 호전되는 것을 몸 구석구석에서 느꼈다. 덩달아 마음도 밝아지고 삶의 의욕과 흥이 되살아났다. 반면 외부적인 요인, 합성 화학 호르몬에 의한 작용은 몸은 느껴도 머리로 언뜻 해석이 안 되고, 머리로 아는 바로는 이래야 하는데 몸에선 다른 반응이 와 혼란스러웠다. 나는 6개월 더 해보기로 한 피임약 복용을 중단했다. 피임약, 만나자마자 안녕.

월경사 4기: 월경과 호응하는 마음

Her-story Part 4: Reconciliation with Menstruation

스물다섯 살 때였나, 퇴근길에 플랫폼에서 벤치에 놓인 신문을 읽으며 지하철을 기다리는데 갑자기 눈물이 북받쳤다. 사회면에 난 기사들을 읽는데 너무 감정 이입이 된 것이었다. 물론 사회면은 대체로 불행한 사건, 사고, 문제 들, 억울하고 가엾은 사람들의 이야기 투성이라 얼마든지 슬퍼질 수 있다. 그런데 그땐 뭔가 달랐다. 기사에서 서술한 내용이 영화처럼 머릿속에서 입체적으로 펼쳐졌다. 불탄 집 앞에서 망연자실 통곡하는 사람들, 빨간 띠를 두르고 임금 인상 집회를 여는 노조원들, 보조금이 부족해 늘 라면으로 끼니를 때우는 노인들, 열악한 사회복지관 놀이터에서 외롭게 부모를 기다리는 아이들…. 건조한 기사체 행간에서 사람들의 얼굴과 말소리가 들리는 듯했고, 기사에 적히지 않은 이면까지 훤히 꿰뚫어 보이는 듯했다. 러시아워의 숨 막히는 지하철에 올라탄 뒤에도, 바짝 붙어선 사람들의 퀴퀴한 땀 냄새가 아니라 머릿속 이미지에 나는 오래 신경 쓰고 있었다. 그때 나는 월경 호르몬 때문에 우울한 상태였다. 그런데 우울한 것 말고도 내 마음 상태는 평소와 달랐다. 다른 게 싫지 않았다. 상상력과 공감력이 많이 높아진 상태가 뭐랄까, 뛰어난 능력으로 여겨졌다. 월경에 따른 심리적 영향이 꼭 부정적이지만 않다는 자각을 처음 또렷하게 했다.

더 나은 월경을 한참 고민하는 동안에 나는 이 기억을 떠올리며 **월경주기에 따른 마음의 변화**를 주의 깊게 관찰하면서 일관된 특징을 발견했다. 배란일 전후엔 성욕만 왕성한 게 아니라 전반적으로 마음이 들뜨고 기분이 좋다. 평소의 자기검열이나 비판이 느슨해지고 새로운 아이디어를 낙관적으로 보게 된다. 그래서 평소에 막히던 기획안이나 큼직한 계획들이 잘 풀려나온다. 월경일 일주일 전쯤부터 월경 1~2일차까지는 여러 가지 몸의 통증과 함께 마음도 우울하고 비관적이고 자신감이 좀 내려가 있다. 바로 많은 이가 호소하는 월경전증후군 증상에 해당한다. 하지만 이 시기의 장점도 분명 있다는 게 중요하다. 우선 감수성이 훨씬 우세해져 감성적인 표현에 유리한 시기이기도 하다. 한 편의 글을 쓰는 과정을 예로 들면, 이 시기에 잘할 수 있는 작업은 논리력이 필요한 개요 구성, 자료 조사, 퇴고보다는 구체적인 묘사와 서술, 대화체 부분이다. 꼭 창작을 하지 않더라도 상상력과 공감력이 좋아진 상태라서 일상에서 세상과 관계에 대한 더 넓은 이해와 직관을 발휘할 수 있다. 감성을 울리는 영화나 음악도 이 시기에는 더 몰입해서 느낀다. 월경 3일차부터는 머릿속이 눈에 띄게 맑아지는 느낌이 든다. 논리력과 집중력이 좋아져서 갑자기 더 똑똑해진 듯이 주장하는 글쓰기나 암기 공부, 토론과 분석 작업이 잘된다. **낡은 피를 버리고 새로운 피가 돌며** 온몸이 가뿐하고 마음도 명쾌해진다. 그 기쁨을 누리며 다음 주기로 또 넘어온다. 이 놀라운 발견을 하며 나는, 태어나 처음으로 월경을 한다는 것이 좋은 일로 느껴졌다! 월경이라는 여자 몸의 현상에는 사실 다양한 결이 있고, 이를 잘 이해하고 활용하면 특별한 능력이고 강점이 될 수도 있다고, 처음, 느꼈다. 16년 동안 매달 피를 흘리면서 솔직히 월경을 '내 몸에 걸린 저주'라고 여기기도 여러 번. 어찌 저주가 아니리. 교회에선 창세기를 근거로 출산의 고통을 원죄의 대가라고 배웠다. 교활한 뱀과 공모해 인간을 타락에 빠뜨린 이브에게 "아이를 낳는 고통을 겪게 하리라"며 하느님 아버지가 내린 벌. 학교에서 배운 월경의 존재 의의는 아기를 생산하는 시스템의 일부라는 것뿐이었다. 고통스런 출산을 안 할 땐 고통스런 월경으로라도 죗값을 치르라는 이치인가.

내겐 그렇게 다가왔다. 애 한둘 낳고 나면 생리통은 대부분 없어진다는 얘기도 가끔 들었다. 나는 반문했다. 그런데 애 낳고 나면 산후후유증이 오래간다며. 게다가 낳은 애를 평생 책임져야 하잖아. 생리통 없애자고 애를 낳아? 혹 떼려다 붙이는 거지. 여자의 비밀이니 마술이니, 엄마가 될 여자에게 내린 신의 축복이니, 그런 미화하는 말들도 다 싫었다. 그랬던 나는 이제 자발적으로 월경을 다시 보게 됐다.

5.
월경을 중심으로 몸과 마음을 튜닝하자

Tuning Our Mind and Body with Menstruation

sexuality

월경이 주는 마음의 힘

Menstruation and Power of Mind

월경은 40여 년간 거의 쉬지 않고 내 몸에서 되풀이되는 현상이다. 한 달에 며칠 피 흘리는 게 다가 아니다. 그 이름에 나오듯, 달처럼 기울었다 차오르고 썰물과 밀물처럼 계속된다. 이 복잡미묘한 현상에 대해서 우리는 얼마나 알고 있을까. 아니 **얼마나 모르고 있는 걸까.** 월경과 직접적으로 관련 없는 남자들은 그렇다 치고, 여자들은 남자들이 주도하는 이 사회에 태어나 살기 때문에 무관심하고, 무감각하고 무지하도록 사회화되었다는 생각이 든다. 게다가 요즘엔 많은 사람이 커피, 콜라, 초콜릿, 차와 같은 카페인 없이는 일상생활이 아예 힘든 '약물 중독' 상태다. 우리 몸은 줄곧 억지로 흥분되고 깨어 있다. 생활 리듬은 각자의 몸 상태나 특성이 아니라 산업화된 사회의 다양한 규칙, 특히 학교와 직장의 시간표에 따라 구성된다. 하루, 일주일, 한 달의 일과는 시험이나 프레젠테이션, 마감과 출장에 따라 정해지는 것이고 그 사이에서 월경은 그냥 피할 수 없는 장애물이다. 우리는 쉴 때도 월경이 달갑지 않다. 겨우 얻은 금쪽같은 휴가엔 월경 같은 불편과 고통 없이 최대한 효율적으로 놀아야 하기 때문이다. 호르몬 변화로 인해 기분이 변화하더라도 그 영향을 압도할 정도로 바쁘기 일쑤고, 각종 읽을거리와 볼거리가 넘쳐나기 때문에 스마트폰만 있으면 좀 심심하거나 우울해도 시간이 잘 간다. 그렇게 이 사회에서 살아남아야 하는 여성들 스스로도 월경을 억압하고, 무시하고, 미워했다.

이렇듯 서로 어울리지 않는 월경과 생활 습관을 어떻게 공존하도록 할 것인가. **월경과 어떻게 화해할까.** 우리는 월경을 삶의 중심에 놓고, 몸과 마음을 서로 잘 튜닝하기 위한 고민과 실천을 할 수 있다. 먼저 월경에 따른 마음의 변화를 일과 생활을 방해하는 요소가 아니고 반대로 도움을 주는 요소로 바라보는 발상의 전환이 필요하다. 책상에 주로 앉아 있는 사무직이든 몸을 많이 움직이는 기능직이나 창작 활동이든 간에 모든 일은 수행하는 사람의 능력에 따른 것이다. 능력은 나중에 결과물로 입증되지만 그 자체로는 눈에 보이지 않는 **마음의 힘**이다. 이 마음의 힘을 여러 가지로 분류해서 이름을 붙인 것이 창의력, 분석력, 정확성, 추론력, 표현력, 소통능력 등이라고 볼 수 있다. 이러한 다양한 '마음의 능력'을 우리 모두 가지고 있는데, 그중 사람마다 더 많이 가진 것이 있고 적게 가진 것이 있다. 한 사람 안에서도 여러 능력들 간의 차이가 고정된 것은 아니다. 교육을 통해 향상되고 나이가 들면서 바뀌고, 생활환경이나 인간관계, 하는 일과 관심사에 따라 끊임없이 달라진다. 나는 월경이 이러한 변수들 중 하나로 우리 여성들에게 주어진 것으로 인식한다. 따라서 지금 내가 하는 일, 그 일에서 내가 원하고 필요로 하는 능력, 월경주기에 따른 마음 상태, 이 세 가지를 잘 맞출 수 있다면 매사가 보다 편안하고 효율적이기까지 할 수 있다고 믿는다. 배우들은 종종 다양한 배역을 연기하며 다른 인물이 되어 다른 삶을 살아보는 것이 좋다고 말한다. 어쩌면 이와 비슷하게, 우리 여자들은 한 달에도 몇 번이나 변화하는 몸과 마음 상태를 겪으면서 그만큼 **생각과 감정, 삶의 리듬과 경험도 다양하게** 갖고 있는 것은 아닐까.

월경 중심의 몸-마음 튜닝법

1. 월경주기 4단계 활용하기

월경과 마음의 능력의 상관관계를 깨달은 것은 나뿐만이 아니었다. 나는 독일 친구의 소개로 미란다 그레이Miranda Gray라는 선배(?)를 알게 되었다. 미란다는 영국에서 과학책에 싣는 정교한 삽화를 그리는 일러스트레이터로 활동했다. 그 당시 자신의 작업 내용과 스타일은 일관되어 있지만, 자기 마음 상태에 따라 작업 진도나 결과물에는 차이가 있다고 느꼈다. 그 기분의 변화를 월경주기에 연결해 이해했다. 그때의 발견을 풀어 쓴 《Red moon붉은 달》(1994)이라는 책이 영미권과 유럽에서 큰 반향을 얻었다. 월경주기를 면밀히 이해하고 그에 따라 살면 신체적, 감정적, 지적, 영적인 성장을 이룰 수 있다는 게 저자의 핵심 주장인데, 내겐 영적인 접근이 특히 신선했다. 신화, 전설, 민담과 전래동화 속에 숨은 월경에 대한 지혜를 건져 올린다. 몇 년 전에는 이전의 메시지를 좀 더 체계화한 《The optimized women: If You Want to Get Ahead, Get a Cycle 최적화된 여성》(2009)이라는 책도 냈다. '최적화된 여성'이라는 제목에 '성공과 성취를 위해 월경주기를 활용하기'라는 부제를 달고 있는 것으로 보아 직장인 여성들을 겨냥한 것 같다.

미란다의 가르침 중 쉽게 생활에 적용할 만한 것은 월경주기를 네 개로 나누어 각각 이름과 특징을 규정한 '월경주기의 4단계' 개념이다. 우리가 흔히 접하는 배란일 중심의 생물학적 지식과 연결은 되지만 꼭 일치하지는 않는다. 월경에 대한 시각이 좀 다르다. 학교에서도 배우는 배란일 계산법, 호르몬 그래프 같은 과학적인 접근은 철저히 생식 기능 위주다. '생리주기 계산법'으로 인터넷 검색을 해보면 십중팔구는 임신 정보 콘텐츠. 반면, 그레이가 창안한 4단계는 각 단계에 모두 긍정적인 의미를 부여하면서, 그 시기에 적절한 활동, 운동법과 식단, 명상이나 요가법을 추천한다. 임신과 상관없이 여성들의 일상생활을 말한다. 이는 **월경에 대한 더 포괄적이고 새로운 시선**으로 보인다.

미란다 그레이의 월경주기 4단계

성찰하는 단계 reflexive phase

출혈이 있는 시기. 몸의 에너지가 좀 떨어지지만 안정을 취하는 시간으로 삼으면 삶에 대해 깊이 있는 통찰을 할 수 있다. 마음을 내려놓거나 지난 일을 되돌아보고 삶을 새로운 관점에서 바라보기 좋다. 편히 쉬면서 재충전한다. 월경주기의 1~5일. 월경일과 일치.

역동적인 단계 dynamic phase

봄처럼 피어나는 시기. 체내에 에스트로겐과 테스토스테론 호르몬 수치가 올라가면서 낙관적이고 외향적이고 자신감이 높다. 목표지향적이고 경쟁심이 높아지기도 한다. 체계적인 사고와 명확한 판단을 잘할 수 있고 몸의 컨디션도 좋아서 신체 활동에 유리하다. 새로운 프로젝트를 시작하거나 식단 조절, 운동을 처음 실천하기에 좋다. 월경주기의 6~13일. 출혈이 끝난 이후부터 배란일 직전까지.

표현하는 단계 expressive phase

배란 후, 프로게스테론 호르몬이 분비되면서, 주변 사람에 대한 유대감이 높아지고 공감을 잘하게 된다. 부드럽고 온화한 마음 상태로, 다른 사람을 지지해주거나 새로운 인간관계를 잘 맺기에 좋다. 팀워크를 발휘해야 하는 일이나 감성적인 창조성이 필요한 작업을 하기 유리하다. 월경주기의 14~20일. 배란기와 일부 겹침.

창조적인 단계 creative phase

새로운 깨달음과 영감을 얻을 수 있는 시기. 그러나 다른 사람에 대한 참을성이나 주변의 혼란에는 예민하게 반응하게 된다. 주요 호르몬 분비가 모두 감소하면서 체력이 떨어진다고 느낀다. 틀에서 벗어난 생각, 문제 인식과 해결, 주변 정리 정돈, 새로운 상상을 잘 할 수 있다. 월경주기의 21~28일.

나는 이 개념을 적용해, 각 단계를 의식하면서 내 상태와 활동을 계획하고 실행하려고 노력했다. 먼저 스마트폰 앱을 하나 다운받았다. 루시아 루카노바Lucia Lukanova라는 여성 개발자가 미란다 그레이의 아이디어를 구현해 만든 〈The Flow〉라는 앱이었는데, 기존에 나온 앱과 역시 좀 달랐다. 가령, 내가 2011년부터 써온 GP Apps사의 〈Period Tracker〉는 달력보기로 화면을 선택할 수 있다. 양력 기준인 셈이다. 그리고 일별로 메모, 증상, 기분, 체중, 온도, 피임약 복용 여부를 기록할 수 있다. 증상으로는 여드름, 달거나 짠 음식이 당기는 것, 소화 기능, 어지럼증을 포함한 20여 가지 목록이 있다. 나름대로 유용하게 잘 써왔지만 월경에 대한 관습적인 생각이 반영된 앱이었다. 반면, 〈The Flow〉에는 달력보기 기능이 없고 달 모양의 원형

다이얼에 따라 날짜가 돌아간다. 달과 같이 시간도 월경도 순환하는 것을 표현한다. 일별로 메모 기능은 있지만 신체 상태를 기록하는 칸은 따로 없다. 대신 앞서 말했듯 각 단계의 긍정적인 측면과 일상생활 팁을 제시한다. 관리 일지라기보다는 가이드북에 가깝다.

내 월경주기는 평균 32일로, 제시된 28일보다 길어서 각 단계가 딱 맞아 떨어지지는 않았다. 이 책을 집중적으로 집필한 9주(7일×9주=63일), 즉 월경을 두 번 치르는 동안의 생활 리듬을 예로 들어본다. 나흘간의 월경일이 포함되는 '성찰하는 단계'의 첫 1~2일은 매일 하던 글쓰기를 잠시 놓고 충분히 자고 먹고 쉬면서 글쓰기에 참고가 될 만한 다른 책을 읽었다. 사흘째에 몸이 좀 회복된다고 느껴질 때 작업으로 돌아갔다. 그동안 쓰던 것과는 좀 다른 방향에서 생각이 전개되기도 하고, 막혔던 부분의 구상이 잘 풀렸다. 출혈이 완전히 끝나는 시기는 '역동적인 단계'이니, 여기 맞춰서 당일여행을 계획했다. 산뜻한 기분으로 산에 다녀오고 자전거를 탔다. '표현하는 단계'에 해당될 때는 한국에 있는 친구들에게 정성껏 손 편지를 쓰거나 선물을 싸서 보냈다. 소통 능력을 잘 발휘할 수 있다고 해서 오랜만에 모임에도 나가고 친구와 약속을 잡기도 했다. 창조적인 단계에는 외부로 나가지 않고 주로 집에 혼자 있으면서 글쓰기에 집중했다. 글쓰기 자체는 잘 됐는데, 기분이 좀 불안했다. 과연 이 책을 끝낼 수 있을까, 지금 잘하고 있는 걸까. 허리가 아프거나 두통이 있고 다리가 붓기도 해서 일할 때는 초콜릿을 먹고 자기 전에는 족욕을 했다.

월경 중심의 몸-마음 튜닝법

2. 내 몸과 마음 상태를 존중하기

"너 그날이지!"는 듣기 싫은 말 중 하나다. 피 흘리는 여자에 대한 존중이 아니라 비난의 뉘앙스를 담고 있고, 문제의 원인을 엉뚱한 데로 돌린다. 이 말은 미디어에서도 열심히 쓰는 바람에 관용어처럼 굳었다. 나는 "아, 너 그날이야? 힘들겠다. 뭐 필요한 것 있어?"라는 대사가 나오는 광고를 조만간 보고 싶다. 그 사람에게 '젠틀한 남자'라는 타이틀만 쥐어주는 셈 아니냐고? 아니, 이 대사의 주인공은 여성을 포함한 누구든 될 수 있다. 월경을 겪으며 몸이 불편할 때는 배려 좀 받을 수 있고 마음이 복잡할 때는 협조를 구할 수 있다. 그렇다고 내가 스스로 뭐든 잘하는 씩씩하고 유능한 여성이 아니게 되는 것도 아니다. 다만 배려를 고맙게 받으려면, 또 스스로를 너무 엄격하게 몰아세우지 않으려면, 나부터가 내 몸과 마음의 변화를 명쾌하고 알고 받아들여야 한다는 생각이 든다. 유난히 다리가 붓고 머리가 무거우면 그날은 누가 뭐래도 칼퇴근. 일을 더 하더라도 집에 가서 스트레칭을 하고 밥을 든든히 먹고 편한 옷으로 갈아입고 편한 자세를 취한다. 월경일 전에 과로하면 월경통이 더 심하게 온다. 나도 모르게 과로하지 않도록 평소보다 카페인을 적게 먹고 몸 상태를 살핀다. 업무 스케줄을 짤 때 월경주기 달력도 같이 놓고 업무량이나 내용을 조절한다. 일하는 데 월경이 끼어든 게 아니라 월경이 자고로 먼저 있었는데 서글프게도 내가 대한민국 직장인이 된 것이다.

오늘따라 짜증이 치솟고 참을성이 바닥난 듯할 때, 혹은 불안하고 우울해서 자신감이 떨어지고 어디 숨고만 싶을 때, 바로 짐작 가는 이유가 없다면 그건 십중팔구 월경 호르몬의 작용이다. 그걸 자각하는 것만으로도 절반은 안심이 된다. 그리고 내 몸과 마음 상태를 전적으로 받아들이기 위해 과감히 계획을 바꾼다. 숫자를 다루거나 문서를 최종 검토하는 것 같은, 꼼꼼함과 완벽성이 요구되고 장시간 긴장해야 하는 일은 이때 적합하지 않다. 실수가 잦아지고 결국 더 피곤해질 뿐이다. 클라이언트와 회식을 하거나 동창 모임에 가는 것 같이 사교성과 감정 노동이 필요한 일도 좋지 않다. 문제는 하기 싫다고 다 안 할 수 없다는 것인데, 어쩔 수 없이 열심히 일해 버린 날은 꼭 **나에게 위안이 되는 활동**으로 몸의 긴장을 풀고 마음의 스트레스를 내보낸다. 소설 읽기, 따뜻한 차와 좋아하는 과일 먹기, 집 청소, 긴 산책, 음악 듣기, 사우나 가기, 친한 친구와 밥 해 먹기 등. 주로 정적이고 조용한 분위기에서 혼자, 혹은 친밀한 사람들과 할 수 있는 것들이다. 반면, 과음이나 과식, 50명쯤 죽어나가는 액션 영화, 시끄러운 지하 쇼핑몰, 엔딩까지 여덟 시간 걸리는 비디오게임 같은 활동은 피했으면 좋겠다. 말초신경을 자극해 당장은 쾌감을 주지만 결국엔 몸과 마음에 피로를 더하기 때문이다.

그 다음으로 할 수 있는 것은 **'설명의 언어'로 소통**하는 것이다. 말하지 않으면 우린 서로를 모른다. 말을 해도 충분치 않을 때도 있다. 직장에서 컨디션이 좋지 않아 일을 계획대로 할 수 없을 때 "오늘 좀 피곤해서 못 할 것 같아요"라는 모호한 말 대신 "월경일이 얼마

안 남았거든요. 그래서 지금 허리가 아프고 기분이 많이 가라앉았어요. 이 일은 당장 급한 게 아니니까 다음 주에 집중해서 진행할 생각입니다"라는 식으로 표현할 수 있다. 듣는 사람들도 납득이 잘되고 나 또한 분명한 입장 정리가 된다. 이유 없이 지치고 약한 사람이 아니라, 지금은 일시적으로 힘든 상태일 뿐, 스스로를 잘 알고 조절할 수 있는 사람으로 보인다. 또 명확히 자기표현 하는 과정에서 괜한 죄책감 따위는 증발하고 내 의지와는 다른 몸과 마음 때문에 속상하고 조바심이 나는 것도 훨씬 덜하다. **월경은 더 이상 금기가 아니다.** 호흡이나 소화 기능과 같이 여성의 몸에서 항시 돌아가는 시스템이다. 내 경험상 이렇게 '합당한 이유'를 당당하게 말하면 사람들은 흔쾌히 내 뜻을 수용했고, 나아가 공감하는 태도를 보였다.

좀 우울해도 괜찮아

It's Okay To Be Depressed!

'그냥 오늘 마음이 참 약하다. 무엇을 하면서 살아야 좋을까. 어떻게 하면 아프지 않고 즐겁게 살까. 나를 빼고는 모두 잘 지내는 것 같다. 집에 틀어박힌 은둔생활자가 된 기분….'

월경전 우울감을 겪을 때 남긴 메모다. 분명 내 일기장에 내 글씨로 적혀 있는데도 영 낯설다. 대학원에서 만난 동료 마릴린은 자기 성격이 '밝고 긍정적이고 사교적이고 쾌활하다'고 굳게 믿으며 거기에 자부심마저 있다. 다만 월경전에 우울감이 심하게 오는 편인데, 그때마다 그녀는 자긴 원래 이런 사람이 아니라고 변명하기 바쁘다. 그 감정 상태를 혐오하면서 우울증 약을 먹어야 하냐고 걱정한다. PMS의 유일한 존재 이유는 겨울이랑 똑같단다. 자긴 겨울이 정말 싫은데 그래도 겨울이 있어서 여름이 더 소중하게 느껴진다나. 그 점을 빼면 PMS도, 겨울이란 계절도 마냥 싫고 없었으면 좋겠다고 했다. 난 마릴린한테 그랬다. "왜 자기 자신을 부정하고 그래. **우울한 것도 분명히 네 감정 아니야?** 사람이 좀 우울할 수도 있지. 우리는 네가 우울하든 방방 뛰든 똑같이 좋은 친구로 생각해." 그리고 또 덧붙였다. "그래도 스키 탈 때는 겨울철도 좀 살만하다는 생각 든다고 했지? 그럼 PMS 중에도 스키처럼 네가 즐길만한 걸 찾으면 되겠네"라고.

나는 월경을 내가 경외하는 하늘의 달과 내가 연결되는 현상으로 의미부여하기로 했다. 달에 여신이 있다면 나는 그 여신과 소통하는 여자다. 바다가 달의 인력에 영향을 받아 만조와 간조를 끊임없이 겪듯, 내 몸과 마음도 달과 호응해 밝고 가볍거나 어둡고 무거워진다. 밝고 가벼운 시기에는 세상을 바삐 돌아다닌다. 반면 내가 좀 어둡고 무거울 때에는 조용히 문을 닫고 진주를 품은 조개처럼 내 안을 정화하는 작업을 거친다. 월경통 때문에 친구와의 약속을 취소하고 커피를 마시지 못하고 여행을 가지 못한다. 그러나 **밤의 숲을 관장하는 달의 여신**은 될 수 있다. 툭, 하고 걸렸지만 미처 살피지 못하고 들어온 기억을 펜시브[해리포터에 나오는 마법의 대야]에 풀어 거기 몸을 담근다. 원 없이 후회하고, 반성하고, 화를 내고, 원망하곤 그 기억을 차곡차곡 다시 개어놓는다. 지금 가지지 못한 것에 대한 갈망을 꿈과 희망으로 길러낸다. 결별과 상실에는 충분한 애도를 보낸다. 슬픔을 느낀다는 것은 마음의 심연에 가까이 도달하는 방법이기도 하다. 지난 일기를 검토하고 그리운 사람에게 편지를 쓴다. 애니메이션 〈마루 밑 아리에티 The Borrowers〉(2010)를 보며 거기 나오는 소인小人들을 위해 먹고 남은 쿠키 부스러기를 한 귀퉁이에 잘 모아둔다. 맑은 피를 한 컵 가득 내보냈다. 피가 상하기 전에 손에 묻혀 흰 종이에 추상화를 그려본다. 당근, 호박, 버섯, 그리고 미역을 정성껏 다져 내가 좋아하는 야채죽을 끓인다. 진통제를 두 알 먹고 좋은 향기가 나는 새 이불에 파묻혀 충분히 잔다. 창문을 활짝 열고 신선한 봄 공기와 햇빛 속에서 몇 가지 요가 동작을 만든다. '그래, 이대로도 꽤 행복하다.'

더 나은 월경을 위한 새로운 지식과 지혜

New Waves of Knowledge and Wisdom for Better Menstruation

이제 여성들은 이 가부장적 자본주의 사회에는 월경에 관한 총체적인 지식의 생산, 경험의 공유, 지혜의 전수가 턱없이 부족하다는 것, 파편화된 지식과 상업적, 기술적인 접근이 만연해 있다는 것을 깨닫고 있다. 그래서 우리들은 주변부에서부터 서서히 지혜의 그물을 짜 올리고 있다. 먼저 지난 10여 년간 영미권을 중심으로 월경에 대한 책들이 꽤 많이 나왔다. 수백 년간 축적되어온 생리학, 성의학, 해부학 지식이 철저히 남성중심적으로 구성되어온 것에 반해, 이제는 여성들이 나서서 여성의 몸에 대해 **사람들이 알려고 하지 않았던 지식, 아직 알려지지 않는 지식, 더 알려져야 할 지식**을 묻고 답한다. 미국의 저널리스트 나오미 울프Naomi Wolf는 《Vagina, A New Biography질, 새로운 일대기》(2013)에서 질을 중심으로 여성의 성기관과 관련된 역사를 역추적했다. 피임약 장기 복용의 부작용을 파헤치며 자연 요법으로 호르몬 균형을 회복하자는 내용의 《Period Repair Manual: Natural Treatment for Better Hormones and Better Periods월경 복구 매뉴얼: 더 나은 호르몬과 월경을 위한 자연치료》(2015)와 같은 책들도 여러권 나왔다. 고통 없이 월경을 치루기 위한 영양 관리법에 집중한 알리사 비티Alisa Vitti는 《WomanCode: Perfect Your Cycle, Amplify Your Fertility, Supercharge Your Sex Drive, and Become a Power Source여성 코드: 월경 주기 개선하기, 생식력 확대하기, 성욕 충전하기, 그리고 힘의 원천이 되기》(2014)라는 책을 출간하고 건강식품 회사를 세우기도 했다. 그런데 월경에 이로운 식이요법에 집중한 여성 저자들의 공통적인 메시지는 그리 어려운 게 아니다.

- 배란기에 식욕이 왕성해지는 이유는 몸이 만일의 임신에 대비해 영양을 보충하려 하기 때문이다. 조금씩 자주 먹고 폭식은 피한다.달고 짠 게 당기더라도 인스턴트보다는 자연 식품에서 영양소를 얻는다.

- 출혈로 기력이 빠지는 월경 중에는 가공식품이나 카페인은 피해야 한다. 치즈나 붉은 고기 말고 콩이나 견과류 같은 식물과 해산물, 통곡류에서 단백질을 얻는 게 좋다.

- 호르몬 변화에 민감해 몸이 붓거나 살이 잘 찌는 사람에겐 건강한 지방이 더 필요하다. 월경 직전에 몸은 탄수화물을 적게 필요로 하고 지방을 더 많이 쓴다.

어찌 보면 상식적인 내용인데도 낯설게 느껴지는 것은, 우리가 월경 때 무엇을 어떻게 먹어야 하는지 대해 딱히 배워본 적이 없기 때문일 것이다. 가정 교과서에도, 넘쳐나는 '먹방'과 요리 정보에도 월경 식단은 없다. 외모가 워낙 중요한 사회에 살아가는 여성들에게 그동안 주요 관심사는 다이어트 식단이나 기껏해야 생리주기 미용법이었다.

한편, 이전부터 영성의 관점에서 월경을 고찰하던 미란다 그레이는 요즘 **자궁 축복**Womb Blessing이라는 명상 의식을 인터넷과 오프라인 워크숍으로 활발히 전하고 있다. 기존의 종교 교리나 예식에 매이지 않고 자기만의 의식을 만들어 전파하는 그 용기와 확신이 일단 대단하다 싶다. 여성의 몸, 자궁에 집중한 명상법은 거의 없고, 앞으로도 보수적이고 남성중심적인 주류 종교들이 이런 방향으로 나아갈 가능성은 미미해 보이므로 이런 시도 자체가 소중하다. 그런데 사회 제도와 구조적인 모순에 대한 성찰 없이 여신과 자연의 아름다움에만 치중한 언어가 내겐 설득력이 조금 부족했다. 깊이 있는 철학적 사유를 토대로 한 것이 아니라서 소위 '사이비'로 평가 절하되기 쉽겠다는 생각도 들었다. 그럼에도 나는 되도록 편견 없이 이런 분야의 이야기도 접하려고 하고 있다. 명상을 한다고 월경통이 나아지겠느냐, 여신이라니 너무 비과학적이지 않느냐고 할지도 모르겠다. 하지만 이런 비난은 보통 명상을 한 번도 시도해본 적이 없는데 그 신비적인 이미지만 보고 벌써 거부감을 일으키는 사람들에게서 나오는 것 같다. 꾸준한 피트니스를 통해 몸에 근육이 자리 잡듯, 명상은 마음으로 하는 피트니스다. 종류는 무수하지만 많은 명상법들이 공통적으로 이미지 연상과 신체의 감각에 집중하는 기술을 표방하는 건, 몸과 마음이 깊이 호응하며 영향을 주고받는다는 근본 원리에 뿌리를 두고 있기 때문일 것이다. 자기에게 맞는 명상법을 꾸준히 실천함으로써 일상에서 체감하는 스트레스가 준다면, 명상에서 되새기는 메시지가 자기긍정과 확신, 내면 성찰 혹은 확고한 비전을 갖는 데 도움이 된다면, 명상으로 인해 월경통이나 호르몬 변화에 따른 우울감 같은 문제가 완화되지 않는 게 오히려 이상한 일이다.

달 오두막 Moon lodge이라는 의식도 있다. 여성들이 매달 보름달 아래 모여 월경에 대한 경험과 지혜를 나누고, 월경 중인 여성에겐 더 특별한 축복을 비는 의식이다. 북아메리카 원주민 여성들로부터 내려온 전통인데, 월경 중인 여성을 격리하고 감금하고 학대했던 원시 사회 남성들의 풍습과 반대된다. 북아메리카 말고 다른 지역에서도 유사한 여성 연대 의식이 있지 않았을까? 호기심이 인다. 알아보니 우리 집 바로 근처 요가 센터에서 정기적으로 '달 오두막' 행사를 여는데 참가비가 너무 비싸다. 그런 격식화된 행사 말고 그냥 동네 여자들끼리 근처 산, 들, 강을 나다니며 춤추고 노래하고 수다 떠는 모임을 직접 만들어볼까, 또 즐거운 상상에 젖는다.

6.

월경컵, 우리들의 급진적 대안

Menstrual Cup: Our Radical Solution

"월경컵 쓰니까 피를 제대로 보게 되잖아. 그거 좋지?"

"응, 내 말이. 월경컵 끼고 뺄 때 손에 피 묻고, 보지를 만지게 되는 것도 처음에만 어색했지 지금은 좋아. 그냥 이게 진짜 자연스러운 거구나 싶어."

"우리는 항상 자전거 타고 다니니까 컵이 진짜 편해. 안 그래도 자전거 탈 때 거기 땀 차는데 패드하고 탄다고 생각하면 아휴…."

_ 월경컵을 쓰는 친구들과의 대화 중

피를 제대로 보다

I Finally Face My Blood

매달 쏟아지는 피를 받아내야 하는 월경. 더 건강하게 잘하려면 물리적인 대책도 아주 중요하다. 현존하는 가장 강력하고 획기적인 대안은 단연 월경컵! 내 월경사 4기를 멋지게 책임지고 있다. 냄새나 피부 발진, 화학 물질에 대한 걱정이 없고, 재사용할 수 있으니 쓰레기도 안 나오며, 자주 갈아줄 필요도 없다. 이렇듯 월경컵의 장점이야 많지만, 나는 컵 덕분에 마침내 **월경혈의 형태와 성질을 제대로 볼 수 있게 된 것**이 특히 반갑다. 물론 패드와 탐폰에 묻어나온 피를 수도 없이 봤지만, 거기 있던 피는 뒤죽박죽 엉망이 되어 있어 쳐다보기도 싫었다. 시간 차를 두고 흡수되어 일부는 검붉게 응고되고 또 일부는 여전히 촉촉하거나 덩어리져 있는 피의 모습과 안 좋은 냄새 때문에 패드도 탐폰도 몸에서 떨어지는 즉시 쓰레기통으로 직행. 반면 월경컵에 모인 피는 변질되지 않고 담겨 있어 색과 질감과 냄새를 비교적 있는 그대로 접할 수 있다. 그러자 내가 매달 겪어야 했던 애증의 월경, 그 실체에 가까워지는 느낌이 들고 불결하다는 느낌도 전혀 안 든다. '내 피 같은 돈'라는 표현도 있지 않은가? 아무리 돈이 중해도 피보단 아니란 얘기. 나는 내 몸에서 만들어낸 꽤 많은 양의 피를 볼 때마다 **경이감이 느껴지고 아깝기까지 해** 잠깐 망설이다 흘려보낸다.

내가 처음 월경컵의 존재를 알게 된 건 2012년 여름이었다. 당시 사귀던 애인이 미국 유학생이었는데, 거기서 어울리던 페미니스트들은 컵을 쓰더라는 얘기를 전해 들었다. 하지만 여자 친구도 직접 보지는 못했는지 묘사가 영 부실해서 감은 안 왔다. 이후 패드나 탐폰에 불만이 있을 때마다 "무슨 컵 같은 게 있다고 했는데…"라면서 호기심을 키워갔다. 독일에 와서는 대학원에서 만난 페미니스트 동료들과 자연스레 의기투합하게 됐다. 우리는 독일은 물론 인접한 프랑스, 체코, 영국에서까지 다양한 월경컵을 배송받았다. 1인당 열 개씩이나 사서 월경컵에 관심은 있지만 직접 찾아보고 구입할 의욕까진 없는 주변 여자들에게 팔기도 했다. 우리는 사람들이 수없이 드나드는 교내 카페에서 제일 큰 테이블을 차지하고는 **팬티, 피, 보지** 같은 단어들도 거리낌 없이 뱉으며 월경컵 수다를 떨었다.

한 2년쯤 됐을까? 월경컵이 한국에서도 마침내 기지개를 켜기 시작했다. 트렌드에 민감하고 실속 있게 소비하는 한국 여성들의 구매력은 역시 대단, 확산 속도가 무서울 정도다. '월경컵'으로 키워드 검색하면 알찬 정보가 쏟아진다. 내가 독일에 와서 월경컵을 처음 쓰기 시작할 때만 해도 한국에선 팔지도 않았고 정보도 거의 없어서, 직접 써보고 나면 월경컵 전도사가 되리라 의욕을 불태우기도 했는데 이젠 그럴 필요가 없어진 것이다. 재밌는 점은 월경컵에서 시작된 이야기가 **처녀막 바로 알기**, **손가락으로 자궁경부 찾기**와 같은 성 담론과 실습으로까지 확장되고 있다는 것이다. 월경컵은 단순히 여성 위생 용품이 아니다. 자기 질에 손 넣는 여자들을 양산하는 체제 전복적인 요물이다. 아주 통쾌하다.

월경컵 탐험과 페미니즘 캠페인

A Feminist's Menstrual Cup Expedition

월경컵 쇼핑은 사실 좀 까다롭다. 20개국 이상의 수십 개 브랜드에서 많은 컵이 나와 있고 내 몸에 잘 맞는 골든컵을 한 번에 만나긴 어렵기 때문이다. 컵 사이즈, 용량, 모양, 소재를 잘 따져봐야 하고 세척과 삽입에 적응하는 데도 시간이 걸린다. 한 번 쓰고 버리는 것이 아니니까 잘 관리해야 한다. 나는 그간 컵 네 개를 써왔는데 거기엔 나름의 사연이 있다. 처음 컵을 샀을 땐 사용법을 제대로 익히기도 전에 성질만 급해서 손잡이를 싹둑 잘라버렸고, 사이즈도 너무 작았다. 내 질 내부는 사실 꽤나 널찍했던 모양이다. 출산 경험이 없는 여성에게 추천하는 사이즈가 내겐 턱없이 작았다. 오, 의외의 발견! 두 번째로 산 월경컵은 한국에 가져갔을 때 자매들에게 보여주려고 꺼내놨는데, 컵에 남은 피 냄새를 감지한 우리 집 멍멍이가 훔쳐가 손잡이를 질겅질겅 씹다 끊어버렸다. 이후 똑같은 제품을 다시 샀는데, 이번엔 끓는 물에 소독하다 까먹었다. 물은 다 끓어 없어지고 열기가 냄비마저 태우고 있을 때야 구조된 컵은 한쪽이 그을려서 실리콘이 손상되고 말았다. 지금은 독일 메루나Me Luna 사에서 만든 앙증맞은 고리도 달린 오렌지색 L사이즈 컵을 잘 쓰고 있다. 이 모든 시행착오에도 불구하고 그간의 월**경컵 탐험은 즐겁기만** 했다. 넣고 뺄 때마다 내 피에 대한 자긍심을 느끼고, 여행갈 때 생리대 몇 개를 챙길지 고민할 필요도 더 이상 없다. 열 시간 정도 갈지 않고 있어도 괜찮다. 출혈 양이 미미한 마지막 날이나, 질 내벽이 좀 건조하다 싶을 땐 면생리대를 병행해서 쓴다. 훨씬 자유롭게 월경을 치르고 있다.

중세 시대 그 망할 정조대 중에는 아랫 부분에 컵을 끼울 수 있는 디자인이 있었을 정도로 월경컵의 원형이라고 할 수 있는 도구들은 이전부터 있었다. 하지만 이후로 수백 년이 허망하게 그냥 흐르다가 20세기 초반에 고무 재질로 된 다소 뻣뻣하고 두꺼운 삽입형 컵이 나왔다. 실리콘 재질의 현대적인 월경컵은 1980년대에 첫 선보인 이래 더디게 보급되었다. 이 좋은 월경컵이 왜 이렇게 대중화가 안 될까? 누구나 이름만 들으면 아는 다국적 위생용품 기업들이 생리대와 탐폰 시장도 장악하고 있고, 그 제품들이 일회용품과 간편용품으로 반복적인 소비를 유도하는 자본주의 원리에 잘 맞아 떨어진다. 바쁜 일상에서 당장 떨어지는 월경혈을 받아내야 하는 여성 소비자들은 마트에서 쉽게 구할 수 있는 주류 제품을 사게 된다. 시중의 생리대와 탐폰이 안 좋은 화학 물질 덩어리에 가격도 너무 비싸다는 것을 알면서도 생리대와 탐폰을 높은 가격으로라도 사서 쓸 수밖에 없다. 게다가 생리대 광고는 일회용 월경용품의 단점은 가리고 이미지를 곱게 분칠한다. **월경의 불편함을 말하지 않고** 방실방실 웃으며 침대를 뛰어다니는 소녀들만 나오는 생리대 광고. 사실은 안전성이 의심스러운 생리대는 깨끗하고 순결한 흰색으로 팔랑대고, 그 위에는 분홍물이나 파란물이 흐른다. 월경의 진짜 현실인 빨간 혈은 불결하고 자극적인 것으로 금기시되어 있다. 주류 월경용품이 오히려 월경에 대한 오해와 편견에 일등 공신이다. 이런 총체적 난국에서 여성에게도, 지구 환경에도 지속 가능한 '착한' 월경컵은 여러모로 들어설 자리가 좁았다.

일회용 생리용품과 비교하면 한참 열세지만, 그래도 월경컵은 계속 뜨고 있다. 생산자나 출신 국가를 막론하고 월경컵 회사들의 마케팅 및 경영 철학에서 자주 눈에 띄는 것은 환경 호르몬에 노출된 요즘 여성들의 건강에 대한 문제 제기와, 아직도 월경을 부끄럽고 불결한 것으로 치부하는 사회 분위기를 개선하자는 메시지다. 생리대가 없어 월경 때마다 학교를 가지 못하거나 비위생적인 물건으로 대체한다는 저개발국/저소득층 여성들을 후원하는 회사들도 있다. 이쯤 되면 단순히 상품을 사고파는 게 아니라 페미니즘 캠페인이라고 봐도 되겠다. 앞으로는 사회제도적 지원이 부지런히 따라와야 월경컵의 미래가 밝아질 것이다. 북유럽의 공공 화장실엔 변기가 있는 칸 안에 작은 세면대가 딸려 있는 경우가 많다. 변기에 앉아 월경컵을 꺼내 비우고 질 속에 다시 넣기 전에 물로 헹굴 수 있도록 한 배려다. 보통은 병에 직접 물을 담아가서 변기에 대고 씻어야 한다. 반면, 한국에선 월경컵이 식약청 검사 대상에도 못 올랐다. 생리대는 의약품인데 월경컵은 아직도 공산품으로 분류되어 있고, 자료 부족을 이유로 검토가 늦어지고 있기 때문. 공식 수입처나 자체 제조 회사도 2017년 봄 기준으로 아직 없다. 인터넷에서 입소문이 나고 정보가 많아지긴 했지만, 월경컵이 수입과 제조, 유통에 있어 기존 제도에 안착하려면 멀었다는 것을 알 수 있다. 독일의 경우, 데엠DM과 같은 생활용품 프랜차이즈의 매장에서 월경컵을 구매할 수 있고, 제조국이기도 하다. 그만큼 월경컵의 인지도는 훨씬 높지만, 실제 사용에 있어서는 아직도 비주류다. 내가 기획 멤버로 참여 중인 지역 페미니즘 모임에서는 〈나의 월경과 나Meine Menstruation und ich〉라는 제목의 워크숍을 진행했고, 한 월경컵 회사에 제품 샘플과 교육용 키트를 신청해 받기도 했다. 앞으로 사회복지센터에서 10대 중반~20대 초반 여성들을 위한 교육 프로그램을 하기 위해서다.

21세기 월경의 미래

The Future of Menstruation: Innovations and Solutions

월경컵뿐만 아니라 탐폰과 패드를 응용한 발명품들도 나오고 있다. 더디게나마 사회에서 여성들의 지위가 올라가고 목소리와 존재감이 커지니 비로소 월경도 혁신이 필요한 생활의 한 영역으로 인식되고 있는 것 같다. 그중 월경일에 착용하는 특수팬티가 신선하다. 신소재를 사용해서 패드를 대지 않아도 월경혈이 쭉 흡수되고 촉감도 뽀송뽀송하게 유지되는 제품으로 뉴욕의 스타트업 비지니스 '씬엑스ThinX'에서 만드는 월경용품이다. 아시아계 미국인 미키 아그라왈Miki Agrawal은 이 사업으로 2015년 《타임지》에서 선정 '최고의 혁신 25'에 뽑혔고, '올해의 사회적 기업가 상'을 받기도 했다. 그녀는 여동생들이나 여자 친구들과 적극적으로 협업하는 한편, 월경에 대해 쉬쉬하기만 했던 보수적인 부모님을 인터뷰한 영상을 공개하기도 했다. 아프리카에 직접 날아가 현지 면생리대 사업가와 후원 계약을 맺기도 했다. 가격은… 아직 비싸다(개당 3~4만원). 회사에서는 일주일에 한두 번씩 뉴스레터를 보내는데, 그 내용이 꽤 알차고 재미있다. 팬티 파는 회사가 오지랖이 정말 넓다. 미국의 주요 엔터테인먼트 시상식이 끝나면 수상자 중에서 소수인종 여성들을 따로 추려 소개하고, 대선 때는 여성 후보인 클린턴을 열렬히 지지했다. 《그레이의 50가지 그림자》를 패러디한 〈50가지의 빨간색Fifty Shade of Red〉이라는 제목을 붙여 월경혈 건강 체크법을 알려준다. 미국 정부와 주류 언론이 은폐하고 있는 노스다코다North Dakoda주 현장[06]에서 여성 액티비스트들을 취재한다. 최근에는 중국의 페미니즘 소식을 전하는 코너도 새로 생겼다.

영미권 유명 매체들이 여성을 위한 혁신 제품으로 '씬엑스'와 나란히 보도한 것 중에는 '룬컵Looncup'도 있다. 한국 남자 세 명이 뭉쳐 만든 룬컵은 '세계 최초의 스마트 월경컵'이란 수식어를 달고 있다. 월경컵 바닥에 작은 칩과 수신기가 들어 있어, 컵에 들어차는 월경혈의 양과 색깔을 블루투스 신호로 스마트폰 앱에 보낸다고 한다. 2015년에 미국에서 시제품을 선보여 선주문 크라우드 펀딩에 성공, 화려하게 데뷔했다. 하지만 기술적인 한계를 이유로 정식 제품 출시는 예정보다 일 년 넘게 늦어지고 있다. '스마트'가 각광받는 시대니 월경컵도 그리 되지 말란 법은 없지만 내겐 전혀 매력적이지 않았다. 우선 몸-마음 본연의 연결을 긴밀히 유지하고 싶어서 피임약도 안 먹는 나로서는 월경과 나 사이에 스마트 기술이 끼어든다는 것이 달갑지 않다. 그리고 제품 소개를 자세히 살펴보며 방점이 '월경컵'이 아니라 '스마트'에 있다는 인상을 받았다. 월경을 개선하려는 진정성이

06 인디언 보호구역에 대형송유관을 건설하는 것에 반대하는 캠페인

느껴지기보다는, 트렌디하고 핫한 발명품을 구상하다가 스마트 기술의 미개척지인 월경용품을 점찍은 것 같다. 다른 월경컵과의 차이점은 세 가지. 1) 컵의 찬 혈액의 양을 꺼내지 않고도 연결된 스마트폰 앱으로 확인할 수 있다 2) 앱에서 컵을 비우라는 알람이 온다 3) 앱이 혈액 색깔과 양, 주기를 데이터로 수집하고, 나중에 통계치를 볼 수 있다. 하지만 이 기능들이 특별하진 않다. 사실 월경컵을 한두 번만 써 봐도 얼마 만에 비워야 하는지 금방 감을 잡을 수 있기 때문이다. 또, 기록과 통계를 돕는 기능은 기존 월경 관리 앱이 제공하던 것이다. 스마트컵은 다만 기존 기능을 자동화한 것인데, 대신 내장된 전자 장치 때문에 컵을 끓는 물에 삶을 수 없다는 단점이 있다. 또 내장된 배터리의 수명이 끝나면 스마트 기능이 무용지물이 된다. 현재 가격은 다른 월경컵보다 최소 두 배 이상인 50달러(약 5만 원)인데도 반영구적이라는 월경컵의 기본 장점을 못 가진 소모품인 셈이다. 그래서 종합적으로 보면, 소비자 입장에서 이 제품으로 인한 이득보다 손실이 더 큰 것 같다. 회사 측은 앞으로 혈액 분석 기능이 추가되면 당뇨와 질병 관리에 유용할 것이라고 선전하지만, 혈액 체취를 위한 의료기기는 이미 많이 존재한다. 그리고 불안하다. 병원이나 제약 회사, 애플 같은 인터넷 회사들이 개인의 건강 정보를 수집해 자기들 배를 불리고 심지어 불법 거래까지 하는 빅데이터 스캔들이 빈번한 시대이기 때문이다. 룬컵에서 제작한 제품 광고도 마음에 안 든다. 뽀얀 색감에 모던한 이미지로 가득한 광고 속에서 금발의 백인 여성들이 밤늦게까지 일하고, 수영과 피트니스, 조깅을 즐긴다. 룬컵 덕분에 월경 중에도 생활이 즐겁단다. 주류 생리대 광고의 전형적인 공식과 닮아 있다. 월경 중에 평소와 다름없이 운동을 할 만큼 컨디션이 좋은 여성은 드물고, 월경컵을 쓰다 보면 으레 손에 피를 묻히는 게 진짜 현실이다. 게다가 광고에 백인 여성만 나오는 것도 사실 좀 촌스럽다. 이제 미국에선 불특정한 사람을 지칭할 때 하나 이상의 인종을 내세우는 것이 관행이 되어가고 있기 때문이다. 글로벌 시장을 겨냥한 광고라면 이건 더 큰 오류다. '피할 수 없다면 더 나은 해결책을 찾으세요' '전 세계 여성들이 더 행복하고 편리하고 즐거운 삶을 누릴 수 있도록 저희와 함께 세상을 바꿔요'와 같은 광고 카피. 피상적이다 못해 텅텅 비어서 깃털처럼 휙 날아갈 것 같다.

나는 오히려 농담 같은 다음 제품에 호감이 간다. 미국 피오라 Fiora 사에서 출시한 마리화나 탐폰 cannabis vaginal suppositories. 마리화나, 즉 양귀비에서 추출 성분이 근육과 신경에 진통 효과를 내고 긴장을 이완시켜준다는 것은 널리 알려진 사실이다. 영국과 미국, 몇몇 유럽 국가에서는 마리화나를 치료 목적으로 사용한다. 기호품으로도 합법 유통되기도 한다. 이런 배경에서 나온 마리화나 탐폰은 삽입 시 출혈 흡수 외에도 질 내부에 약 성분을 퍼뜨려 월경통을 줄여주기 위한 제품이다. 가격이 비싸서(개당 1만 원 가량) 아직은 사치품에 가깝지만, 효과가 정말 좋다는 후기가 쏟아져 나온다. 와우! 전 세계 곳곳에서 진행 중인 여성에 대한, 여성을 위한, 여성에 의한 월경 프로젝트. 덕분에 나의 월경사 4기는 **밝고 경쾌하고 힘 있는 선홍빛**이다. 월경과 나란히 손잡고 가기 위해 읽을 책도, 만날 사람도, 써볼 물건도, 해볼 활동도 차고 넘친다. 설렌다.

7.
바라보는 시선에 의한 몸의 억압
Oppression of the Female Body through Sexual Objectification

sexuality

여전히 촘촘한 시선의 포위망
Women Are Still Besieged

사람을 지칭할 때 별도의 표시 '여/녀'가 없으면 남자가 기본값이고, 남자들에게 결정권과 자원이 집중되어 있는 사회에서 여자는 주체로 존재한다기보다 남자가 바라보는 대상으로 전락한다. 남자들은 집, 직장, 인터넷, 술집, 거리, 대중교통 등 어디에서나 여자들을 바라본다. 이왕에 바라볼 바에 거기서 즐거움과 만족감, 성적인 자극을 얻길 기대한다. 능력이 뛰어나고 똑똑한 여자보다 예쁜 여자가 선호되는 것은 그래서다. 남자와 여자가 공적인 영역에서 함께 토론을 통해 무언가를 계획하고 결정하고 만들어간 지는 그리 오래되지 않았다. 따라서 요즘 세대는 여자와 같이 일하는 것, 여자가 종종 남자의 실력도 성과도 뛰어넘는 것에 익숙할지 몰라도, 나이 든 부장님, 목사님, 교수님, 의원님 들은 아직 시류 변화에 적응을 못하고 '실수' 연발이다. 일터에서 만난 여성들의 옷차림과 화장을 지적하고, 회식 자리에선 취한 김에 엉덩이를 움켜쥐고, '설거지는 여자가'라는 말을 당당하게 하거나, 더 이상 젊지 않은 여성에겐 집에 가서 애나 보라고 면박 준다. 입사 면접에 감독을 하러 나온 분들도 같은 부류라서, 예쁜 응시자에게 호감을 감추지 못한다. 면접에 스펙 말고도 값비싼 치마 정장과 전문가가 만진 머리에 화장까지 등장하는 이유다. 사실 **남자가 바라보는 대상으로서의 여성** 담론은 이제 더 이상 새롭지도 않다. 다만 계속 유효하다. 여자도 다른 여자를 바라본다. 그리고 자기 자신도 바라본다. 남자의 시선을 사회에서 학습하기 때문이다. 이 모든 것은 결국, 여성들의 몸이 바라보는 시선에 항시 얽매인 부자유 상태라는 것을 의미한다.

유튜브Youtube에는 연애 관계에서 이성의 심리를 다루는 이른바 '코칭' 콘텐츠들이 많다. 이성에게 인기를 끌거나 이성 연인에게 사랑받을 수 있는 비결이라며 유포되는 그런 영상들은 '남자가 좋아하는 여자 옷차림' '남자에게 인기 없는 여자들의 일곱 가지 특징'과 같은 제목을 달고 있다. 예컨대 '남자들이 좋아하는 여자 말투 다섯 가지'에서는 '나에게 긍정적인 대답/귀엽게 투정 부리는 말투/콧소리와 애교스런 말투/나를 걱정해주는 말투'를 추천한다. 감정 노동과 함께 긍정하고 찬성하고 지지하는 메시지를 보내야 한다는 말이다. 이에 따르면 누구와 대화하든 조리 있게 설명하고 논쟁하길 좋아하고 감정을 잘 안 드러내는 여자는 남자들이 부담스러울 수밖에 없단다. '남자한테 인기 있는 여자 성격'이라는 제목의 영상물은 겉으로 드러나는 태도와 행동을 성격이라 간주하는 오류를 범하면서 다음 사항을 조목조목 나열하고 친절하게 부연 설명도 해준다. '매사에 잘 웃는다/웃는 모습이 예쁘다/장난을 잘 받아주고 맞장구를 잘 쳐준다/밝고 적극적이다/먼저 연락하는 것을 주저하지 않는다/좋을 때에 표현을 잘한다/콧대가 높지 않다/남자랑 잘 논다/자기를 꾸밀 줄 안다' 같은 것들이 답이다. 언뜻 긍정적인 인간상을 정리한 듯이 보일 수도 있는 이 이면에서 진짜 여자에게 기대하는 행동 규범은 사실 보고 있으면 상쾌해지는 기쁨조가 되어달라는 것. 상황이 어떻게 돌아가든, 상대방이 장난을 빙자하며 어떤 무례를 범하든 불편한 기색을 드러내거나 지적하면 안 된다. 표현은 좋을 때에만 하고 매사에 웃어야 한다. 남자에게 연락도 잘하고 잘 놀아주면서 자기 외모도 잘 꾸밀 줄도 알아야 한다. 기본 수십만 번을 넘는 시청 횟수를 자랑하는 인기 콘텐츠로 일부러 찾지 않아도 추천 목록에 뜨는 이러한 콘텐츠들은 날 섬뜩하게 한다. 그런 시대착오적이고 여성 억압적인 규범이 아직도 상식으로 통하고 뭇 사람들에게 참조 대상이 된다는 방증이니 말이다. 이는 여성들이 몸을 매개로 어떤 퍼포먼스를 펼쳐야 하는지, 몸으로 어떤 행동 규범을 따라야 하는지에 대한 획일적인 기준이 여전히 건재하다는 뜻이기도 하다. 이 사회에서 여자는 아직도 예뻐야, 정확히는 예뻐 보여야 한다. 그게 지금 21세기에도 여전히 여자다움의 핵심이고 정답이고 결론이다. **예쁜 것**이 외모의 고정된 상태라면, **예뻐 보이는 것**은 좀 더 엄격한 잣대로서 얼굴과 몸 생김에 더해 표정, 몸짓, 언어, 상대방에 대한 태도, 그리고 꾸밈새까지 포괄한다. 바라봄의 대상, 여성들은 이렇게 **촘촘한 시선의 포위망**에 갇혀 있다. 태어나서부터 단 한 번도 이 포위망을 벗어나 본 적 없는 여자들은 따라서 일생 대부분에 걸쳐 예뻐 보이기 위한 전략을 열심히 익히고 연마하고 수행한다. 바로 **소비를 통해서.** 시간과 노력, 돈을 비롯한 각종 자원의 소비.

몸에 대한 돈의 투자, 예뻐 보이기 프로젝트

Exhausting Beauty Race: Enslaved by the Beauty Industry

그중에서도 돈의 소비가 단연 두드러진다. 능력도, 정보도, 기술도, 돈으로 살 수 있고 시간과 에너지를 쏟아 부으면 결국 돈으로 보상을 받거나 더 많은 돈을 쓰는 것으로 귀결되는 고도의 자본주의 사회이기 때문이다. 요컨대 이 사회가 인정하는 '예뻐 보이는 여자'라는 지위는 사실상 돈을 몸에 투자해서 달성하는 '우월한 몸 상태'에 다름 아니다. 제 아무리 예쁘게 태어나도 수술로 매만져 '완성한' 얼굴만 못하고, 예뻐도 최신 유행에 맞게 잘 차려입지 않으면 스타일이 촌스럽다고 밀려난다. 그래서 요즘 **예쁜 여자는 사실 분주히 돈을 쓰는 사람**이기도 하다. 옷을 사 입든, 성형수술을 하든, 헬스장을 다니든, 화장품을 구해 바르든 여하튼 몸을 꾸준히 바꾸고 다듬고 관리하는 기술을 구사해야 한다. 게다가 돈을 써야 할 항목은 갈수록 세분화되고 다양해진다. 우리 엄마가 내 나이 때는 네일아트나 다이어트 요가라는 게 존재하질 않았다. 이젠 눈썹을 주기적으로 왁싱하거나 인조 속눈썹을 갱신하기 위한 정기권이 있는가 하면, 몇 해 전

질염 치료를 위해 찾아간 산부인과에서는 내게 1만 원짜리 아로마 케어를 권했다. 내 손에 쥐어준 팸플릿에는 남자 친구 만나러 가기 전에 받는 프리미엄 서비스라고 쓰여 있었다. 섹스하기 전에 질을 세척하고 향수를 뿌리라는 거였다.

어디서부터 시작되었는지는 까마득하고, 그저 남들처럼, 남들만큼만 꾸미는 데도 지출 목록은 깨알같이 늘어날 때 어느 순간 지친다. **우리들 다 때때로 지친다.** 다 그만두고 싶다. 남에게 예뻐 보이기 위한 게 아니라 자기만족을 위한 소비라는 문구는 언뜻 여자들의 자존심을 세워주는 것 같지만 뜯어보면 기만적이다. 순수하게 자발적인 동기나 욕구라는 것이 과연 존재할까? 모두가 곱게 화장하고 출근할 때 나만 민낯으로 등장하면 나의 안색은 초라하고 칙칙해 보인다. 종일 아파 보인다는 소리를 들으며, 프로페셔널하지 못하다는 평가까지 나오는 게 한국의 직장이다. 각종 스펙을 쌓고 남부럽지 않게 연애도 해야 하는, 사회생활의 예행연습인 대학 시절에도 매일 풀 메이크업을 하고 통학하는 여학생들이 절반을 훌쩍 넘는 것 같다. 나도 스무 살 때부터 7년간 도보 이상의 거리로 외출할 땐 언제나 화장을 했다. 화장품은 누가 그냥 대주나. 다 발품과 눈품 팔아가며 실속 있게 알아보고 장만해야지. 그러다 보니 지갑을 열 땐 내가 원하고 필요해서 돈을 썼다고 믿지만, 실은 우리 모두 내면화한 **예뻐 보이기 경쟁에 떠밀려서** 하는 지출이 수두룩하다.

나는 언젠가 여름 샌들 한 켤레 사려고 소셜커머스 사이트에 접속했는데, 한 번의 검색 결과로 나타난 신발만 500켤레쯤 됐다. 이왕이면 싸고 질 좋고 무난하게 여기저기 어울릴 만한 것을 고르겠다는 애초 다짐은 너무 안이했던 것으로 밝혀지고, 신발을 한 번씩 살펴보는 데만도 두 시간은 족히 걸렸다. 올해 트렌드, 1+1 세일, 무료 배송 팁, 이메일 쿠폰, 배너 광고… 알아야 할 것은 너무 많았다. 어느 순간 현기증이 났다. 숨이 막혀오고 토할 것 같았다. 그런 일은 갈수록 잦아졌다. 포털에만 접속해도 원하지도 않은 뷰티 팁과 세일 광고가 따라다니고 사소한 것 하나를 검색하면 뷰티 블로그와 뷰티 동영상, 텔레비전 프로그램이 수없이 쏟아졌다. 인터넷 밖의 세상도 나를 가만히 두질 않았다. 집과 직장을 오가는 단순한 동선에도 빼곡히 매복한 것들—버스와 지하철의 광고, 거리 상점마다 큼직한 글씨와 음악—을 피해가기 어려웠다. **내가 원하는 것으로부터 나를 지켜줘** PROTECT ME FROM WHAT I WANT 07. 가슴을 치며 이 말을 외치고픈 심정이었다. 그러나 역설적으로, 여성의 몸에 대한 억압이 소비를 통해 깊숙이 침투하는 만큼, 탈출구도 소비에 있는지 모른다는 생각을 그때 이미 어렴풋이 했다. 한 사람이 어떤 물건을 사도록 유도까지는 수많은 전략과 절차가 동원되지만, 결국 최종적인 소비 행위의 주체는 우리 자신이 된다. 발신지가 분명하더라도 매번 책임을 묻거나 공정한 판결을

07 페미니즘 작가로도 알려진 미국의 개념미술가 제니 홀저의 1987년 공공 미술 작품에 나오는 유명한 문구. 뉴욕 타임스스퀘어 전광판에 처음 선보였으며, 이후 현대 사회 소비문화를 비판하는 메시지로 수없이 인용되었다.

받아낼 수 없는 여성혐오적 태도와 행동에 비해 그나마 여성 스스로가 직접 선택하고 조작할 수 있는 것이 소비의 영역이다. 따라서 소비 생활을 극적으로 바꿈으로서 몸의 자유와 해방을 꾀하는 것은 신속하고 효과적인 실천이 될 수 있다.

타고난 나, 그냥 나를 드러내다

Revealing Just Who I Am

여자라는 성별로 살면서 '예뻐 보이는 몸을 위한 소비'를 내면화하는 과정이 나에게는 좀 늦게 찾아왔었다. 10대 때 나는 학생이 멋 부려봤자 성적만 떨어진다고 믿은 모범생이었다. 대학에 입학하자마자 곧바로 학생운동 선배들이 이끄는 동아리에 들어가 온갖 집회에 다니고 후기 맑시즘에 푹 빠졌다. 그 선배들은 뒤로는 예쁜 여자를 좋아하면서도 후배들에겐 '예쁜 여자=속물' 공식과 소비에 대한 죄의식을 학습시켰다. 그 영향으로 외모를 꾸민다는 것 혹은 그런데 관심을 갖는 것 자체에 한동안 엄청난 거부감이 있었다. 그러다 보니 스스로가 어떨 때 예뻐 보이는지를 제때 터득하지도 못했다. 샤방샤방하게 꾸민 친구들 옆에서 초라해 보이긴 싫은데 나한테 뭐가 어울리는지는 아리송하고, 알바를 열심히 해도 돈은 항상 부족했다. 언니가 자기 옷을 빌려주고 저가 화장품을 추천해주고, 엄마는 내가 나갈 때마다 옷차림을 코치했음에도 불구하고 20대 초반의 예뻐 보이기 프로젝트에서 나는 늘 자신이 없었고 서툴렀고, 잘 꾸며봤자 그냥 평범해 보일 뿐이었다. 나중에야 사진과 디자인을 독학하면서 패션이 자기표현이고 놀이일 수 있다는 것을 인정하게 됐다. 내가 멋과 아름다움에 무감각하지 않고, 오히려 거기 끌린다는 것도 깨달았다. 그때부터 과제는 유행에 휩쓸리지 않는 것, 그리고 돈의 소비라는 '어차피 지는 게임'은 안 하는 것이 되었다. 원조 명품은 못 사고 싸구려 복제 아이템을 입을 바에는 1980년대에 나온 구제 스웨터가 개성은 있을 것 같아서 광장시장에도 가보고 태국에서 온 특이한 옷도 사보고. 하지만 이번엔 힙스터[08] 증후군에 걸릴 것 같았다. 메가폴리스 서울에서 뭘 입든 나름대로 잘 세팅된 '룩'이어야 하니까. 남자가 좋아하는 예쁜 여자를 추구하는 건 아니라고 자위했지만, 그건 나에게 '누구에게 어떻게 예뻐 보일 것인가? 무엇이 예쁜 것인가?'라는 질문이 추가된 것일 뿐, 여자로 사는 삶이라는 실존에 '예뻐 보이기'가 있다는 결론이 달라진 것은 아니었다. 고민이 깊어서 대학 졸업을 앞둔 시기에는 일기장 표지에 이렇게 써 놓을 정도였다. "나에게 필요한 물건은 없다. 대신 여행, 배움, 예술, 관계. **소비와 소유의 한계를 넘어 자유와 실용, 창조로.**"

그로부터 6년이 지난 지금. 나는 더 이상 새 옷을 사지 않고 뷰티 용품을 사 쓰는 일도 거의 다 끊었다. 외모 관리를 위한 각종 서비스는 이전에도 즐겨 찾지 않았지만 독일에 온 뒤에는 아예 멀어졌다.

08 1990년대 이후 독특한 문화적 코드를 공유하는 젊은이들을 이르는 말

새로 생긴 옷이 주는 기분 전환이 필요할 때는 매주 어디선가 꼭 열리는 벼룩시장에 가거나 친구들과 옷 바꿔 입는 모임을 연다. 우리 집 앞, 옆 건물 지하, 그리고 학교에 있는 의류함을 뒤진다. 재봉틀을 구해서 옷을 직접 짓고 고쳐보기도 한다. 진력난 옷에는 타이 다이[09]를 해서 더 입는다. 신발만은 발에 잘 맞는 새 것을 사서 오래 신는다. 그렇다고 내가 패션을 포기한 것은 아니다! 내 외향은 사실 전보다 더 눈에 띈다. 트렌드, 신상, 연예인 룩 같은 유행 척도에서 아예 이탈해 버리고 과감한 색감의 옷, 무척 편하면서도 내게 어울리는 스타일을 고수하게 되었기 때문이다. 지금 유행하는 새 옷 대신 옛날 언젠가 유행했을 옷을 본다는 건 시대와 스타일을 넘나드는 패션 공부도 된다. 유명 브랜드는 아니지만 어딘가 특이하고 매력적인 아이템을 새 옷과는 비교할 수 없이 저렴하게 득템하고 오랫동안 간직하며 여기저기 매치하게 된다. 유럽엔 핫한 구제 숍이 정말 많다. 베를린, 에딘버러, 암스테르담, 파리로 여행을 갈 때마다 현지인들이 찾는 구제 숍과 벼룩시장에 들러 시간 여행을 했다. 옷에 쓰는 돈이 거의 없어지니 새 옷을 살 때마다 항상 느끼던 **묘한 불만족과 박탈감, 위기감**이 사라졌고, '내가 오늘 옷을 잘 입었나'에 대한 불안감도 더 이상 느끼지 않는다. 세상에 하나뿐인 옷, 많은 이야기를 축적한 옷을 입는다는 것이 주는 건강한 자신감에 이제 익숙해졌다. 파리에서 패션 회사에 다니는 어떤 분은 내 차림새를 보더니 "특이하다"고 간단히 평했다. 그게 칭찬으로 들렸다.

09 Tie-dye; 실로 묶는 염색 기법

나는 씻을 때 비누, 베이킹소다, 식초만 사용한다. 화장은 일 년에 몇 번, 주로 코스튬을 입고 노는 날에만 하니 평소에는 수분 크림, 자외선 차단 크림, 바디로션, 바셀린 정도만 필요하다. 한국에서 거의 매일 화장하던 시절에 쓰던 것들에 비하면 엄청난 **미니멀리즘의 실현**이다. 특별히 진한 화장을 하지도, 비싼 제품을 쓰지도 않고, 하루나 이틀에 한번 샤워하는 그냥 보통 한국 여자로서 내가 필요로 했던 뷰티 용품은 정말 많았다. 바디샤워, 트리트먼트, 린스, 샴푸, 필링젤, 폼클렌징, 아이리무버, 마스크팩, 헤어젤, 향수, 데오드란트, 수분크림, 아이크림, 바디로션, 바디오일, 프라이머, 파운데이션, 자외선 차단 크림, 파우더, 립글로스, 립스틱, 립케어, 바셀린, 아이라이너, 마스카라, 아이브로우 펜슬, 아이셰도우, 하이라이터, 컨실러. 종류는 같지만 색깔이나 브랜드가 다른 것, 쓰다가 만 것, 아직 안 뜯은 새것, 누가 준 것, 샘플 받은 것들까지 더해 화장대 서랍과 선반이 가득했다. 지금은 화장을 사실상 관두니 잡티나 주근깨가 다 드러나고 눈이나 코도 생긴 그대로 너무 정직한데, 대신 **똑바로 보게 된 것은 다름 아닌 내 몸**이다. 맨 얼굴에는 그날그날의 몸 상태가 나타난다. 너무 무리하고 나면 어김없이 다크서클이 경고를 보내고 배란기에는 안색이 밝아진다. 각질이 유난히 많이 낄 때는 요며칠 식단이 건강하지 못해 노폐물이 많이 생겼다는 걸 알 수 있다. 그러고 보면 몸 상태는 수시로 달라지는데 화장은 심지어 아플 때에도 나를 늘 화사하게 했다. 민낯으로 밖을 나다니고 사람들을 만나는 게 처음부터 쉽지는 않았다. 화장으로 잘 보정한 얼굴에 비해 당연히 못나 보여서 화장실에 들러 무심코 거울을 볼 때마다 초췌한 내 모습에 깜짝 놀라기도 했다. 유혹과 싸우며 몇 달을 지속하자 흔히 기대하듯 피부가 극적으로 좋아지는 일은 일어나지 않았지만(!) 민낯의 자연스러움이 스스로 꽤 마음에 들기 시작했다. 무엇보다 일과가 간결해진 것에서 오는 **마음의 평화**가 정말 좋았다. 화장하고 고치고 지우고, 화장품을 알아보고 사고, 닦고 관리하는 일에 들인 시간과 에너지가 생각보다 컸던 것이다. 잡다한 뷰티 팁, 신제품 소식, 할인 쿠폰과 이벤트에 연연하지 않아도 된다는 것도 정말 홀가분했다. 그리고 브라를 안 하면 드러나는 뾰족한 젖꼭지처럼, 온갖 제품의 향과 미끌미끌한 잔여물이 사라지면서 서서히 마주할 수 있었다. **내 몸의 고유한 냄새와 타고난 살결과 색깔** 같은 것을.

우리가 일상생활에서 피부나 음식, 호흡 기관을 통해 얼마나 많은 독성 화학 물질을 몸에 들이고 있는지에 대해선 한국에서도 근 몇 년 사이 부쩍 경각심이 높아졌다. 특히나 우리는 먹는 것엔 까다로워도, 바르는 것엔 상대적으로 무심했다. 각종 뷰티 용품은 여자들이 훨씬 많이 쓰니 그만큼 여자들의 건강에 더 심각한 영향을 미쳐왔을 것이 분명하다. 이제는 많은 사람이 화장품의 유해 성분이 있는지 미리 알아보고 사려고 노력하거나 유기농 화장품 라인으로 싹 갈아타는 등 더 신중해졌다. 바람직한 흐름이다. 하지만 유기농 화장품이라고 해도 들어간 성분이 사실 크게 다르지는 않다. 마케팅으로 이미지를 부풀린 경우가 많다. 값은 훨씬 올려 받고. 나는 아예 쓰는 화장품의 양을 확 줄이고 피부에 쉴 시간을 주는 것을 권하고 싶다. 나도 앞으로 화장을 영원히 안 하겠다는 것이 아니다. 화장의 마술을 사랑한다. 그건 경이로운 예술이다. 다만 변신과 마술을 원하지 않을 때에도 '해야 하기 때문에 하는 화장'은 관두었다는 것.

'예쁜 여자'에 대한 획일적인 사회 기준을 거부하고 이를 위한 소비도 확 줄이는 과정은 대단한 정보력이나 강박적인 꼼꼼함을 필요로 하는 것은 아니었다. 유쾌하고 창조적인 몸 해방 프로젝트의 일환이었다. 한때 국내에서도 유행했던 샴푸 안 쓰기 노푸No-poo는 집에 있는 시간이 많아지는 겨울에 심심풀이로 시작했다. 지금 돌아보면 땀이 덜 나서 머리에도 기름기가 덜 생기는 추운 날씨, 그리고 초반 적응기에 머리카락이 좀 떡 져도 털모자를 쓸 수 있는 겨울철에 시작한 게 성공 요인 중 하나였다. 하루아침에 샴푸를 끊은 것이 아니라 처음에는 양을 점점 줄이고 머리를 감는 간격은 늘렸다. 또, 머리카락에 쓰는 것이 샴푸와 린스, 트리트먼트, 헤어팩, 오일 에센스로 여러 가지였는데, 샴푸 한 가지로 점차 줄였다. 3일에 한 번 감기로 했는데 정 찝찝할 때는 따뜻한 물로만 머리카락을 잘 씻어줘도 꽤 개운해졌다. 그렇게 2~3주가 지나고 베이킹소다와 식초로 대체했다. 샴푸 대용으로는 마트에서 청소용품으로 파는 베이킹소다(탄산수소나트륨)를 한 팩 쓰는데, 머리 감을 때마다 500밀리리터 병에 따뜻한 물을 담고 소다를 3~4티스푼 타서 흔들어 세척용액을 만든다. 린스 대용인 식초 희석액 만들기는 특히 재미있다. 가장 저렴한 식초를 사서 거기 사과, 오렌지, 레몬, 포도 껍질이나 오래된 과육, 키우는 허브 잎, 꽃 등 손쉽게 구할 수 있는 것들을 넣어 2주 정도 우려낸다. 그다음에 체에 걸러서 욕실에 두었다가 물에 2대 8 정도로 희석해 머리를 헹군다. 머리카락이 좀 건조하다 싶으면 올리브 오일나 호두 오일 같이 식재료로 쓰는 오일을 끝에 조금 발라주면 그만이다. 독일에선 1유로(약 1,200원) 미만의 샴푸도 흔할 만큼 생활물가가 저렴한 편이지만 유명한 브랜드의 유기농, 비건, 천연성분 제품을 골라 쓰자면 비용이 늘어난다. 그럴 바엔 단순한 성분에 쓰임새가 많은 베이킹소다와 식초를 택하는 게 여러모로 마음이 편하다.

내가 소비 생활의 본격적인 탈바꿈을 시작한 것은 독일로 가고 나서인데, 독일 사람들이 대체로 실용적이고 검소한 성향을 가지고 있고, 우리나라의 박리다매식 인터넷 쇼핑 열기가 덜한 점이 분명 도움이 되었다. 한국보다 인구가 많고 인종도 다양해서 그만큼 획일성이 덜하고 남에게 간섭 않는 개인주의가 퍼져 있으니 시선의 올가미가 한결 느슨해진 것도 사실이다. 하지만 독일은 경제 규모로 세계 2위, 소비 문화가 고도로 발달하지 않았을 리 없다. 도시마다 남아 있는 구시가지의 몇 백 년 된 고풍스런 건물들도 1층은 프랜차이즈 옷가게나 명품 화장품 숍으로 들어차 있기 일쑤다. 게다가 독일은 공산품 왕국이어서 어떤 품목이든 질을 좀 따지다 보면 곧 독일 브랜드를 만나게 된다. 주방용품, 유아용품, 자전거와 자동차, 의약품, 등산용품 등. 요즘엔 한국에서 독일 유기농 화장품에 열광한다. 독일로의 이주는 말하자면 내게 '리셋'의 기회였다. 그간 서울에 살면서 불만이 쌓일 대로 쌓였지만 관성을 거스르기 어려웠는데, **급진적인 시공간의 전환**을 계기로 변할 수 있었다.

예뻐 보이기 위한 소비가 사라진 자리에 나타난 것은 재미있게도 시간이다. 일상이 간결해지자 나는 새로운 것에 관심을 두고 새로운 활동들을 해나가기 시작했다. **시간의 자유는 사실 몸의 자유**이기도 했다. 야근하지 않고 쇼핑하지 않는 대신 나는 밖으로 나가 몸을 더 움직이게 되었다. 독일에 와서 처음 살았던 집은 등산로에서 5분 정도 떨어진 곳으로, 시골살이를 해보고 싶어 일부러 자연 가까이 구한 곳이었다. 등산로를 따라 숲으로 밤 산책을 다니는 것이 하루 마지막 일과가 되었다. 그 당시 일기에 나는 이렇게 썼다. 나의 **야성이 깨어나고** 있었다.

"오늘도 동거인 R과 집 앞 계곡으로 밤 산책을 나갔다. 손전등 불빛에 의지해 걷다 개울 가까이에 이르러서는 나무에 기대섰다. 손전등을 모두 껐다. 이미 어둠에 익숙해진 눈으로, 한층 섬세해진 귀로, 밤공기를 반기는 촉각으로 우리는 한참을 말없이 거기 서 있는다. 칠흙 같은 어둠. 오직 달빛만 비추는 밤. 그러나 실은 많은 일들이 여기서 일어나고 있다. 온갖 소리와 동작들. 짝을 찾는 풀벌레들, 먹이를 구하는 멧돼지, 결코 멈추는 법 없는 바람과 물, 더디게 계속되는 나무의 성장과 흙의 운동. 이 모든 것들이 내 집 가까이에 있어 좋다. 밤의 어둠이 보다 존중받는 사회에 있어 좋다. 나는 이 어둠에 보다 익숙해져야 한다. 조금 더 야성적으로, 조금 더 자유롭게, 조금 더 격정적으로. 그리하여 마침내 이 어둠 너머까지 보는 통찰을 가질 수 있도록.”

나는 도시에 살 때부터 식물을 키우는 데 관심이 많았다. 새로 이사 간 집에는 운 좋게 정원이 딸려 있어 텃밭 농사를 시작할 수 있는 조건이 되었다. 그렇게 시작한 텃밭 가꾸기는 이내 몸해방 프로젝트의 한 가지로 자리를 잡았다. 10년 넘게 방치되었던 정원을 텃밭으로 일구는 일은 많은 노동을 필요로 해서 한겨울만 빼고는 비가 오나 폭염이 오나 매일 정원에 나갔다. 우리 집에서 나오는 음식물 쓰레기로 직접 거름을 만들고, 친구들과 펄머컬쳐[10]를 공부해서 함께 밭을 디자인했다. 갓 시작한 연애에 몰두하듯 나는 **땅과 열렬하게 몸을 부볐다.** 살갗이 볕에 그을리면서 나는 보기에도, 실제로도 좀 더 활기차게 되었다. 학교에서 공부를 마치고 저녁에 돌아오면 밥을 해먹고 와인까지 한잔 걸친 다음, 열 시가 다 되어가는 어스름에 정원으로 내려갔다. 토마토, 고추, 가지가 알알이 맺혀가고 각종 상추는 다 커서 철퍼덕 퍼졌다. 약간 매운맛이 나는 덩굴 꽃 카푸찌나 크레사 Kapuzinerkresse; 한련화는 수확한 지 이틀 만에 또 꽃이 잔뜩 올라왔다. 온실 밖에 심은 애호박이랑 완두콩은 물을 자주 안 줘도 됐다. 잡초 뽑고, 가지치기하고 덩굴 정리까지 하고 상추 두 포기를 수확할 때면, 그 밑에 어김없이 민달팽이가 잔뜩 숨어 있었다. 난 처음엔 귀엽다고 천

10 permaculture: permanent, cultivation, culture의 합성어. 농장과 마을, 지역사회의 지속가능성을 추구하는 농사법으로, 생태학, 조경학 등과 농학을 접목한 이론이자 실천

진난만하게 반겼다. 노란 바탕에 검은 줄무늬가 있는 집달팽이는 집 안으로 데려와 롤케익 같다고 '캐롤라인'이라고 부르며 한동안 키우기도 했다. 알고 보니 민달팽이는 우글우글 빨리도 자라 왕성한 식용으로 작물을 다 먹어버리는 무법자였다. 그래서 나중에는 보이는 족족 손으로 집어 컴포스트[11]에 데려다 놓았다. '그렇게 먹는 걸 좋아하니 그 안에서 토할 때까지 먹어라!' 나는 한국 근현대사의 강인한 여성상 '서희'를 만들어낸, 《토지》의 작가 고 박경리 선생님을 종종 떠올렸다. 그분은 스스로 고행이라 일컫던 글쓰기를 평생 이어가면서 밭일도 꽤나 크게 벌여 감당했다. **사람은 흙에서 멀어지면 안 된다고.**

무화과, 사과, 자두까지 있었을 정도로 우리 집 정원에서 다양한 과일과 채소를 직접 길러내면서 나는 자연스레 채식도 실천하게 되었다. 수확한 것으로 요리해 먹는 것이 뿌듯해서 고기 맛이 그렇게 그립지도 않았던 것 같다. 대학원에서 환경사회학을 공부하면서 육식에 대한 비판과 대안적인 농업에 대해 늘 토론하던 시기이기도 했지만 텃밭 농사로 땅과 채소에 대한 애착이 그리 커지지 않았더라면 채식을 쉽게 못했을지도 모른다. 나는 채식을 지식이기 이전에 경험과 지혜의 차원에서 체화하면서 자연스럽게 **잘 먹고 잘 살기**에 심취한 것이다. 지역 농산물을 구할 수 있는 생산자 직판장Farmer's Market, 유기농산물 생산자 협동조합Organic Food Cooperative, 공동체가 지원하는 농업

11 Compost; 음식물 썩히는 통

Community-supported Agriculture, 식재료 재활용 프로젝트Food Sharing Project와 같은 것들은 연구 주제인 동시에 내 먹거리를 구하는 곳이기도 했다. 인스턴트와 자연스레 멀어지고 유럽에서 보편화된 비건 식재료에도 관심이 갔다. 한국에선 홍차버섯이라고 불리는 콤부차[12]를 길러내고 봄에는 쑥 대신 베어라우흐[13]를 따러 다니고, 죽은 나무를 주워와 실내 장식을 만들며 이웃에게 얻은 가구를 예쁘게 다시 칠하는 것과 같은, 시간이 많이 필요하지만 돈과는 무관한 재미난 놀이거리가 끊임없이 생겨났다.

내가 뷰티 소비 대신에 자연과 가까워지는 활동을 많이 하게 되었다는 것은 매우 의미심장하다. 타고난 내 아름다움을 찾아가는 여정이 친환경적인 가치의 실천과 맞물린 것이기 때문이다. 그전에도 전공·직업과 연관된 정치적 입장으로서 환경 문제에 관심이 많았지만, 패스트 패션, 육류 소비 같은 지배적인 생산과 소비 사이클에서 벗어나지 못해 계속 일조하면서 죄책감을 느꼈었다. 이제는 자원을 낭비하고 저개발국, 저소득층 노동자를 착취하며 여성들을 현혹하는 생산 시스템과 결별하고 **윤리적 소비자로서의 자부심**을 가질 수 있게 되었다. 앞서 소개한 활동들은 좀 거창하게 말하자면 지금 여기서 당장 할 수 있는 **에코 페미니스트의 액티비즘**이다. 소비자 운동이라는 **반자본주의 정치 행동**이기도 하다. 앞으로 살면서 뷰티 쇼

12 Kombucha; 해독과 면역력 증강에 좋은 발효균

13 Bärlauch; 야생 마늘의 일종

핑을 지금보다 늘리기도 하고 또 줄이기도 하며 약간의 변화가 있을 것이다. 하지만 어느 방향으로 가든, 나는 이제 훨씬 지혜롭고, 자신감 있고, 줏대 있는 소비자라는 것만은 분명하다.

페미니스트로서 시작한 몸 해방 프로젝트는 결국 다른 삶의 영역과 주제에도 영감을 주며 **총체적인 삶의 전환**에 통합되었다. 일의 노예, 소비의 노예 상태에서 벗어나겠다고 멀리 이사를 나왔던 나는 전보다 가난하다. 하지만 가진 돈이 적어서 초라하고 배고프고 각박하지는 않다. 검소하고 알뜰하지만, 사는 집과 가진 물건, 내 겉모습에서 나 나름의 멋과 취향이 드러난다. 외식을 자주 못 하고 적게 먹지만 건강하게 먹는다. 하고 싶은 것, 배우고 싶은 것을 위해 학원에 다닐 돈은 없지만 스스로 조금씩 익혀나갈 시간이 있다. 물건과 기술과 생각을 돈 없이도 나눌 수 있는 동네 모임을 이웃과 친구와 같이 만들어갈 수 있다.

Freedom of Sexuality:
Our On-going Life Adventures

4부

섹슈얼리티 탐구생활

1.
자유로운 섹슈얼리티를 향하여

Towards Freedom of Sexuality

“섹슈얼리티란 성적 욕망을 창조하고 구성하고 표현하며 추구하는 사회적 과정이며 성 역할, 성행위, 성적 감수성, 성적 지향, 성적 환상과 정체성을 정의하고 생산하는 모든 영역을 포괄한다.”

_여성가족부 한국청소년성문화센터협의회 홈페이지

“현대 사회에서 섹슈얼리티라는 말은 성적 욕망을 둘러싼 느낌, 생각, 재현, 실천을 포함한다. 성별(젠더)과, 육체적 쾌락 및 욕망을 영유하는 문화적 방식인 섹슈얼리티는 불가분의 관계다.”

_제프리 윅스, 《섹슈얼리티: 성의 정치》

나는 누구인가

Who Are We?

이 책의 기본 재료가 되어준 글들을 여성주의 저널 《일다》에 연재할 당시, 나는 심리치료실에서의 대화 한 토막을 첫 회 첫 문단으로 쓰고 "자유로운 섹슈얼리티를 위한 치유 여정의 이번 구간은 심리치료"라고 했다. 섹슈얼리티는, 맨 처음부터 내게 엄청 중요한 주제였다. 섹슈얼리티Sexuality; 성애. 일상적으로 쓰는 말은 아닌데 여기저기서 들려오고, 멋있어 보이기까지 한다. 하지만 곧바로 그 의미가 파악되지는 않는 개념어다. 나는 이 단어를 보다 잘 이해하고 내 언어로 풀어내기 위해 고민해왔다. 그렇게 해서 개념이 내 것이 되면, 이를 토대로 내 삶에 대해 보다 깊이 생각하고 설명도 할 수 있기 때문이다. 가령 몸 해방 프로젝트는 성 역할, 성별 규범에 따르는 태도와 행동을 거부하는 과정이었다고도 볼 수 있다. 사회에서 통용되는 여자다움, 획일적인 미의 기준, 노출을 둘러싼 모순적인 기대 등을 거부하고 나를 기쁘고 자유롭게 하는 것들로 새롭게 삶을 구성하는 것이다. 성 역할과 규범은 성적 욕망과 관련 없는 일상생활에서도 치밀하게 우리를 옭아매며 누구도 거기서 완전히 자유롭지 못하다. 하다못해 여러 명이 식당에 가서 밥을 먹을 때에도 적용된다. 누가 먼저 메뉴판을 보고, 음식이 나오기 전에 누가 수저를 놓고, 먹으면서 대화를 주도하는 사람은 누구인지, 계산은 누가 하는지를 관찰하다 보면 한국 사회에서는 주로 성별과 나이에 따라 고정된 행동 양식이 반복해서 재현된다.

오늘날 나는 섹슈얼리티가 '나는 누구인가'라는 정체성의 중요한 한 부분이며, 스스로 만들어나갈 수 있는 것으로 본다. 이때 먼저 사회적인 억압에 의해 형성된 섹슈얼리티를 돌아보고 이를 해체하는 작업이 꼭 필요하다. 맨 앞에서 인용한 정의들을 활용해 나를 비롯한 많은 여성의 섹슈얼리티를 돌아보는 일로 섹슈얼리티 탐구를 시작한다.

- 우리는 자신의 성적 욕망을 창조, 구성, 표현, 추구함에 있어 얼마나 자유롭고 주체적인가?
- 우리가 지금 느끼는 성적 욕망과 환상은 온전히 우리의 것인가 아니면 사회가 우리로 하여금 갖기를 바라는 것인가?
- 이 사회에서 여성의 섹슈얼리티에 대한 문화는 어떠한가?

우리는 스스로 원하는 섹스를 하고 있는가

Do We Have the Sex We Want?

섹슈얼리티에서 가장 중요한 것 중에는 단연 성적 실천, 특히 성행위가 있다. 단도직입적으로 묻자. 섹스에 대한 금기가 많이 사라진 이 '자유주의 성 해방' 시대, 여성들은 자신이 원하는 섹스를 하고 있나? 자신이 무엇을 원하는지 아는가? 섹슈얼 판타지(성적 환상)를 마음껏 상상하고 있나? 자기 몸의 성적인 감각, 고유한 욕구와 취향을 잘 알고 있나? 나는 이 질문들에 자신 있게 "그렇다!"고 답하진 못한다. 다음 두 가지 질문에도 후자가 아직도 유효하다고 생각한다. 섹스를 쾌락을 위해 하는가, 아니면 의무와 거래로서 하는가? 섹스할 때 파트너(들)와 평등한가, 아니면 고정된 성별 권력관계가 고스란히 투영되는가?

아직도 많은 (이성애자) 여성들이 이성 파트너(남자)가 원하는 섹스를 한다. 게다가 그것이 자신도 원하는 섹스라고 믿도록 길들여져 있다. 주류 문화 콘텐츠를 통해 사회에 널리 유포되는 섹스에 대한 이야기와 이미지들, 섹스 판타지, 섹슈얼 판타지는 아직도 철저히 남자에 의한, 남자를 위한 것들이다. 콘텐츠 생산자인 방송국, 연예 기획사, 온/오프라인 미디어, 제작사 등에서 결정하고 책임지는 위치엔 여전히 대부분 남성들이 올라가 있고, 콘텐츠 생산을 위한 절대적 필요이자 권력인 자본에 대한 접근과 통제라는 차원에서 보면 더 하다. 즉, 남자들은 자기들이 보고 싶고, 하고 싶은 섹스, 성적인 자극을 주는 판타지를 현실에서 마음껏 펼치고 확산할 자원을 풍부하게 지녀왔다. 자본, 인적 물적 네트워크, 산업 구조에 있어서 모두. 그 결과, 예를 들어, 1천 만의 유저를 보유하고 있다는 메이드 인 코리아 비디오 게임 '서든 어택'에선 웬만한 인기 여자 연예인들을 캐릭터로 다 만날 수 있다. 연예인들의 실제 모습과 목소리를 본딴 캐릭터여서 매우 실감나는데, 이들은 게임 속에서 하나같이 "오빠, 힘내요!" "오빠, 구해줘요!"와 같은 대사로 수많은 남성 플레이어를 격려한다. 아이돌 걸그룹의 야한 의상과 춤은 세월에도 변함없이 방송에 나오고 연예 기사를 도배해왔다. 여자 아이돌의 군대 위문공연 기획을 승인하고 거기에 예산을 배정하는 이는 누구일까? 여자들 역시 영화관을 수없이 찾는데도 여성 감독의 영화는 투자받기가 별 따기고, 결국 박스오피스를 점령하는 것은 꾸준히 마초 조폭 영화인 것은 다 아는 사실이다. 전통적으로 남성 소비자가 압도적으로 우세한 포르노그래피는 단속과 제재를 뚫고 언제나 최신 인기물을 내놓을 수 있다. 결코 마르지 않는 돈줄, 판로, 수요가 있는 언제나 잘 나가는 산업이니까.

여성도 함께 즐기는 콘텐츠의 경우엔 마치 여성의 욕구와 쾌락도 동등하게 고려된 것처럼 포장된다. 주류 언론이 꼭 하나씩은 싣는 부부 성상담 코너, 비뇨기과 의사의 칼럼, 여성 필자의 섹스 칼럼은 언뜻 남녀 모두의 만족을 평등하게 권하는 것 같지만 그들은 철저하게 이성 간의 성기 결합 섹스라는 틀에 머물러 있다. 그리고 이상할 정도로 여성 불감증을 많이 다룬다. 여성에게 특별히 맞춤한 콘텐츠들도 기만적이다. 여성 잡지엔 '내 남자를 만족시키는 섹스 스킬' '오늘밤 침대에서 최고로 섹시해지는 방법' 같은 기사가 꼭 실린다. 나도 20대 초반까진 꽤나 진지하게 읽곤 했던 이 기사들은 만족스런 섹스를 위해 입어야 할 속옷을 코치하고, 남성 파트너에게 해서는 안 될 말, 해야 할 말을 알려준다. 무조건 칭찬해서 기를 살려주고 신음소리로 그를 자극하란다. **기브 앤 테이크** 원칙도 단골로 나온다. 남녀의 자원과 권력은 언제나 기울어져 있지만, 섹스할 때 만큼은 평등하게 주고받아야 잘하는 것이다. 섹스는 여자가 원하는 것을 얻고, 또 사랑받기 위한 전략이라는 얘기도 스스럼없이 나온다. 물론 이런 지침은 여자들에게 실제로 유용하기에 지속해서 등장하는 것일 테다. 다만 현실이 어떻든 거기 잘 순응하면 그만이라는 사고방식은 너무나도 낡았다.

이 빈곤한 섹스 판타지는 어디서 왔나

Where Do These Crappy Sexual Fantasies Come from?

여자들이 한 번쯤 꿈꾸는 섹스, 실현가능성은 없지만 상상만으로도 좋은 판타지. 이것들은 어디서 왔을까? 오랜 세월 동안 '여자를 위한, 여자에 의한' 로맨틱 코미디와 로맨스 소설과 순정 만화에서 공급되어 왔다. 내가 가장 좌절하는 부분이다. 내가 자주 가는 한 전자책 전문 인터넷 서점엔 '19세 이상 로맨스 관'이 상당히 활성화되어 있다. 3천 원 가량을 내고 다운받아 볼 수 있는 만화책이나 소설 콘텐츠가 수천 권이 있는데, 구매자 별점 평가가 가볍게 1천 건을 넘을 만큼 보는 사람도 실제도 많다. 그중 평균 평점 5점 만점에 4.1점을 기록 중인 책 한 권을 예로 들어본다. 사이트의 책 소개는 다음과 같다.

- 키워드:
  현대물, 원나잇, 재회물, 까칠남, 나쁜 남자, 바람둥이, 절륜남, 상처녀, 소유욕/독점욕/질투, 운명적 사랑

- 배경/분야:
  현대 소설

- 남자 주인공:
  OO. Cu 그룹 회장.
  완벽한 스펙에 차갑고 오만한 남자. 막강한 부와 권력 위에서 고독하게 살아온 남자.

- 여자 주인공:
  OO. 약사.
  어릴 적 상처로 감정 표현에 서툴고 무뚝뚝하며 차갑다. 죽은 할아버지의 약국을 홀로 지키며 사는, 모든 것에 무심한 여자.

그리고 미리보기 서비스로 읽어볼 수 있는 첫 44쪽까지 나오는 내용을 내가 키워드로 직접 정리해본 바는 다음과 같다: 연예인 성 상납, 고통을 느끼는 성기 결합, 스토킹, 납치, 협박, 신체적 공격(낚아채기, 끌고 가기, 붙잡기), 섹스 강요, 일방적 반말, 모욕적 언행, 권력자 남성-일반인 여성, 처녀성 깨기, 일과 생활에 대한 방해와 간섭. 여자 주인공은 단시간에 이 모든 무례와 폭력을 겪으며 당황하고 불안해하며, 혼란스럽고 공포심도 느끼지만 그것은 설렘, 기

대감, 기다림, 끌림, 궁금증과 구분하기 어려운 모호한 감정으로 묘사된다. 돈이 아까워서 차마 구매는 못했지만, 안 봐도 뻔하다. 뒷부분에서 여주인공은 결국 그 남자를 사랑하게 될 것이다. 두 사람이 사랑하게 됨으로써 남자의 그간 모든 잘못은 무마될 것이다. 나는 다른 책들도 많이 뒤졌다. 상습적 강간, 강제로 하는 즉, 원칙에 어긋나는 BDSM[01], 남자 둘에 여자 하나인 쓰리썸threesome, 수간[02]의 변형, 섹스에서 돌변하는 반전녀, 강요된 모노가미monogamy 등이 추가되었지만 **여성 억압적인 캐릭터 설정과 줄거리 전개**는 엇비슷하게 되풀이되는 경우가 압도적으로 많았다.

지금 이 순간에도 수많은 여자가 남몰래 이런 것들을 읽으면서 섹스를 욕망하고 상상하며 축축하게 젖는다고 생각하니 나는 암담하고 참담해진다. 난 어땠냐고? 젖다 말았다! 흥분하고 신음하는 두 육체를 아무리 세세하게 묘사해도 그것은 내게 강간 장면이었다. 아랫배를 간질이던 흥분은 혐오와 분노로 빠르게 변했다. 정녕 볼 게 이딴 것뿐이란 말인가? 이것들을 통해 섹스를 배우고 꿈꿀 수밖에 없나? 이토록 **빈곤하고 불평등하고 폭력적인 상상**이 우리 머릿속에 이미 다 들어차 있다는 말인가? 아마도 그런 것 같다. 그러니까 이 사회의 섹스 문화가 아직 이 모양이다. 섹스를 '좀 아는 여자'는 알아서,

01 BDSM; Bondage and Discipline 결박과 훈육, Dominance and Submission 지배와 복종, Sadism and Masochism 가학-피학성애

02 Bestiality; 동물-사람 간 성행위

'아직 모르는 여자'는 몰라서 억압되어 있다. 아는 여자는 자신이 잘 즐긴다고 생각하지만 그건 착각일지 모른다. 파트너 남성의 가부장적인 성 관념에 맞추느라 자신도 모르게 기성 포르노 속 여배우를 연기하고 있다면 말이다. 더 야하고 발칙한 체위와 성향을 발휘하고 싶은데 '까진 년' 소리를 들을까 싶어 자제하고 있다면 말이다. **하고 싶은 섹스와 실제로 할 수 있는 섹스 사이의 괴리**가 큰 셈이다. 모르는 여자는 서툴고 불안한데, 게다가 빨리 잘해야 된다는 부담과 '나 너무 밝히는 걸까'라는 죄의식 사이에서 갈등한다. 포르노그래피도, 여성을 겨냥한 성인 로맨스물도 접해보지 않았고, 아직 섹스를 안 해봤거나 이제 갓 시작한 여자는 여기저기서 들은 이야기에 기대어보지만, 현실 섹스에선 간단한 성기 결합도 아프기 십상이고 남성 파트너보다 경험치가 달려 끌려 다니기 십상이다. '속성 학습'을 위해 어디서 자료라도 좀 찾다 보면 남성중심적인 주류 콘텐츠에 금세 정신이 오염되어 남자가 원하는 섹스에 적응해간다.

우리에겐 대안이 필요하다. 그리고 대안은 있다! 매 순간 우후죽순처럼 올라오고 있다. 메마른 땅에 뿌리는 '페미니스트의 섹스'라는 씨앗은 기어코 싹을 틔우고 가지를 뻗어나가고 있다. 자, 이제 시원하게 말해보자.

2.
자위로 섹슈얼리티 탐구하기

Exploring Sexuality with Masturbation

나의 첫 오르가슴

My First Orgasm

혼자 하는 섹스인 자위는 섹스에 관한 기울어진 현실을 반전시키는 데 있어 누구나 **지금 당장 할 수 있는** 가장 쉬운 실천이다. 그리고 그 효과는 아주 막강하다. 우리는 자위하면서 과연 내 몸은 어떤 욕망과 감각을 갖고 있는지 찾아내고, 내 몸이 원하는 섹스를 기획하고 상상할 수 있다. 게다가 페미니스트의 반격, 섹슈얼리티 탐구의 사명을 다 떠나 우선 기분이 좋다! 내게 자위는 '가장 순수하고 내밀한 기쁨' '내가 온전히 내 의지로 누릴 수 있는 쾌락'이다. 처음부터 그랬던 건 물론 아니다. 자위라는 세상을 만나고, 인정하고, 그곳에서 활보하기까지 무수한 벽들을 깨고 나와야 했다. 담장 또 담장, 문 또 문으로 둘러쳐진 아흔아홉 칸 기와집, 가장 깊숙한 곳에 자리 잡은 규방을 뛰쳐나오면서 가능했다. '자위? 그걸 왜 해. 넘치는 성욕을 주체 못하는 남자들이나 하는 건데. 추접해. 여자가 자위를? 대체 얼마나 밝히길래? 교회에선 자위가 죄악이라 말하던데….' 부모에게서, 영화나 드라마에서, 신문 칼럼에서, 가정 교과서에서 가르치는 대로 고분고분 따르다 보면 여성들은 자위를 이렇게 취급하게 된다. '자위는 섹스의 열등한 대체제다' '남자는 성욕이 넘쳐 자위를 통해 해소해야 하지만 여자는 그 정도의 성욕이 없다' '자위는 부끄러운 짓이다' 같은 통념도 내면화하게 된다.

나 역시 예전엔 여기 가로막혀 자위에 대해 마냥 부정적이었다. 자위를 하면 어떤 느낌인지, 어떻게 하는 건지 아예 궁금해 하지 않았다. 여성의 권리나 온갖 젠더 불평등 문제에는 촉각을 세웠던 나인데, 여자들이 순결이니 정숙이니 구애받지 않고 자유롭게 섹스를 해야 한다고 믿었으면서도, 자위하는 여자에 대한 악의적인 평가에는 무덤덤했다. '자위하는 여자들도 있긴 있겠지. 그런 사람들은 성욕이 유달리 많은가? 연애를 오래 안 했나?'라며 나와는 무관한 얘기로 선 그었던 것 같다. 그러던 어느 날, 때는 스물세 살의 겨울. 오랫동안 좋아했던 사람과 마침내(?) 섹스를 했다. 그런데 이게 웬 반전. 별로였다. 영 시원치 않았다. 애무에 무능하고 무관심한 그 사람의 손길이 답답했고 각종 '결합'도 껄끄러웠다. 쾌감도 조금 고조되다 푹 꺼였다. 그런데도 좋아하는 사람과 친밀한 시간을 보내고 나니 집에 돌아와서도 몽롱하고 간질이는 기분이 계속됐다. 흥분도 됐다. 그러다 어느 순간, 나는 자리를 깔고 누워 현실에서 못 이룬 것들을 다 해보는 판타지를 펼치기 시작했다. 이불 속에선 나도 모르게 내 손이 몸 구석구석을 비비고 어루만지며 **하고 있었다**! 퍼내도 퍼내도 다시 물이 고이는 촉촉한 샘을 만들고 붉은 석양 속을 관통하는 비행을 하고 까만 밤하늘에 형형색색의 폭죽을 마구 터뜨렸다. 그렇게 첫 '오르가슴'. 오르가슴의 황홀경은 학습된 수치심이나 죄의식 따위를 거뜬히 무찌르고도 남았다. 나는 전혀 부끄럽지도 괴롭지도 않았다. '아, 다음에 또 해야지.' 그 생각뿐이었다.

자위는 자연스러운 내 몸 탐구

Masturbation Is an Instinct

몸은 기억력이 좋다. 이후 까맣게 잊고 있었던 기억들이 뭉글뭉글 피어올랐다. 여섯 살 때 우리 집 베란다에 커다란 플라스틱 미끄럼틀이 있었는데, 그 밑에서 나 혼자 손가락으로 보지를 살짝살짝 건드리며 간질이던 것. 사춘기도 겪기 전에 이불 속에서 언니랑 같이 서로의 젖꼭지를 핥아보거나 혀끝을 마주 대며 찌릿하는 느낌에 소스라쳤던 것. 그야말로 보지에 털도 안 났던 시절의 비밀스런 기억들이다. 언젠가 여자 친구들과 엠티 가서 진실 게임을 할 때, '야한 비밀 말하기'가 주제로 나온 적 있다. 몇몇은 '알고 보니 자위'였던 경험을 털어놨다. 나처럼 아주 어릴 때 일이었다. 그런 애들은 그냥 어릴 때부터 싹수가 노란 거라고? 오늘날 유아교육학에서는 10세 이하의 남아, 여아 모두 스스로 성기를 만지며 그 감각을 즐기는 경향이 있다는 게 정설이다. **성감을 찾아내고 거기서 오는 감각을 음미**하는 것,

즉 자위는 그만큼 자연스러운 행위다. 자위, 특히 여성의 자위를 나쁜 것, 열등한 것, 잘못된 것이라 퍼뜨리는 오랜 성 담론이야 말로 남성중심 이데올로기이자 자연을 거스르는 왜곡이다. 여성들이 순진무구하게 살다가 결혼을 하고 나서야 비로소 한 남성 파트너에 의해 성적으로 성숙되고 그의 방식으로 길들여져 '기쁨을 아는 몸'이 되도록 조장해온 가부장적 성질서.

'자위하면 이러저러한 장점이 있어서 좋아'라는 식으로 말하고 싶진 않다. 자위는 수단이 아니고 목적 그 자체니까. 그냥 느낌이 좋으니까 하는 거다. 하지만 이 얘기만은 꼭 해야겠다. 우리 여성들에게 필요한 자기 몸에 대한 결정권이나 섹스에서의 주도권은 자위할 줄 아는 여자, 자위 잘하는 여자들이 잘 챙길 수 있다는 것 말이다. 자위를 통해 성욕, 성감, 성애와 관련된 내 몸의 구조적, 감각적 반응 기제를 탐구할 수 있고, 이는 우리가 **온전한 성적 주체**가 되는 데 큰 도움이 된다. 파트너와 교감하고 호흡을 맞추는 데 집중하게 마련인 섹스, 소통 안 된 강박 관념과 미묘한 권력관계에서 자유롭지 못한 섹스에서는 '내 몸 탐구 생활'이 더딜 수밖에 없다. 내 몸은 언제 성적 흥분과 자극을 원할까? 물론 배란기 때, 야한 장면을 보았을 때, 만지고 싶은 사람을 만날 때. 또 뭐가 있을까? 내 성감대는 어디어디일까? 보지, 입술, 가슴, 귓불이나 목, 겨드랑이는? 엉덩이나 등허리, 발목과 허벅지 안쪽, 배꼽 주변은? 언제 어떻게 간질일 때 가장 기분이 좋을까? 내 클리토리스는 얼마나 클까. 또 얼마나 커질까. 어떤 순서, 방향, 길이, 온도, 진동으로 만져줘야 그녀가 가장 화끈하게 희열

할까. 그 누구의 것도 아닌 내 감각이며 내 몸이기에 **나만 답할 수 있는 질문들**이다. 이 답들을 잘 알면 성적인 기쁨과 쾌락, 만족을 위해 내가 원하는 것을 결정할 수 있는 힘이 자연스레 따라온다. 물론 그 결정은 무궁무진한 조합의 선택지를 바탕으로 한다. 나아가 어디를, 어떻게, 얼마나 제어할 것인지, 혹은 제어를 안 할 것인지(와우!)는 시시각각 다르다는 것도 알게 된다.

자위 이후의 섹스

My Sex Life after Masturbation

자위 안 하던 시절의 내 섹스는 어땠나? 몸이 달아오르고 기분이 이상야릇해질 때도 어찌해야 하는지 잘 몰랐다. 애무를 시작하면 자연스레 내 가슴, 내 클리토리스, 내 질이, 내 피부가 부풀고 꼿꼿해지고 촉촉해지고 초민감해지는데, 나는 손 놓고 누워 잘하든 못하든 파트너의 손길에만 의존했다. 내 몸에 직접 시범을 보이긴 어쩐지 민망하기도 했고, 여자가 너무 이래라저래라 하면 남자의 흥분을 떨어뜨린다는 잡지 기사를 떠올렸는지도 모른다. 결정적으로 나도 내 몸의 성적인 흥분과 반응 기제를 잘 모르니 파트너에게 뭘 어떻게 하라고 요청하기도 쉽지 않았다. 기껏해야 '조금 더' '거기 말고 좀 더 밑에' 내 불만족은 파트너가 잘 만질 줄 아는가의 문제만은 아니었던 셈이다. 자위 많이 해봐서 잘 아는 남자 파트너들은 자기 성감을 극대화하는 방향으로 섹스를 주도했고, 잘 모르는 나는 억울하지만 그

쪽으로 끌려갈 수밖에 없었다. 남자의 자위는 사회에서 너무나 당연시되기 때문에 사춘기 때부터 대다수 남자들의 생활은 수많은 '당연한 자위'로 점철된다. 그러면서 자기에게 잘 먹히는 섹스를 예습하는 것이다. 물론 섹스에 꼭 필요한 애무와 소통은 생략된, 화학조미료 범벅 인스턴트 같은 포르노에 의존한 예습이라는 게 거대한 함정이지만.

예전에 몇몇 여자 친구들은 '섹스가 왜 좋은지 잘 모르겠던데' '들어갈 때 딱 5초만 좋고 나머진 느낌 없어' 같은 말로 날 갸우뚱하게 했었다. 지금 생각해보면 아마 자위를 안 해보고 바로 섹스를 시작했던 것 아닐까 싶다. 그녀들은 자기 쾌락을 못 챙기고 파트너 남성의 욕구와 필요에만 맞추는 섹스를 했던 것. 그 밖에도 기혼 여성들이 애용하는 인터넷 게시판엔 "나는 섹스를 별로 좋아하지 않는데 남편 때문에 어쩔 수 없이 하느라 괴롭다"는 식의 글들이 올라오는데, 그녀에겐 섹스가 '의무'이자 '노동'이나 마찬가지다. 그래서 귀찮지만 적당히 해주고, 대신 부부 관계의 다른 부분에서 원하는 걸 얻겠다는 보상 심리도 따라온다. 다행히 내 친구들은 다년간의 탐험 끝에 애초 입장을 번복했다. '나 요즘 섹스가 너무 좋아졌어. 중독인가 봐.' 오케이. 너도 이제 왔구나, 이 세계로. 격하게 웰컴!

자위를 즐기게 되면서 내 섹스는 확연히 달라졌다. 우선, 섹스 중 그리고 전과 후에 파트너와의 소통에서 내 의견이나 요청, 의지가 분명하고 자신감 있어졌다. 덕분에 섹스할 때 몰입을 방해하고 나중엔 자괴감마저 줬으나 표현 못했던 마음속의 혼란, 불편, 불만족이 거의 사라졌다. 파트너와의 눈치를 보면서 적당히 타협하고 맞춰주는 것 따위, 없다. 섹스는 몸의 대화라지만, 고도의 지능이 있는 인간의 섹스는 언어를 동반할 때 더 화끈하게 즐겁다는 걸 절감했다. 남성 파트너와는 아직도 내게 껄끄러운 성기 결합에서 나에게 맞는 자세, 결합 깊이, 강도, 길이, 타이밍 같은 것을 적극적으로 주도한다. 여성 파트너와는 더 많이 대화하고 공감할 수 있다. 신체 조건이 비슷하니 내가 느끼는 것을 상대도 비슷하게 느끼고 있다는 것에서 오는 유대감과 일체감이 그 바탕이 된다. 오르가슴과 애무의 길이와 타이밍, 선호하는 체위 등 차이로 인한 어쩔 수 없는 타협이나 아쉬움도 훨씬 적다. 성기 결합을 해야 '끝까지 갔다'고 믿는 남자들과의 섹스에 비해 사실 훨씬 다채롭다. 함께, 또 번갈아 다양한 것을 시도하며 멀티플 오르가슴이 있는 긴 놀이로서 섹스할 수 있다.

한편, '파트너와 함께하는 자위' 콘셉트도 좋다. 이는 서로의 가장 은밀한 순간을 공유한다는 데 의미가 크다. 자위는 보통 혼자 하는 거니까. 함께하는 자위에서는 동시에 오르가슴을 맛볼 수 있다. 안전한 유리공 속에서 둘이 손 꼭 잡고 우주로 팡! 튕겨나가는 기분. 이걸 '동기화된 자위synchronized masturbation'라고 불러본다. 번갈아 한다면 한 사람은 절정의 오른 상대방의 모습을 찬찬히 음미할 수 있다. 그렇게 바라보다 보면 상대방의 그 꾸미지 않은 아름다움에 감탄하고 지극히 황홀한 표정에 덩달아 행복해진다. 함께하는 자위라는 관점에서 나는 섹스를 이렇게 표현하겠다. 상대방에 대한 신뢰를 기반으로 서로에게 자기 몸의 '쾌락 열쇠'를 빌려주는 것이라고. 자위가 바로 열쇠, 그 열쇠의 주인은 우리 각자다.

잠깐, 노파심에 다시 한 번. 나는 섹스를 잘하기 위해 자위를 하자는 주장을 하는 것이 아니다. 자위는 섹스의 대체제가 아니다. 그런 점에서 성교육 콘텐츠인 웹툰 〈시크릿 가족〉의 '여성 자위 편'이 나는 아쉬웠다. 여기서는 재치 있는 그림과 대사로 각종 통계치부터 할리우드 셀러브리티들의 코멘트까지 수집해서 자위해도 된다고, 자위는 좋은 것이라고 10대 여성들을 격려한다. 구체적인 자위 방법도 친절하게 알려준다. 현재 청소년들이 참고하기에 이보다 포괄적이고 유익한 레퍼런스는 없어 보인다. 하지만 '올바른 자위법'을 알려준다면서 섹스토이는 인간이 사랑을 통해 줄 수 있는 자극이 아니고 중독될 수도 있다고 경고하는 부분이나, 여성의 결혼과 출산을 자위에 반복적으로 결부시키는 점, 마치 청소년들은 섹스를 안 한다는 듯 '미래의 성생활'에 자위가 유익하다는 설명은 너무 보수적이다. "자위를 통해 성을 느끼는 여성은 뜨거운 사랑을 할 수 있는 성숙한 여성이다" "성기와 가슴을 함께 자극시키는 것이 좋다. 미래의 남성과 함께 호흡하는 것이며 가슴이 열리면 차크라가 열린다" "남성의 페니스와 상동 기관으로 민감하고…"와 같이 이성애 섹스만을 지목하며 섹스의 준비 단계로 자위를 규정하는 대목도 분명 문제가 있다. 섹스와 연관 지어 바라보지 않아도 **자위는 그 자체로 좋다**. 기쁘고, 황홀하고, 짜릿하며, 삶의 위안이 되는, 주체적인 섹슈얼리티 실천이다.

명상법으로서의 자위

Masturbation as a Meditation Technique

그런 의미에서 나는 명상법으로서의 자위를 주장한다. 탐진치[03]를 끊겠다고 성욕은커녕, 모든 섹슈얼리티를 부정한 채 매일 명상에 임하는 수행자들이 들으면 어이없어 헛웃을 얘기지만 여하튼, 나는 자위하면서 명상한다. 우리는 언제 명상이 절실한가? 일상의 온갖 잡다한 일들에 치여 몸과 마음이 지칠 때. 그 피로가 쌓여 우울과 짜증, 허무와 분노가 되려할 때. 인생의 교차로 같은 중대한 의사결정을 앞두고 숙고와 통찰이 필요할 때. 연이은 카페인 섭취로 몸의 감각에 무뎌져 몸과 마음의 연결을 회복하고 싶을 때. 하루하루가 허무하고 지루해 어딘가 다른 차원으로 바람 쐬고 오고 싶을 때. 이럴 때 나는 혼자 있는 시간을 만들고 오르가슴을 찾는다. 문을 다 닫고 조용한 방에서 편안히 누워 하는 게 보통이지만, 때로는 창문을 열어 찬바람을 들이거나 촛불과 향을 피우고 음악을 잔잔히 틀어놓기도 한다. 평소에 애용하는 섹스토이를 쓰면 손이 편해서 좋지만, 없이도 충분히 즐길 수 있다. 명상하자고 물건을 사는 아이러니는 안 만들어도 된다. 좋아하는 머플러, 잘 다듬은 채소, 거울, 손전등 등등 무엇이든 창조적인 자위 소품이 될 수 있으니까. 수차례 **시원한 해일과 들끓는 용암**을 지나는 듯한 오르가슴을 맞이하고 나면 즉각적인 스트레스 완화 효과가 나타난다. 머릿속이 맑아지고 호흡이 깊어지

03 貪嗔恥, 탐욕과 노여움과 어리석음. 불교에서 말하는 근본적인 세 가지 번뇌

고 여기저기 결리고 쑤시는 만성 근육통도 잠시나마 가라앉는다. 진공 같은 고요 속에서 혼란이 걷히고 답이 보인다. 열에 아홉, 우리 안에는 답이 있다. 다만 번잡함 속에 가려져 있어 확신하지 못할 뿐. 이는 오르가슴이 주는 희열감에 오롯이 나를 맡긴다는 점에서 명상의 종류 중 '집중 명상concentrative meditation'이라고 할 수 있다. 또, 자위에서 오는 감각을 두고 가타부타 않고 있는 그대로 바라본다는 점에서는 '마음 챙김 mindfulness meditation 명상'이라고 해도 되지 않을까. 이에 대해 과학적 설명도 가능하다. 오르가슴 때 시상하부-뇌하수체에서 행복감과 관련된 호르몬이 나와 온몸에 퍼지니 그 효과가 가히 좋게 마련이다.

문득 오랜 궁금증 하나가 풀린 듯하다. 불교에서 성욕을 부정적인 것으로 규정하는 이유는 그것이 자꾸만 더 갖고 싶어지는 '욕구'이기 때문이지, '성' 자체를 문제시한 것은 아니지 않을까. **성**性이라는 한자를 들여다보라. '인간'과 '생명' 두 요소가 들어 있을 뿐이다. 성감은 근본적으로 생명에너지다. 그렇지 않다면 성기관을 통해 재생산뿐 아니라 쾌락도 얻을 수 있도록 신체가 디자인된 이치를 어찌 설명할 것인가. 성은 자연스러운 것이나, 다만 성감의 실현에 있어 온갖 잡다한 것들을 다 끌어들여 '욕'慾으로 치닫는 것을 경계하라는 의미 같다. 일개 중생인 내 소박한 해석이다. 자위 명상은 일상에서 분노, 슬픔, 좌절 같은 힘든 감정을 잘 다루는 데도 유용하다. 늦게까지 일하느라 몸이 긴장을 풀지 못해 잠이 안 올 때도 특효약이다.

다시 보는 클리토리스와 지스팟

Reappreciating the Clitoris and the G-Spot

자위를 할 때 궁극의 쾌락은 물론, 클리토리스가 책임진다. 과학 전문 작가 나탈리 앤지어Natalie Angier는 《여자, 내밀한 몸의 정체Woman: An Intimate Geography》(1999)에서 한 장을 클리토리스 탐구와 찬양에 바쳤다. 이 책에서 특히 흥미로운 내용을 일부 소개한다. 클리토리스는 '8천 개의 신경 섬유 다발'로 이루어져 있으며, 다른 역할을 겸하지 않는 '순수한 성기관'이다. 입술이나 혀를 비롯한 신체 어느 기관보다 신경 섬유가 밀집해 있고, 남성의 페니스보다는 신경 섬유가 두 배 많다고 한다. 이 말인즉슨, 여성이 느낄 수 있는 '쾌락의 최대치'가 남성의 '두 배'일 수 있다는 것. 남자들이 섹스에 그리 목을 매고도 막상 우리 여자들이 느끼는 것이 절반도 못 얻는다니… 쯧쯧. 클리토리스를 통해 가능한 여성의 어마어마한 성적 감수성은 남성중심 사회에서 '체제 위협'으로 간주되어 오랫동안 질투와 은폐, 공격의 대상이었다. 프로이트는 별 근거도 없이 클리토리스 오르가슴을 질 오르가슴에 비해 '미숙한 것'이라고 결론 내리고 이를 정신분석 세션에서, 강의에서, 미디어에서 열심히 떠들고 다녔다. 또 세계적인 의학 데이터베이스인 메드라인Medline을 검색해보니 클리토리스에 대한 연구 자료는 5년 동안 단 60건이었다고 한다. 페니스를 주제로 한 연구는? 그 서른 배에 달했다. 가장 극단적인 예는 지금도 아프리카 문화권에서 할례라는 전통으로 널리 행해지는 '성기 절단genital amputation'이다. 어린 소녀들의 클리토리스를 잘라내 버리거나 오줌 구멍만 남기고 대음순을 아예 꿰매버리는, 일찌감치 '여성 섹슈얼리티의 싹'을 잘라 버리는 극악

행위. 보통 마취도 살균도 없이 하는 이 시술로 많은 여성들이 죽거나, 몸과 마음에 장애를 갖게 된다.

책을 읽으면서 특히 공감했던 건, **클리토리스를 통한 멀티플 오르가슴**에 대한 논의였다. 남자들은 기껏해야 한 시간에 서너 번 발기하고 사정(=오르가슴)해도 힘세다 소리를 듣는 반면, 여자들은 한 시간에 '오십 번'도 넘게 가능하단다. 이게 결코 과장이 아니라는 걸 나는 경험상 안다. 올라도 올라도, 닿아도 닿아도 언제나 또 갈 수 있다, 그곳에. '클리토리스 오르가슴 만세!' 남자 섹스 파트너는 으레 성기 결합을 다른 무엇보다 더 선호하지만, 나에게 성기 결합은 오히려 오르가슴을 극대화하기 위한 부차적인 수단이다. 클리토리스 자극 없이 성기 결합만으로 오르가슴을 느낀 적은 단 한 번도 없다. 반대로 클리토리스를 만지다가 클라이맥스 즈음 질도 같이 자극하면 쾌감이 빵! 터진다.

클리토리스와 흔히 비교되는 지스팟G-spot을 별도의 기관이 아닌 클리토리스의 뒷부분이라고 보는 학설도 있다. 클리토리스 신경다발이 뒤쪽의 질 안, 방광을 감싸고 있는 지스팟 조직까지 연결되어 있다는 것에 근거한다. 골반 부위에 퍼져 있는 1만5천 개의 신경 섬유가 클리토리스 신경과 상호 작용한다는 것도 밝혀졌다. 감염 위험에, 접근하기도 만지기도 까다롭고 그다지 섬세하게 반응하지 않는 지스팟보다는 여러모로 클리토리스가 훨씬 좋다. 자, 이쯤 되면 '여성은 타고나기를 성욕이 남자보다 적다'는 명제를 우리는 거뜬히 무너뜨릴 수 있다. 여성들은 생물학적으로 성욕이 적은 게 아니라, **성욕을 추구하지 않도록 사회화**되는 것뿐인지도 모른다. 많은 여성은 억압적 교육과 사회 통념, 성폭력 경험 때문에 성욕의 존재를 인정하지도, 적극적으로 추구하지도 못한다. 또 성욕이 있으나 섹스는 원치 않기도 한다. 자기 성감에 대한 경험과 자신감이 부족하거나, 강압적 섹스에 대한 거부 반응으로, 파트너와의 소통 부재나 갈등으로 인해 섹스가 하나도 즐겁지 않을 수 있다. 그럴 땐 자위로도 충분하고 완전할 수 있다. 가부장제를 뒤엎을 강력한 힘과 용기를 주는 '클리토리스 쾌락'으로 말이다.

3.
유쾌 통쾌했던 여성 사정 워크숍

Our Joyful Female Ejaculation Workshop

sexuality

대안적인 해부학, 그리고 케겔 운동

Feminist Science and the Kegel Exercise

나는 지난 2006년에 친구들과 함께 지역 페미니즘 모임에서 '여성 사정female ejaculation' 워크숍을 열었다. 맞다. 극치의 쾌감 상태에서 성기를 통해 액체를 분출하는, 그 사정射精이다. 여성들의 주체적인 자위에서 또 하나의 짜릿한 탐구 주제다. 사실 우리가 흔히 접해온 주류 성교육이나 성의학은 철저하게 여성의 자궁, 즉 아이를 낳는 재생산 기능 중심으로 짜여 있었다. 지금도 순수하게 쾌락을 위한 섹스에 대한 담론에는 여전히 인색하다. 따라서 우리의 워크숍은 상세한 일러스트와 함께 여성 생식기를 다시 보는 것으로 시작했다. 자궁을 중심으로 양쪽에 난소와 나팔관이 퍼져 있고 아래로 질이 이어지는, 늘 보던 그 그림이 아니다. 대신 질을 중앙에 놓고 아래에서 위로 혹은 측면에서 바라본다. 비로소 대음순과 바깥까지 넓은 신경과 조직을 뻗친 클리토리스와 질 조직들이 존재를 드러낸다. 바로 '여성 사정'의 열쇠를 쥔 기관들.

사정 메커니즘을 보려면 여성의 전립선에서부터 시작하면 쉽다. 전립선은 발기되는 조직이며 요도 주변에 위치해 있다. 무수한 분비선과 관으로 구성되어 있는데, 사정 시 액체가 바로 이 분비선들에서 나와 요도로 배출된다. 질 안에서 전립선이 가까이 있는 천정부 조직(흔히 G-spot이라 부르는 그 부위)을 계속 문지르다 보면 곧 오줌 쌀 것 같은 느낌이 오는데, 학습된 수치심 따위 던져버리고 **더 이상 못 참겠는 그 한계를 에라 모르겠다**, 하고 넘어가면 쏴-하고 나온다. 뿜어져 나오는 액체는 요도에서 나오지만 오줌과 다르다. 반투명하고 살짝 노란빛을 띠며 점성은 없다. 체액이 다 그렇듯 냄새나 맛은 몸 상태에 따라 늘 조금씩 바뀌지만, 주성분은 기분을 안정시켜는 신경물질인 세로토닌과 글루코스(포도당)라고 알려져 있다. 사정은 오르가슴과는 별개로 일어날 수도 있다.

예전에 호기심에 '여자도 사정이 가능'을 검색어로 웹서핑을 한 적 있다. 그때 문답 사이트나 블로그에 회자되던 것은 대부분 여자 친구를 사정할 때까지 사정없이 사로잡았다는 남자들의 무용담이었지, 여성이 쓴 (것으로 추정되는) 글은 못 봤다. 여성의 섹슈얼리티가 다 그랬듯, 여성 사정도 가부장제 사회에서 등한시되거나 아예 은폐되어왔다. 모든 지식은 사회적으로 구성되는 것이다. 성적 쾌락을 밝혀선 안 되고, 다만 건강한 아이를 낳아야 하는 여성의 몸에서 사정은 권장되지 않았고, 잊혀졌다. 예외적으로 성애에 관한 고대 인도의 문헌인 카마수트라나 아프리카 우간다 전통 문헌에 여성의 사정도 남성의 것과 동등하게 중요했다는 기록이 있기는 하다.

다음으로 그럼 '거기'를 이떻게 문지를 것인가, 테크닉을 논할 차례. 경험자들의 증언이 나오기 시작했다. 일단 마음의 안정과, 싸도 된다는 자기 확신이 중요하단다. 클리토리스 오르가슴을 몇 차례 먼저 맞이하고 질 조직이 한창 부풀어 올라왔을 때 하면 만질 부위를 잘 찾을 수 있다는 조언도 나왔다. 오줌이랑 약간 섞여서 나오는 것 같다는 의혹엔 다들 웃음이 터졌다. 지스팟G-spot 말고 다른 이름을 찾아야 한다는 주장도 호응을 얻었다. G는 처음 그 부위를 '발견'해 이론화한 남성 과학자의 이름을 딴 것이라 기분 나쁜 연상이 되기도 하고, 사실상 콕 집어 한 점spot이 아니고 '영역area'인데, 이름 때문에 마치 정형화된 스위치가 있는 양 오해하기 십상이라는 게 그 이유다. 하여간 페미니스트로 살려면 작명 센스까지 갖춰야 한다. 다시 지어야 할 이름이 너무 많아서. 한편, 사정하는 느낌이 마음에 들어서 자주 누리고 싶다면 골반 운동을 통해 근육을 단련하면 된다. 골반 근육이 잘 발달해 있으면 어떤 자위도 내 맘대로 오래 할 수 있다. 특히 조이고 풀어주는 움직임을 자유자재로 하고 싶다면 역시 '케겔 운동'이 제격이다. 워크숍 참여자들이 다 같이 일어나서 연습했다. 너무 웃긴 와중에 한편으로 가슴이 찡해진다. 아, 내가 먼 독일까지 와서 뭇 여성 동지들과 사정 기술까지 연마하다니… 살다 보니 이런 날도 오는구나! 우리 모임은 후속 워크숍으로 '실습편'도 두 번이나 열었다. 나는 다른 일 때문에 거기엔 참여를 못했다. 내가 직접 또 열지 뭐!

천 번의 자기긍정과 만 번의 오르가슴

We Need Thousands of Self-assurances and Orgasms

클리토리스, 대음순, 소음순, 회음부를 거쳐 질 입구에 드리워진 장막을 살짝 들춘다. 그 장막은 처녀막이라는 오명을 쓰고 있지만 사실은 늘 거기서 날 맞아주는 감미로운 문지기다. 이제 따뜻하고 축축한 질로 미끄러져 들어가본다. 질 주름 사이사이를 만져본다. 한참 가다 보면 흥분할수록 도드라지는 오돌토돌한 질감의, 엄지 손톱만한 피부 조직도 느껴진다. 그쯤에서 월경컵이 안착할 만한 자리도 찾아본다. 이제 자궁 경부까지 닿아본다. 손가락만 열 일할 게 아니다. 오감을 다 동원해 탐험한다. 거울에 비치는 내 모습을 흘끗할 때 입에선 신음과 탄식이 터져 나오고, 그 소리에 두 귀는 더욱 열린다. 붉게 부풀어 오르는 질 내벽에서 끝없이 스며 나오는 액을 손으로 훑어 혀로 맛본다. 절정에 오를수록 짙어지는 겨드랑이 향내가 코를 무장해제시킨다. 그리고 이 모든 것들이 다 같이 호응할 때, 내 몸이 뉘인 시공은 점점 흐릿해지고 결국에는 나 자신마저 잊히는 순간이 온다. **지금 죽어도 좋다**.

이제와 같이 앞으로도, '자위하는 여자'가 당연해지기까지는 백 번의 월담과 천 번의 자기 긍정과 만 번의 오르가슴이 있어야 할 테다. 그날이 와도 어떤 여자는 자위를 하고, 어떤 여자는 안 할 것이다. 굽이치는 삶의 강을 떠내려가며 우리는 때로 자위에 미쳤다가 또 가끔은 시들해지겠지. 해도 좋고 안 하면 또 어때. 자기 몸의 원초적 에너지를 존중하는 선택이라면 다 좋다. 다만 할 땐 진짜로 하자. 하늘이 듣고 땅이 울리도록 크게 신음하고 깊이 탄식하고 자꾸만 전율하자. 그렇게 우리, 진짜로, 자주, 한없이 자유롭자.

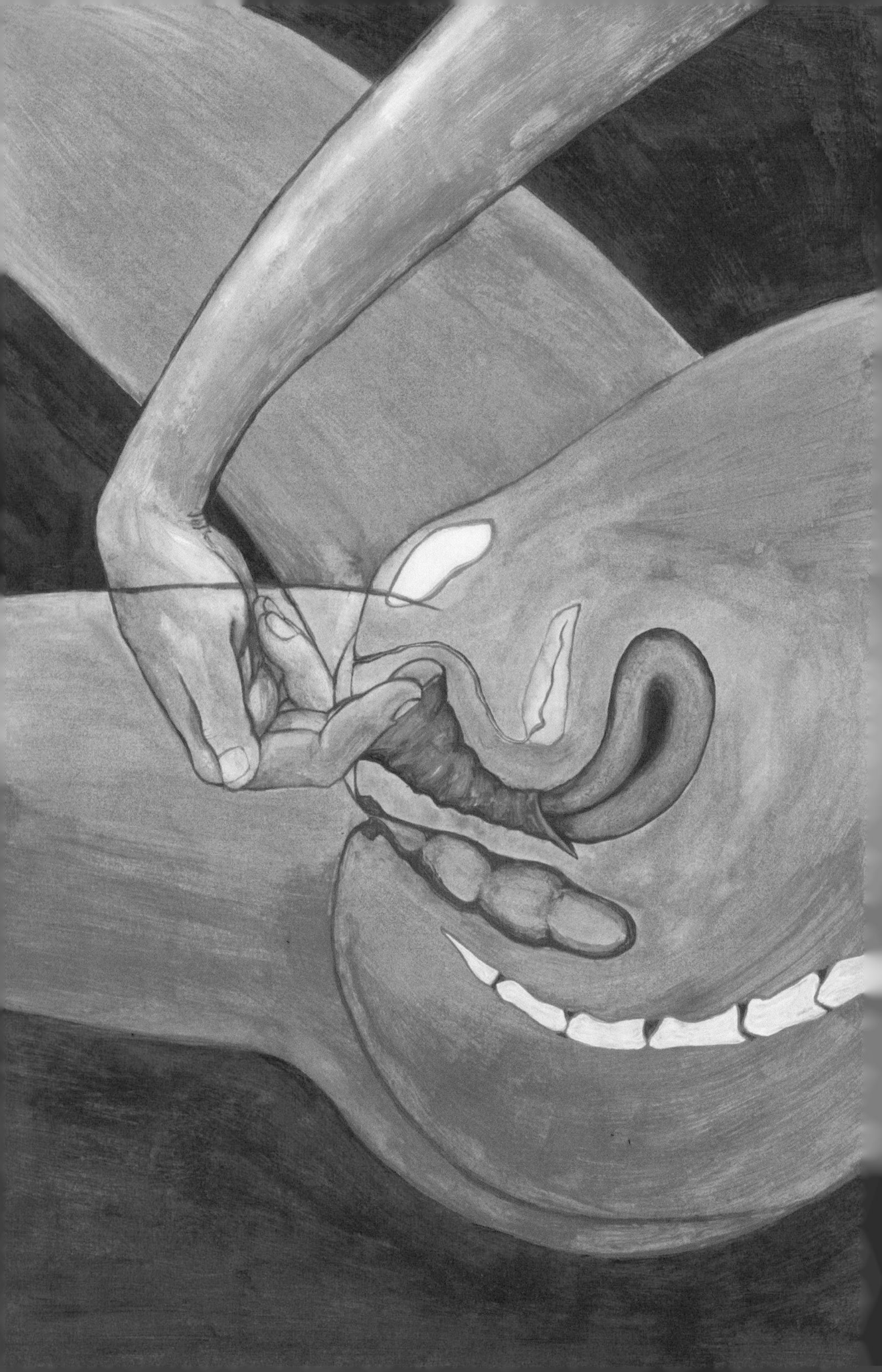

4.
새로운 포르노그래피, 건강한 섹슈얼 판타지

The New Pornography and Healthy Sexual Fantasy

sexuality

제작 과정까지 윤리적인 대안 포르노

Ethically-Produced, Alternative Porns

우리는 앞으로 성적 실천에 있어 중요한 역할을 하는 섹슈얼 판타지도 새롭게 만들어내고 널리 퍼뜨려야 한다. 사람들은 섹스를 할 때도, 섹스를 갈망할 때도 활자나 소리, 이미지, 기억에 기대어 상상한다. 하지만 불행히도 우리가 갖고 있는 섹슈얼 판타지는 사실 온전히 내 것이 아니라 그 간 자주 보고 들은 것들에 영향을 받았다. 이 사회에서 여성은 이미 남성의 눈으로 자신을 바라보도록 길들여졌다. 앞서 말했듯, 여성이 자기 몸을 어떻게 **느껴야** 하는지는 가르치지 않지만 어떻게 **보여야** 하는지는 속속들이 묘사하고 남자의 욕망과 판타지에 충실한 각종 문화 콘텐츠에 의해서 말이다. 그래도 나는 희망적인 증거를 꽤 많이 확보했다. 여성들의 주체적인 섹슈얼 판타지가 끈질기게 살아남고, 또 새로 생겨나서 퍼져나가고 있다는 증거. 먼저 섹스 판타지가 표현되는 전통적인 매체인 포르노그래피에서 주목할 만한 사례들이 있다. 나는 사실 그간 포르노그래피를 반대하는 입장이었다. 과장되고 왜곡된 섹스, 남자들이 보고 싶은 섹스만 잔뜩 나오는데다, 어떻게 만들어도 인스턴트 음식처럼 자극적이고 작위적이기만 해서 보고 난 뒷맛은 항상 씁쓸했다. 그런 이미지가 머리에 남아 상상력이 빈곤해지는 것도 싫었다. 제작 과정에서 배우 등 노동자들에 대한 착취가 일어난다는 공공연한 소문도 반대 이유가 되었다. 하지만 요즘은 공정한 노동으로 만든 여러 대안 포르노그래피들이 내게 유혹의 손짓을 보내고 있다.

상업적 성공, 평단의 호평, 대중적 인기를 모두 거머쥔 '인디 성인 영화' 감독이자 페미니스트 포르노그래 액티비스트인 에리카 러스트Erika Lust[04]는 단연 돋보인다. 스웨덴 출신의 1977년생 여성 에리카는 정치학과 여성·젠더학을 공부했는데, 주류 포르노그래피가 그녀 눈에도 거슬리지 않을 수 없었다. 그러다가 포르노그래피가 현대 섹슈얼리티 담론에 미친 영향을 분석한 린다 윌리엄스Linda Williams의 책 《Hard Core: Power, Pleasure, and the Frenzy of the Visible하드코어: 권력, 쾌락 그리고 시각물의 광란》(1999)에서 영감을 받아 직접 단편 성인 영화를 연출했다. 그 영화가 얼떨결에 큰 화제를 일으키자 스물일곱 살에 본격적으로 성인 영화 제작에 뛰어들었다. 이후엔 '엑스컨페션스XConfessions'

04 Lust는 독일어로 쾌락을 의미하기도 한다.

라는 획기적인 온라인 플랫폼도 만들었다. 여기에 누구나 자신의 섹스 판타지를 글로 써서 올릴 수 있는데, 제작진은 이 이야기들을 각색해 단편 영화로 제작한다. 한 사람의 머릿속에만 존재하던 은밀한 상상을 시청각물로 실현시켜주는 것이다. 영화는 월정액 서비스에 가입하면 무제한으로 볼 수 있는데, 나는 우선 뉴스레터 신청 조건으로 받은 무료 체험 영화를 시청해보았다. 와우! 이건 뭐, 가입을 부르는 고퀄리티! 나의 까다로운 정치적 입장에서도 거슬리는 지점이 없었다.

내가 본 작품은 2016년에 나온 〈Sweet But Psycho[달콤하지만 사이코]〉라는 20여 분의 단편으로, 시골 별장으로 휴가를 떠난 젊은 부부의 이야기다. 이 부부는 숙소가 무척 마음에 들지만 너무 조용한 것을 의아하게 생각한다. 이윽고 별장의 주인 부부가 초대한 점심식사를 위해 정원으로 내려간다. 친절하고 사려 깊은 주인 부부는 손수 바비큐 파티를 준비하고 있다. 반갑게 인사를 나누다가 멈칫, 하는 손님 부부의 얼굴 다음으로 카메라는 주인 남자의 뒷모습을 보여준다. 긴 앞치마에 가려 처음엔 보이지 않았지만 사실 그는 올 누드로 소시지를 굽고 있었던 것이다. 진한 애정 행각을 벌이고 먹던 음식을 그대로 손님에게 내밀기도 하는 주인 부부는 자연스럽게 에로틱한 분위기를 조성한다. 주인 여자는 다 같이 수영을 하자며 옆에 딸린 야외 풀장에 역시 올 누드로 먼저 뛰어든다. 쑥스러워하던 손님 부부도 유혹을 이기지 못하고 곧 달아오른다. 여기까지는 일반 영화와 다를 바 없이 줄거리 위주로 흘러가는데, 나머지 절반의 러닝 타임엔 고수위의 섹스신이 이어진다. 스와핑, 동성애, 오럴섹스, 여성상위와 후배위를 비롯한 다양한 체위, 네 개의 다인종 성기, 사정과 오르가슴, 신음과 다국어 감탄사의 향연이 눈부신 햇살이 내리쬐는 아름다운 풍경과 어우러진다. 영화 마지막에서 주인 부부는 예의 친절한 얼굴로 천연덕스럽게 업소(?) 홍보를 한다. "숲속의 시골집으로 오세요. 문명에서 두 시간 떨어진 곳이죠. 저흰 최상급 유기농 음식을 대접합니다. 와이파이도 없고 3G도 안돼서 디지털 디톡스를 하실 수 있어요." 손님 부부도 돌아가는 차에 타며 한마디 한다. "솔직히 이런 데라고 미리 말 안 해줬잖아요. 그 사람들, 끝내주게 달콤했지만 사이코 같기도 해요. 네, 달콤한데 사이코죠Sweet, but psycho." 휴가지에서의 화끈한 섹스, 낯선 사람들과의 그룹 섹스, 배우자와 따로 또 같이 즐기는 스와핑. 다들 한번쯤은 꿈꿔봤을 판타지가 예쁜 화면에 담겨 있다.

여덟 개의 트레일러를 통해 소개되는 'XConfessions' 플랫폼의 다른 영화들도 최신 디지털 카메라로 찍었는지 모두들 뽀얀 색감에 부드러운 영상미를 뽐낸다. 밝고 나른한 분위기부터 어둡고 몽환적인 콘셉트, 공상 과학물을 연상케 하는 연출까지 다양하다. 줄거리는 짜임새와 완결성을 갖췄고 그 안에서 누구도 부당한 폭력을 당하지 않는다. 욕망하는 성인들이 합의하에 논다. 음식, 여행, 원나잇스탠드, BDSM, 그룹 섹스 등 소재도 다양해서 여피족과 힙스터부터 퀴어, 오타쿠까지 정체성도 취향도 제 각각일 시청자들을 두루 만족시킬 수 있을 것 같다. 기성 포르노 콘텐츠를 보며 이래저래 찜찜한데도 마땅한 대안을 못 찾아 할 수 없이 클릭하던 사람들에게 이런 건 깜짝 선물이다.

무엇보다 나를 가장 흡족하게 한 것은 홈페이지에 명시되어 있는 투명하고 공평한 제작 원칙이었다. 윤리적인 성인 영화 제작에 선봉을 지키겠다며 밝히는 이 원칙들은 비단 성인 영화뿐 아니라 영화 산업이 앞으로 나아가야 할 방향과도 상당 부분 일치한다. 국내의 페미니스트 영화인 모임 '찍는페미'에서 염원하는 것이기도 하다.

윤리적 포르노그래피, 그리고 그 이상을 위한 제작 원칙

- 여성의 쾌락을 중요시한다.
- 몸, 인종, 젠더, 연령의 다양성은 새로운 영화를 만들기 위한 핵심이다.
- 인턴부터 연기자까지 모든 사람에게 공정한 급여를 지급한다.
- 우리는 스스로 자랑스러워할 수 있는 작품을 만들기에 숨길 것이 없다. 제작자와 감독, 배우들의 이름과 연락처를 모두 공개한다.
- 안전한 섹스 여건에서 촬영한다. 모든 연기자는 최신 성병 검진을 제공받으며 콘돔 사용 여부를 직접 결정한다.
- 모든 촬영은 사전에 연기자들과 논의하고 동의를 거친 후에만 이루어진다.
- 편안한 분위기에서 촬영할 수 있도록 중간중간 충분히 먹고 쉰다.
- 본 사이트에 명시된 감독과 스튜디오들은 모두 영화 판매에 따른 수수료를 받는다.

그녀의 성공 비결로는 페미니스트인 스스로가 **죄의식 없이 즐길 만한 콘텐츠**를 목표로 했다는 것, 그동안 배제되어온 여성 소비자들을 성인 영화 시장에 끌어들이겠다는 야망이 투철했다는 점을 들 수 있다. 그러기 위해선 여성들이 감독, 제작자, 시나리오 작가로서 권력을 가져야 한다는 것도 잘 알고 실천했다. 현재 에리카 러스트는 바르셀로나를 기반으로 계속 영화를 제작하고 있고, 스무명 남짓 제작팀은 대부분 여성으로 구성되어 있다. 그녀는 두 개의 온라인 스트리밍 플랫폼과 섹스 용품 쇼핑몰, 청소년 성교육을 위한 비영리 프로젝트도 운영하고 있다. 이 발칙한 페미니스트가 대체 어떻게 일하고 앞으로 무엇을 더 이루고자 하는지 궁금해서 아랫배가 다 근질거린다. 이러다 정신차리고 보면 바르셀로나행 티켓을 손에 쥐고 있을지도!

소수자의 판타지도 숨김없이, 퀴어 포르노

Realizing Minority's Fantasy: Queer Porns

역시 상업성을 갖추고 있으면서 퀴어 섹스, 특히 레즈비언과 트랜스여성 섹스에 특화한 온라인 플랫폼으로는 미국 샌프란시스코에 기반한 '크래쉬 패드 시리즈CrashPadSeries'가 있다. 포르노 감독이자 제작자인 흑인 여성 샤인 루이즈 휴스턴Shine Louise Houston을 중심으로 뭉친 또 하나의 유쾌한 프로젝트다. 샤인은 성적 표현의 자유와 다양성, 성산업 노동자를 위해 활동하는 액티비스트이기도 하다. 그 자신이 남성 파트너와 가정을 이루고 자녀를 키우는 에리카 러스트와 달리 샤인은 성적, 인종적으로 소수자 정체성과 라이프스타일을 지녀서인지, 그녀의 작품들은 훨씬 더 급진적인 섹슈얼리티를 구현한다. 비만증 여성이나 젠더플루이드를 전면에 내세우는 식이다. 샤인은 대학 졸업 후에 샌프란시스코 베이 시역의 한 섹스숍에서 5년간 일하면서 세상에 퀴어 포르노가 더 많아져야 한다는 문제의식을 싹틔웠고, 이후 친구들과 직접 포르노를 제작하고 제작사Pink and White Productions도 세웠다.

크래쉬 패드 시리즈에서 샤인은 열쇠 지킴이Key Keeper, 등장인물, 그리고 훔쳐보는 사람voyeur이라는 역할로서 존재를 드러낸다. 이 플랫폼에 주기적으로 업데이트된 200개 이상의 에피소드들에는 섹스신 뿐만 아니라 메이킹 영상과 등장인물 인터뷰도 포함되는데, 배우들은 자신의 성적 판타지와 섹스 취향, 퀴어로서의 정체성을 풀어내며 이른바 '비하인드 스토리'를 충실하게 구성한다. 다큐멘터리인듯, 극영화인듯, 연기인듯 실제 욕망의 실현인듯, **일부러 모호하게 지워놓은 경계**에서 나는 진한 쾌감을 느꼈다. 이거 정말 **퀴어스럽다!**

베를린의 재기발랄한 섹스 네트워크

Berlin's Radical Sex Network

다국적 예술가들의 핫한 언더그라운드 문화가 있는 독일 베를린. 거기엔 라우라 메릿Laura Méritt이 있다. 2008년에 문을 연 통합 섹스 문화 살롱 '섹스클루시비태튼Sexclusivitäten'의 운영자이고, 박사학위가 있는 연구자이기도 한 라우라는 원래는 페미니스트 언어학 분야에서 활동했다. 그러다 2000년 이후부터는 여성 사정, 페미니스트 포르노, 레즈비언 문화 등을 주제로 한 세미나와 워크숍을 직접 열기 시작했다. 2009년에는 유럽 페미니스트 포르노그래피상도 만들었다. 성매매를 찬성하는 입장에 있는 그녀는 성노동의 가치와 해방성을 역설한다. 2012년에는 대안적인 해부학 및 생리학 지식을 정교한 일러스트와 함께 풀어낸 책《Frauenkörper neu gesehen여성의 몸 다시 보기》를 출간했는데, 우리 페미니스트 모임에서 단골 교재로 쓰고 있다. 라우라의 강점은 고상한 학문적 언어를 구사할 수 있으면서도 한편으로 이 시대 최전방의 퀴어 문화까지 두루 섭렵했다는 점. 그리고 자신의 일과 삶에서 과감하게 실천한다. 말하자면 나의 롤모델. 섹슈얼리티 탐구에 있어 호모섹슈얼, 인터섹스, 트랜스젠더 등등을 모두 아우르며 외적인 스타일은 키치와 펑크를 오간다. 그녀가 섹스 살롱에서 수시로 벌이는 행사들은 '아담과 이브의 쾌락정원' '마조히즘 창녀' 같은 제목을 달고 있다. 섹스 컨설팅, 페미니스트 포르노 상영회, 오프라인 섹스토이숍도 운영한다. 이렇게 바쁜 전방위 활동가가 내 인터뷰 요청을 흔쾌히 수락했다. 그녀를 따라 베를린의 섹스 네트워크를 제대로 탐험하고 나면 내게 이 도시는 돌이킬 수 없이 딴판으로 바뀌게 될 것이 분명하다.

2017년에 10월에 12회를 맞는 베를린 포르노영화 페스티벌 Berlin Porn Film Festival 도 빼놓을 수 없는 탐방지다. 이 페스티벌은 대안적인 섹슈얼리티와 성 정치, 페미니즘과 젠더 이슈들을 다루는 대안적인 영화제로 세계 곳곳에서 출품된 100여 편 이상의 영화들을 상영한다. 성 도덕, 성별 정체성, 신체 규범에서 진보적인 시각을 보이는 포르노그래피를 만날 수 있다. 관객 수는 아직 1만 명을 넘보는 크지 않은 규모지만 현재 가장 핫한 다문화지구 크로이츠베르크 Kreuzberg 에서 열린다. 이 영화제의 큐레이터이고 팬섹슈얼[05] 포르노 배우이기도 한 파울리타 파펠 Paulita Pappel 은 한 인터뷰에서 자신의 이야기를 흥미롭게 풀어낸다. 파울리타는 2세대 페미니스트이자 좌파인 엄마 밑에서 자라면서 정치에 일찌감치 눈을 떴다고 한다. 논쟁적이고 도발적인 토론과 캠페인을 즐기는 그녀는 마찬가지로 논쟁적인 이슈인 포르노그래피에 이끌릴 수밖에 없었다. 그러나 그녀의 성장 배경에서 포르노와 성매매는 가부장적이고 여성억압적인 기제로 비판의 대상일 뿐, 이를 즐긴다는 것은 금기였다. 따라서 지금 대안적인 프로노그래피 분야에서 활동하는 것은 사회지배적인 담론과 미적 기준뿐 아니라 **자신이 익혔던 페미니즘에 대한 반란**이기도 하단다. 포르노그래피와 페미니즘이 공존할 수 있음을 미처 몰랐던 열세 살 때, 그녀는 학교 운동장에서 '난 레즈비언이다'라고 크게 써붙이는 퍼포먼스를

05 pansexual; 범성애자

벌여 수많은 모욕을 당했는데, 그중엔 '창녀slut'라는 욕도 있었다. 그때 그녀가 깨친 것은, 참 우습게도, 여자가 이성애 규범에서 벗어나면 매춘과 아무 상관이 없어도 자동적으로 **창녀라는 꼬리표**가 따라붙는 현실이었다. 동성애와 성매매 두 가지 모두가 싸움의 주제가 됐고, 결국 페미니스트 포르노로 수렴되었다. 그녀는 포르노그래피를 성적인 영감과 성교육에 이로운 매체로 본다. 시청자는 포르노 콘텐츠를 통해 자신의 섹슈얼리티를 발달시키고 탐구할 수 있기에 포르노는 **더 다채롭고 창조적이고 예술적이어야** 한다고 주장한다.

포스트 포르노그래피가 던지는 질문들

Pioneering the Frontiers: Post Pornography

한편, 페미니스트 포르노와 교집합을 보여주는 포스트 포르노그래피post-pornography라는 개념도 있다. 이는 1980년대 중반에 출현해 계속 발전해오고 있는 문화예술 개념이자 운동이다. 친섹스 페미니즘sex-positive feminism과 포스트 페미니즘의 맥락에서 섹스를 해방의 한 도구로 바라보고 성산업과 젠더, 페미니즘을 논하는 대안적인 성 정치라고도 볼 수 있다. 실제 작품들은 기존 포르노와 마찬가지로 성행위를 포함하지만 그뿐만 아니라 성행위를 둘러싼 여러 상황과 맥락도 담는다. 성욕이 어디서 어떻게 생겨나는지 성행위 주체들이 느끼는 복잡한 생각, 감정, 상호 작용의 역학dynamics을 보여주는 것이 목적이기 때문이다.

친구들과 상영회를 열어 함께 보고 토론한 실험적인 다큐멘터리 〈햅센바이저Häppchenweise〉(2012)는 나의 포스트 포르노 첫 감상작으로, 꽤 흥미롭게 봤다. 독일 출신 여성 마이카 브록하우스Maike Brochhaus가 크라우드 펀딩 프로젝트로 기획하고 메가폰을 잡은 이 작품에는 공모를 통해 모인 각 세 명의 젊은 독일 남녀가 나온다. 성적 호기심이 강하고 도전 정신이 있다고 스스로를 소개하는 이 젊은이들이 처음 만난 날, 밤새 무슨 일이 벌어졌는지를 각본이나 연출 없이 완전히 열린 전개로서 카메라에 담았다. 제작진이 준비한 가정집 세트장에서 월남쌈과 칵테일을 즐기고, 진실 게임과 재밌는 소품놀이 즐기며 여섯 명의 남녀는 조금씩 서로에게 친근해진다. 잡다한 수다와 농담 속에 각자의 섹스 판타지, 개인적인 페티쉬, 원나잇스탠드 이야기가 섞여들면서 성적 흥분과 기대, 욕망도 조금씩 커져간다. 기성 포르노와 달리 현실 성행위의 미묘한 전개 과정을 보여주고자 제작된 이 다큐멘터리에서, 과연 출연자들은 누구와, 어떻게, '어디까지 갈까?' 스포일러는 피하기 위해 줄거리는 여기까지. 다만 감상 포인트는 표정과 대화, 몸짓에서 드러나는 인물들의 심리 변화와 미묘한 성감 상호 작용이라고 추천하고 싶다.

유럽·영미권 외의 지역에도 물론 주목할만한 포스트 포르노 흐름이 있다. 나도 아직 한참 공부가 필요한데, 우선 인도 출신의 퀴어·페미니스트 예술가 나타샤 멘돈카Natasha Mendonca와 테잘 샤Tejal Shah를 출발점으로 삼았다. 직접적인 성행위나 신체를 등장시키지 않는 비유적, 암시적인 연출 등 실험성이 강한 작품들을 만드는 여성들이다.

젠더 평등 지수가 하위권이고 강제 결혼, 소아 성매매, 집창촌 문제도 심각한 인도엔 한편으로 온갖 다채로운 반문화와 시민운동이 첨단을 달린다. 그녀들은 그곳에서 성장하면서 얻은 통찰에다 영미권 예술 대학에서 배운 최신 표현법을 더했다. 영국의 테이트모던, 프랑스의 퐁피두센터까지 진출한 두 여성을 보며 내 가슴이 괜히 뛴다.

우리 자신의 섹슈얼 판타지를 쓰자

Writing Our Own Sexual Fantasies

다른 섹슈얼 판타지를 원할 때 영감이 되어줄 활자 콘텐츠 부문의 대안들도 있다. 예를 들어 1973년에 이미 미국의 낸시 프라이데이Nancy Friday는 여성들이 자신의 은밀한 섹슈얼 판타지를 적은 편지들을 공모해 묶은 책 《My Secret Garden: Women's Sexual Fantasies나의 비밀 정원: 여성들의 섹슈얼 판타지》를 펴냈다. 저자는 자신의 해석이나 토론은 별로 넣지 않고 수집한 이야기들을 전면에 내세우면서 엮은 이 역할을 잘한 것 같다. 여성들의 판타지라고 해서 결코 '하드코어 변태성'[06]이 덜하지 않다. 낸시는 수집한 판타지들을 묶은 테마로는 익명성, 관중과 훔쳐 보기, 고통과 마조히즘, 지배, 공포/금지로 인한

06 변태의 사전적 의미는 '성적으로 비정상적인'이다. 무엇이 비정상인가? 나는 사회지배적 가치에 따라 '변태'라고 낙인찍힌 성적 실천들이 반드시 비도덕적, 비윤리적, 반인권적인 것은 전혀 아니라는 맥락에서 이 표현을 쓴다.

스릴, 변태transformation, 어머니 지구, 페티시즘, 근친상간, 수간, 흑인 남자들, 어린 소년들, 레즈비언 섹스, 성매매 등 별의별 게 다 있다.

앞서 내가 비판한 이러한 테마들은 기성 로맨스 콘텐츠와 언뜻 보기로는 비슷하게 보일 수도 있다. 그러나 근본적으로 다른 점은 그것이 여성 자신의 욕망에서 출발한 상상이라는 것이다. 섹스는 고도로 시각적이라서 언뜻 눈앞에서 벌어지는 장면으로서의 행위에만 의미를 부여하기 쉽다. 그러나 섹스는 행위자들의 사전 혹은 도중의 **의도, 결정, 합의를 기반으로 비로소 연출되는 장면**임을 잊어선 안 된다. 이러한 관점에서는 수행 주체(이 경우 여성)의 수행성performativity이 주체적 판타지를 가늠하는 잣대가 된다. 합의없이 독단적으로 저지른 남성들의 흔한 변명, '여자들은 강제로 하는 걸 은근히 즐긴다고 해서' '너도 나중엔 즐겼잖아'와는 근본적으로 다르다. 또한, 여성들의 판타지에서는 **섹스라는 놀이 혹은 연출 밖의 견고한 권력 불균형**(사장-비서, 선배-후배, 왕자-하녀)에 의해 섹스는 물론 관계 전체가 좌우되는 설정도 나오지 않는다. 판타지 속에서 여자는 자유로운 사람이지만 재미로 이런 저런 놀이를 한번 해본다. 이렇듯 문체도, 화자도, 분위기도 제 각각인 책 속의 수많은 섹스 판타지들은 공통적으로 여성의 목소리로 쓰였다. 우리 페미니즘 모임에서 이 책의 낭독회를 했을 때, 돌아가며 책을 읽는 것 말고는 모두들 통 말이 없었다. 모종의 미소만 수시로 오고갔다. 다들 머릿속으로 활자를 시각화하기 바빴으리라. 2016년의 우리에게도 그렇게 섹시했는데, 1970년대 초반에 미국 사회에서 일으켰을 파격과 돌풍은 어땠을까.

2017년 봄 분기엔 모임에서 각자의 섹슈얼 판타지를 글이나 그림으로 직접 표현하는 워크숍도 했다. 난 '대자연과 교감하는 여자' 콘셉트로 내 판타지를 펼쳐 보였다. 남자나 여자, 안드로진이나 바이젠더, 혹은 유명인, 사촌, 이웃, 동네 아이, 노인, 낯선 여자 하다못해 말이나 돼지까지…. 대부분의 섹슈얼 판타지는 어떤 대상과의 성적인 상황과 행위를 그려낸다. 그러나 어떤 사람도 섹스도 등장하지 않는 대자연 판타지도 내겐 정말 섹시하다. 몽정이나 백일몽에서, 자위에서 만나는 이 판타지에서 나는 우레와 같은 소리로 떨어지는 거대한 폭포 아래 서 있다. 휘영청 눈부신 보름달을 향해, 새하얀 부엉이와 칠흑 같은 숲속을 나신으로 질주한다. 시원스레 물 뿜는 고래 등에 올라 군청빛 대양을 가로지른다. 거대한 독수리의 황금빛 깃털을 손에 쥐고 까마득한 절벽을 하강한다. 뜨거운 여름 태양이 덥혀놓은 수천 겹 초록빛 연못 속에서 매미와 개구리들의 합창을 듣는다. 광활한 벌판, 홀로 선 수백 살 고목이 푸른빛으로 번개를 모조리 제게 빨아들일 때, 내 몸 솜털 하나까지 다 곤두선다. 환상 속에서 나는 온몸을 내던져도 티끌 하나 상하지 않고, 먹고 자고 마시지 않아도 영원히 싱싱하며, 언어 없이도 외롭지 않고, 추위도 모른 채 언제나 모조리 벌거벗었다. 압도적인 대자연 속에서 거칠 것 없이 완전한 자유를 누리는 상상, 자연과 교미하며 신적인 힘을 누리는 환상. 자연과 인간의 이분법이 무너지는, **나의 이 경이로운 초현실 세계**. 오르가슴으로 가는 특급 열차다.

5.
동성애는 더 넓은 세상으로 열린 출구

Homosexuality Opened a Door for Me

나의 첫 퀴어 연애의 추억

Reminiscence of My First Queer Relationship

5년 전, 북촌 한옥마을의 고즈넉한 밤. 그 여자와 나는 손을 잡고 아스팔트 언덕을 천천히 올랐다. 막다른 골목의 가로등 밑에서 멈춰 섰다. 사방이 조용한 가운데 서로 눈이 마주쳤다. 그녀는 잔잔히 떨리는 손으로 내 뺨을 쓸더니 곧 내게 입을 맞췄다. 팔끼리 마주 잡고 두 가슴이 만나고 골반께를 부비며 우리는 오래 키스했다. 깜짝 놀랄 만큼 부드럽고 촉촉한 키스. 폭신한 몸. 매끄러운 피부. 나는 내가 어떤 느낌인지, 여자의 몸이 왜 그리 매력적인지 처음 알았다. 그녀는 나의 첫 여자 애인이 되었다. 가깝게 붙어 앉은 옆자리 동료였던 그녀. 책상 아래 놓인 전기난로를 두고 우리는 발장난을 치며 쟁탈전을 벌였다. 점심을 먹고 나면 옆 건물 사내 커피숍에서 2000원짜리 카푸치노를 들고 꽃구경을 했다. 회사에서 열 시간쯤 같이 있어

놓고도 아쉬워서 저녁도 먹고 산책도 같이하고 나서야 헤어지면 문자와 이메일로 또 말을 걸었다. 평범한 사내연애였고 또 평범하게 찬란히 빛나는, 막 시작한 연애였다. 다만 좀 특별했던 것은 **짜릿한 해방감**이었다. 섹슈얼리티의 확장. 나의 연애와 섹스에 더 이상 남자들만 줄줄이 엮지 않으리라는 자각에서 오는 통쾌함, 세상의 절반씩이나 되는 수많은 여자로 로맨스의 가능성이 활짝 열렸다는 기대감, 생각과 감정, 경험, 신념, 욕망을 실현하는 내 세상이 그토록 넓어졌다는 희열. 앞으로 나는 어떤 사람들을 만나고 어떤 일을 겪게 될까. 이 모든 것들에 나는 무척 설렜다.

나는 10대 초반부터 스스로에게 양성애 성향이 있다고 여기곤 했다. 아니, 그때 이런 용어는 몰랐으니까 '나는 여자애들한테도 감정이 생기는 것 같아' 정도였을까. 지금 생각해보면 **이미 나는 오랫동안, 혹은 언제나 양성애자**였던 것이다. 첫 연애로 인해 '역시나 이성애자가 아니'라고 밝혀진 셈이었고 나는 오히려 안도했다. 흔히들 말하는 혼란과 내적 갈등이 내겐 없었다. 동성애는 한 번도 내게 두려움도 혐오도 주지 않았다. 내가 열광하던 페미니즘은 다양한 성적 지향을 옹호하고 퀴어 운동과 자매 지간이었으며, 고등학교 때 탐독하던 좌파 신문들에선 동성애자들이 직접 그들이 원하는 권리와 미래를 이미 말하고 있었기 때문인 것 같다. 좀 거창히 말하자면 그건 내게 있어 인식의 힘이자 정치적 신념의 성과였다. 우리는 무언가의 존재를 이미 알고 있을 때는 눈앞에 맞닥뜨려도 놀라고 당황하지 않는다. 무언가에 대한 믿음이 확고할 때는 비난과 공격에도 크게 흔들리지 않는다. 우리가 어떤 식으로든 '소수자'에 속할 때, 사회가 우리를 구석으로 몰아세우고, 병자에 돌연변이라고 손가락질 하더라도 인식과 신념이라는 무기가 있으면 **우리는 스스로를 지킬 수 있다**는 것을 나는 단단히 확인했다.

동성애의 실천은 내가 바랐듯이, 실제로 나의 세상을 한층 넓혀줬다. 연애에 있어 순응할 수 없는 성별 역할로 인한 고질적인 불만과 갈등에서 벗어났다. 연애에 있어 내가 '여자의 역할'을 답습하고 있나, 애인에게 은연중 '넌 남자니까'라는 잣대를 두고 있는 건 아닌가 등은 더 이상 질문거리조차 안 되었다. 성적 끌림과 쾌감에 더해 자매애 혹은 동지애가 나를 감쌌다. 내가 느끼는 감각을 연인도 비슷하게 느낀다는 것에서 오는 위안은 생각보다 컸다. 월경통과 성추행의 불쾌함부터 맨스플레인의 지겨움까지 공감할 것이 많았고, 옷을 서로 바꿔 입을 수 있고 무거운 것은 나눠 들면 되었다. 길을 갈 때 눈길이 가고 매력을 느끼는 사람이 훨씬 많아졌고 (세상에 매력적인 여자가 얼마나 많은가), 썸남 말고 썸녀도 생겨나면서 일상 속 '즐거운 긴장'이 늘어났다. 섹슈얼 판타지도 한층 풍부해지면서 사랑과 우정의 경계는 갈수록 모호해졌다. 성적 실천, 스킨십과 섹스에서 내가 구사하는 자극과 기술도 다채로워졌다. 남자는 피부도 털도 거칠고 몸의 굴곡도 투박해서 만지는 재미가 별로 없었는데, 여자의 몸은 모든 면에서 훨씬 감미로워서 탐구욕이 샘솟았달까.

물론 동성애의 실천이 아름답고 유쾌하지만은 않았다. 여러 어려움과 피곤함도 따랐다. 나는 가까운 지인들과 활동하는 정당, 시민단체 등 진보적인 커뮤니티에서 폭넓게 커밍아웃을 해왔지만 소셜 네트워크나 학교 같은 보다 공적이고 열린 공간, 무엇보다 동성애를 남일로만 여기는 가족에게는 선뜻 말 못하고 어영부영 지나갔다. 정체성의 갈등은 내가 나 스스로를 인정하지 못해서가 아니라 가족들에게 **진짜 내 모습으로 관계 맺지 못한다**는 점에서는 존재했다. 나의 첫 애인은 나보다도 커밍아웃의 범위가 좁았다. 그녀는 유학 시절에 자유분방한 레즈비언들과 어울리며 양성애 정체성을 확인했었는데, 한국에선 두려워했다. 시골서 농사짓는 늙은 부모님, 좁은 고향 바닥에 남아 있는 동창들, 보수적인 교회 공동체엔 커밍아웃하지 않겠다고 입장을 분명히 정한 상태였다. 당시 유일한 연인이자 가장 친밀한 상대로서 우리는 서로에게 많은 권리와 의미를 부여한 '책임지는 사이'였음에도 이사나 동거, 장기간의 여행, 가족에게 소개하기, 물질적 지원과 같은 남들 눈에 보이는 선택과 설명의 문제에서는 **친한 친구라는 안전하고 답답한 이름표**에 머물러야 했다. 우리는 서로를 정말 아끼고 사랑했지만 함께하는 미래의 모습은 그리지 못했다. 결혼을 통해 비로소 어른으로 인정받고 독립을 완성하며 사회적 지원과 지지를 받는 한국 사회에서 결혼을 할 수 없는 관계가 부딪치는 보편적인 장벽도 분명히 느꼈다.

그러나 이 모든 것이 나를 대단히 슬프고 좌절케 했던 것은 아니다. 모든 연애엔 장애물이 있고, 어쩌면 있어야 한다. 사람들은 '성

소수자의 고백'에서 으레 차별과 억압으로 점철된 불쌍한 역사를 기대한다는 걸 나도 알지만, 거기 부응할 생각은 없다. 이런 편견과 고정관념도 앞으로 서서히 옅어져 갈 것이다. 나와 그녀가 외국에서 살 수도 있고 스스로를 설명할 수 있는 여러 자원을 갖고 있었듯이, 이성애 정상성에서 벗어난 사람들은 저마다의 자원과 의지, 선택으로 삶과 사랑을 가꿔나간다. 우리나라에도 직종, 연령, 계층, 지역 등을 막론하고 다양한 성소수자들이 존재하고, 그들 중 점점 더 많은 사람들이 직장을 잃지 않고도, 가족과 절연하지 않고도, 학교에서 쫓겨나지 않고도 **무사히 커밍아웃하고 보란듯이 잘 살 것**이다.

성적 지향은 반드시 타고나는 것도, 고정되어 있는 것도 결코 아니다. 생각보다 훨씬 많은 사람들이 동성애, 양성애, 무성애 등 다채로운 성적 지향성을 가지고 있는데 엄격한 이성애중심 사회에서 나고 자라다 보니 발현이 안 될 뿐. 섹슈얼리티의 다른 측면과 마찬가지로 성적 지향도 한 사람이 자기 삶에서 얼마든지 탐구하고 실험하며 만들어가는 것이라 난 믿는다.

더 자유로운 퀴어 커뮤니티를 꿈꾼다

Eradicating Heterosexual Values in Queer Communities

섹슈얼리티 탐구 생활에 있어 가장 큰 장애물은 사실 '자기 자신'이라는 생각이 요즘 자주 든다. 정확히는 **내 안에 뿌리 깊은 이성**

애 중심 사고방식. 내 안의 그것이 도사리고 있다가 일상적인 상황에서 툭 튀어나올 때마다 몸서리가 쳐진다. 그 틀에 들어가지 않는 스스로를 소외시키는 것일 뿐 아니라 다른 소수자에게 상처를 주는, 용납하고 싶지 않은 행동이다. 이성애 중심성은 가족주의, 모노가미(일대일 관계), 나이 우선주의와도 곧잘 어울려 우리의 생각과 말, 행동을 지배한다. 일상적인 대화에 흔히 등장하는 다음과 같은 말들은 나도 최근에 누군가에게 했거나, 거의 할 뻔했다.

- 아직 잘 모르는 사람에게 "연애 안 하세요?"
  → 반드시 연애라는 관계로 섹슈얼리티를 실현하지는 않는 에이로맨틱(무로맨틱)을 소외시키는 발언
- "남친/여친 있어요?"
  → 상대방이 이성애자일 것이라 간주한 표현
- "애인이랑 둘이 여행가세요?"
  → 폴리아모리(다자연애)를 배제한 표현
- 30대 중반 여성에게 "결혼은 아직 안 하셨어요?"
  → 이성애 결혼이 필수라는 뉘앙스
- 20대 초반 기혼자에게 "왜 이렇게 결혼을 일찍 하셨어요?"
  → 결혼 적령기 개념에 동조
- 아이 없는 부부에게 "아이는 언제쯤…?"
  → 아이가 있는 정상 가족 개념에 동조
- 50대 여성에게 "오늘따라 젊고 예뻐 보여요"
  → 칭찬처럼 들리는 나이, 외모 지적

- **저 사람 여자인 줄 알았는데 남자 같아**
  → 트랜스젠더나 트랜스베스타잇[07]에 대한 불필요한 지적

이는 나만의 문제가 아니라 다른 비이성애자들, 심지어 여러 성적 지향과 젠더가 뒤섞인 퀴어 커뮤니티에서도 아직 유효하다. 서로를 잘 이해하고 지지하는 사람들끼리도 뿌리 깊은 이성애 사회에 살고 있다는 한계로 인해 무심코 서로에게 실수하곤 한다. '우리'라는 동질감과 유대가 있고 우리를 '그들'과 구분하며 새로운 사회를 꿈꾸지만, 그렇다고 이성애를 넘어선 언어와 관습을 생활의 모든 세세한 면에서까지 새로 만들어내긴 어렵다. 예를 들어 이곳 지역 퀴어 커뮤니티에서 모임을 할 때 주로 영어나 독일어로 소통하는데, 두 언어에 모두 성별 지정이 확고한 인칭대명사 '그/그녀 He/She, Er/ Sie'가 있다. 자주 쓸 수밖에 없고 정치적으로 매우 민감한 부분이므로 모임을 시작할 때 돌아가면서 자기 이름과 함께 선호하는 대명사를 밝힌다. 그렇게 주의를 기울이는데도 불구하고, 한 번씩 잘못 부르고, 다 같이 당황하고, 황급히 사과하는 사태가 종종 벌어진다. 우리 모두 생김새, 옷차림, 목소리, 제스처, 말투 등 남자-여자 양성을 구별하는 사회 주류 규범에 아직도 더 익숙하기 때문이다. 트랜스남성으로 ftm; female-to-male 성전환 수술을 거쳐 털이 나고 목소리도 굵어졌지만 여전히 체구가 작고 옷차림이나 말투가 '여성스러운' 동료를 볼 때마다 나는 뭔

07 transvestite; 크로스드레서

가 어설프다는 생각을 멈추기 어렵다. 수술하지 않았지만 트랜스섹슈얼로 스스로를 정의하고 옷차림과 제모 등으로 열심히 외모를 가꾸는 다니는 사람이 '그녀'인 걸 알지만 입에는 잘 안 붙는다. 양성 구별 표현에 반대하고 팬젠더, 젠더플루이드를 지향하며 '그것, 그들'로 불러달라고 하거나, 새로 발명된 인칭대명사 Ne, Ve, Spivak, Ze/Zie/Hir/Zir를 쓸 수도 있지만 솔직히 우리끼리도 잘 안 한다. 여러모로 나의 세상은 앞으로 **더 많이 무너지고 가라앉고, 넓어지고 새로 생겨날** 전망이다.

한편 퀴어 공동체 안팎에서도 남성 우위가 나타난다. 한국에서 길가는 사람 아무나 붙잡고 아는 유명인 게이를 대보라고 하면 두세 명은 나올 테지만 레즈비언은 아마 없을 것 같다. 신문, 방송, 토크쇼 등 주류 미디어에 등장해 발언하는 게이는 이제껏 몇 명 있었지만 레즈비언은 없었다. 커밍아웃을 했을 때 애초에 가진 자원이 적은 레즈비언이 입는 타격이 더 크기 때문일 것이다. 소수자긴 하지만 남자인 **게이들이 더 많은 접근권과 인정**을 받는다. 레즈비언 섹스는 흔히 남자들의 섹스 판타지로 나온다. 성욕에 관한 한 경쟁의식이 더욱 센 남자들은 여자를 자기 페니스의 위협으로 여기지 않는다. 그만큼 레즈비어니즘을 대수롭지 않게 치부하는 경향도 보인다. 유행어 '걸 크러쉬'는 어떤가. 여자가 여자에게 반한다a girl crushes on another girl는 건 명백히 동성애적 성감인데, 이 명백한 지칭 피하고 되려 낯선 용어가 새로 유포되는 현상은, 더 많은 여성들이 레즈비언으로 자기인식하길 결코 바라지 않는 주류 남성 사회의 집단 심리를 반영한다.

레즈비언 문화 콘텐츠에는 영화 〈아가씨〉의 숙희와 히데코처럼 가난하고 신분이 낮거나 남자(들)의 갖은 학대와 폭력에 시달리던 여자들이 그 상황을 전복시키고 서로를 구해내기 위한 동기, 수단, 방법으로서 동성애를 택한다는 설정이 꽤 흔하다. 물론 실제로 역사에서 일어났던 일이긴 하다. '상처 입은 여자들의 도피처'라고 불리기도 하는 분리주의 레즈비언 공동체나, 성폭력을 당하고 다시는 남자에게 곁을 내주지 않고 레즈비언으로 살아가는 여자들이 있다. 하지만 일부 사례일 뿐. 레즈비언에게만 유독 그럴듯한 사연을 붙일 필요는 없다. 남자의 보살핌과 사랑이 좋은데 어쩔 수 없이 거절한 게 아니라 **자발적으로 선택한 성적 지향**이니까. 수술비가 많이 들어 사실 아무나 될 수는 없는 트랜스젠더도 트렌스여성mtf; male-to-female 이 그 반대 경우보다 흔히 보인다. 실제로 숫자가 많은 건지, 원래 남자로서 '적극성 권장, 발언권 우대' 같은 특권을 누렸기에 여자가 된 뒤에도 더 적극적으로 활동하는 건지 모르겠다. 유럽과 북미에서는 20세기 초반 퀴어 운동의 성과를 게이들이 독점하던 시대가 꽤 길었다.

퀴어 커뮤니티에서 양성애자들을 은근히 따돌리는 경우도 있다. '언제든 마음만 먹으면' **안전한 이성애로 돌아갈** 기회주의자로 보는 것이다. 많은 게이나 레즈비언들은 자신들의 선택권조차 없이 성소수자로 내몰린 것에 상처를 받고, 사회적 불이익을 감수하면서 커밍아웃을 해야만 자유로워진다고 믿기 때문에 '선택권 있는' 양성애자는 좀 얄미워 보이는 모양이다. 페미니즘 이론에서도 예전엔 양성애는 커밍아웃하기 전의 일시적인 상태일 뿐이라고 아예 존재를 부정하거나 여전히 남자에게 걸쳐 있는, 입장이 어중간한 여자들로 취급했다고 한다. 하지만 내가 앞서 말했듯, **성적 지향을 유동적인 상태로 본다**면 얘기는 달라진다. 한 양성애 여성/동성애 여성이 영원히 그러리라는 보장이 없고, 굳이 '넌 레즈, 난 바이'라고 명확히 선 그을 필요도 없다. 내가 선호하는 자기소개는 '난 지금 현재는 날 바이라고 규정 중'이다. 또한, 남자 혹은 여자라는 성별 안에 들어가지 않는 젠더 정체성을 가진 사람들의 퀴어 공동체를 다채롭게 하듯이, 남자 혹은 여자라는 이항적binary 성적 지향이 아닌 여성들은 페미니스트 진영에서 그 나름의 역할을 할 수 있다. 오히려 **이도 저도 아니거나, 이것도 저것도 다인 사람들**이 많아야 섹슈얼리티를 둘러싼 지금의 억압적인 질서와 위계에 맞서기가 유리해진다. 그 사람들은 새로운 규범과 체계, 새로운 세상을 필요로 하고 또 상상하는 사람들이니까! 나는 이런 면에서 나의 양성애 정체성에 어떤 잠재력이 있다고 믿는다.

내가 애독하는 웹툰 중에 〈김치 연인들Kimchi Cuddles〉이라는 게 있다. 처음에는 김치라는 이름을 보고 한국에 대한 만화인가보다 했는데, 알고보니 미국 사우스캐롤라이나에 실존하는 폴리아모리 서클에 있는 작가 '킴'이라는 캐릭터를 내세워 그리는 자전적 만화였다. 작가 틱바 울프Tikva Wolf 자신을 많이 투영한 킴은 어린 아들을 키우는 양성애자 여성인데 남편이 있었고 남자 애인, 여자 애인도 있고 전 애인들과도 가깝게 지낸다. 만화에 표현되는 연애 관계가 너무 복잡하고 수시로 바뀌어서 솔직히 매번 헷갈린다. 누구누구 누가 연인이었더라? 아 저번 회에서 둘이 헤어지고 한 명이 결혼을 했던가? 그녀는 느슨하고 평화로운 폴리아모리 커뮤니티에서 자유롭게 연애하고 섹스하고 동거하고 출산한다. 만화의 내용은 주로 사랑의 본질이 무엇인지에 대한 인물들의 대화로 구성되는데, 그 안에서 자연스럽게 폴리아모리 관계의 장단점과 고민, 그리고 대안적인 젠더 정체성과 성적 지향이 일상에서 어떤 의미와 역할을 갖는지 논한다. 귀여운 그림체에 따뜻한 유머가 곁들여져 볼 때마다 기분이 좋아진다. 작가는 '파트레온Partreon'이라는 미국의 크라우드 펀딩 사이트에 일주일에 세 개씩 만화를 연재하면서 월 1500달러(약 150만원) 가량의 수입을 올리고 있다. 틱바의 만화 덕분에 나는 예전엔 마냥 멀고 회의적으로 느껴졌던 폴리아모리를 내 삶의 선택지 중 하나로 생각하게 되었다. 그리고 점점 더 내 관념과 감각, 내 사랑을 가장 잘 설명하는 것은 범성애팬섹슈얼; pansexual라는 생각이 든다. 남자인지 여자인지 아니면 또 다른 무엇인지가 대체 무슨 상관이란 말인가? 연애가 진해질수록, 진실해질수록 그런 건 별로 중요하지 않게 되는 것 아닐까. 어떤 사람을 우주만큼 사랑하게 되면 그 이가 외계인이어도 우린 분명 괜찮을 거다. 그래서 난 영화 〈대니쉬 걸Danish Girl〉의 마지막 장면을 아주 황홀하게 바라봤다. 죽음이 갈라놓지 못하는 사랑을 말하고 있었다. 여자가 되고 싶었던 아이나Einar는 성전환 수술 직후 합병증으로 죽고 말았지만, 아내 게르다Gerda는 의연했다. 아이나가 생전 둘렀던 스카프가 바람에 높이 날아가 버리자 게르다는 눈물을 그치고 기쁘게 웃으며 그랬다. "보세요, **그 사람은 이제 자유로워요.**"

6.
성별 이분법을 넘어서는 혁명을!

Dreaming of a Revolution against Gender Binary

성별? 불변의 진리가 아닌 사회적 구성물

Gender as a Socially Constructed Knowledge System

만일 자유로운 섹슈얼리티를 위해 우리가 지금 딱 한 가지를 골라 실현시킬 수 있다면 뭘 선택해야 할까. 우린 남자와 여자라는, 이분법적 성별 체계를 없애야 한다. 사회 혁명이면서 개인 해방이기도 한 이 전복적 가치관을 나는 미국의 트랜스젠더 케이트 본스타인Kate Bornstein에게서 전수받았다. 2015년에 한국어판도 드디어 나온 그녀의 역작《젠더 무법자: 남자, 여자, 그리고 우리에 관하여Gender Outlaw》(1994)에서 케이트는 끊임없이 성별 체계를 반박하고, 지적하며 의도적인 경계 흐리기를 한다. 이분법적 성별 개념을 아예 해체하는 상상을 하되, 기존 체계의 문제점을 퀴어 운동과 페미니즘 차원에서 계속 지적해야 된다고 주장한다. 형식도 메시지도 시원하게 관습을 벗어나는 이 책을 읽으면서 나는 홀랑 설득이 되고, 내 섹슈얼리티 탐구 생활의 마지막 돌파구를 발견한 듯한 느낌도 받았다.

인간 사회의 뿌리 깊은 성sex의 구분은 알다시피 절대적 진리가 아니라 **사회적으로 구성된 생물학**(과거에는 종교)에 근거한다. 이렇게 사회적으로 통용되는 성이라는 지식 체계는 '페니스가 있으면 남성 아니면 여성'이라는 식으로 성기 중심이다. 그런데 의학기술이 발달해서 이제는 얼마든지 페니스를 질로 만들거나, 그 반대도 가능하다. 몸에 호르몬 균형을 달리해서 가슴이나 근육, 털 등의 신체 부위도 다른 성의 특징을 갖도록 할 수 있다. 심지어 미국에선 호르몬제를 동네 약국에서도 손쉽게 구할 수 있다. 이런 시대에 성의 차이와 구별에 대한 기존의 지식은 갈수록 유효성이 떨어지고 설득력을 잃어간다고 볼 수 있다. 여자와 남자를 사회적으로 구분하는 문화적 특성을 포괄하는 성별gender은 애초에 생물학적 성 개념에 많이 기대고 있을 뿐 아니라 더욱 쉽게 조작할 수 있다. 우리가 성별을 판단할 때 쓰는 단서인 외모(체형, 머리 스타일, 옷차림), 행동(예절, 제스처, 동작), 기록(공식 문서나 법적 서류) 모두 절대적인 것이 아니라 **속이고 감추고 바꿀 수도 있는 것**들이다. 그럼에도 불구하고 마치 고정불변의 진리인 양 우리는 그것들에 기대 서로를 남자, 또는 여자라고 호명하고 있다. 몇 십 년 전부터 아기의 성별은 태어나기도 전부터 결정되었다. 초음파 검사에서 보이는 성기 모양에 따라. 케이트는 이에 다른 멋진 답안을 제시한다. 이렇게 답하라고 권장한다. "딸인지 아들인지는 아직 몰라요. 이 아이가 우리에게 아직 말을 안 해줬거든요."

여기서 사례하나. 나는 독일에서 AOK라는 공보험에 가입되어 있는데, 어느 날 병원에서 날 부르길래 벌떡 일어나서 접수대로 갔다. 그런데 간호사가 나를 눈앞에 두고도 두리번거리며 자꾸 이름을 더 부르는 것이었다. 내가 "전데요"라니까 그 사람은 멍하니 눈을 깜빡이더니 이내 웃는다. 보험 기록상으로 내가 남자라고 되어 있어서 앞에 서 있는 내가 당사자인 줄 미처 몰랐다는 거다. 그동안 보험사 상담원과 면담을 몇 번 했고, 잔병치레가 많아서 2년 반 동안 번질나게 이 병원 저 병원 다녔는데도 아무도 고치질 않았다니. 보험사에서 언젠가 내 진료 기록을 검토했다면 비고란에 난 ftm 트랜스젠더라고 쓰여 있을지도 모른다. 내가 산부인과 치료를 몇 번 받았걸랑! 이 일은 성별이라는, '사회적 구성물'이 얼마나 허무하고 임의적인지를 깨우쳐주는 생생한 현실 코미디다. 케이트는 말했다 "태어나면 의사가 성별을 지정합니다. 그 결과는 국가에 의해 문서화되고, 법에 의해 시행되고, 교회에 의해 신성시되고, 미디어에 의해 사고팔립니다." 나는 여기 한 문장 덧붙이련다. "그런데 엉터리입니다." 그리고 나, 그 의료 기록상 성별을 안 고치고 그냥 둘 거다. 옛다, 엿 먹어라.

어떤 사람을 판별하는 데 있어 성별은 가장 먼저 가장 확실하게, 가장 빈번하게 쓰이는 기준으로 통한다. 인종과 나이, 출신 지역이나 국가가 아마 그 뒤를 따르겠지. 하지만 사실 사람이란 모두 아주 **다층적이고 복잡한 존재**들이다. 우리가 무심코 쓰는 이런 기준들은 사실 고리타분할 뿐 아니라 언제나 반드시 필요한 것만도 아니다. 성별 기준은 너무나 익숙해서 절대적이고 성별 간 차이도 하늘과 땅

같이 커 보이지만, 자 심호흡을 한번 크게 하고, 마음을 열어본다. 이건 그냥 수많은 기준 중 하나이기도 하다. 사람들을 분류하는 데 보편적인 쓸 수 있는 범주라는 건 사실 수백 개고 수천 개고 만들 수 있다. 한번 만들어 볼까. 각각의 질문에는 네 가지 답이 가능하다. '네' '아니오' '둘 다 해당' '둘 다 아님'

- 떡볶이와 순대 중 선호하는 것은?
- 지금 사는 집 주소의 행정 구역 단위 '구'를 기준으로 클럽이 다섯 개 이상인가, 미만인가?
- 빨간색과 파란색 중 선호하는 것은?
- 아메리카노와 에스프레소 중 더 자주 마시는 것은?
- 뉴질랜드에 가본 적 있는가?
- 부모님이 이혼했는가, 아직도 함께 사는가?
- 월 실급여가 300백만원 이상인가?
- 치아 교정을 받았는가?
- 중국어를 구사할 수 있는가?

물론, 성sex이든 성별gender이든 어떤 구별이 필요한 경우도 있다. 사람들 간의 차이는 실제로 존재하므로 구분과 범주화categorizing 자체가 해악은 아니다. 다만 이 세상에 오랫동안 단 두 가지의 범주(남자, 여자)만 존재했다는 것이 문제다. 자원의 분배와 힘의 차이에 의해 두 가지 성별은 위-아래, 지배-피지배, 억압-착취와 같은 권력관계로 굳어져왔고, 차이는 손쉽게 차별로 작동했다. 만약 성 구분이 성기 기준이 아니었다면, 또 있고-없고의 이항적이 아니었다면, 그래서 **이 세상에 서너 가지 성별이 존재했다면** 어땠을까 생각해본다. 아주 쉬운 예를 들어, 체내 에스트로겐 호르몬의 수치에 따라 1, 2, 3, 4 네 가지 성별 범주가 있었다면? 피부 표면의 털의 양, 목소리의 높낮이에 따라 역시 두 개 이상의 성별이 있었다면? 오늘날 우리가 알고 있는 여-남의 생물학적 특질들을 동일하게 적용한다 하더라도 범주가 두 개 이상이라면 지금보다는 성별 간 관계가 평평할지도 모른다. 어떤 것이 복수로 존재할수록 대개 다양성과 힘의 분배에 대한 가능성이 많아지기 때문이다.

모두를 위한 성별 이분법 해체

Deconstruction of Binary Gender: A Mission for All

케이트 본스타인은 현존하는 '올란도' 중 한 사람이다. 작가 버지니아 울프가 여자와 연애하면서 영감을 받아 쓴 책 《올란도 Orlando: A Biography》(1928)의 주인공은 200여년을 살면서 남자와 여자로서 모두 살아본다. 케이트도 비록 내면의 갈등을 있었지만 1) 겉보기엔 키 크고 잘생긴 '멀쩡한' 백인 미국 남성으로서 누린 특권의 시간과 2) 화장실에서 쫓겨 나고 뭇사람들의 비웃음을 당하던 변신의 시간 3) 그리고 레즈비언 페미니스트로서 전 세계를 여행하며 인기를 누리는 50세 이후의 시간을 거치며 지혜로운 예언자 테레이아시스가 되었다. 그녀는 남자일 때와 여자일 때 자신의 경험이 어떻게 달랐는지 이야기하면서, 성별 체제를 무너뜨리는 것이 모두를 위한 것임을 거듭 강조한다. 현 사회에서 성 역할과 성별 규범은 **누구에게나 얼마쯤 억압적**이다. 여자다워야 한다는 압박, 남자답지 못하다는 비난을 한 번도 겪어보지 않은 사람은 없다. 왠지 그래야 할 것 같아서, 소개팅 때 치마를 입거나 밥값을 먼저 치른다. 더 이상 재생산이나 가족 만들기가 준엄한 사회적 명령이 아닌데도 여자라서 애 낳고 살림하고, 남자라서 가장 노릇을 해야 한다는 어른들의 기대에 짓눌린다. 살면서 몇 번쯤은 간절히 여자이길/남자이기를, 남자가 아니기를/여자가 아니기를 우리는 바란다. 남자답게 살라는 말을 충실히 이행하면서 무뚝뚝하지만 성실한 가장으로 살았을 뿐인데 은퇴하고 나니 집에서 왕따가 된다. 집에서 안 보내줘서 대학은 못 갔지만 좋은 남자 만나 결혼하고 아이들도 잘 키웠는데 어느 날 구직하러 갔더니 아줌마는 필요 없단다. 우리 모두 성별 체계로 인해 불편하고 부당한 느낌을 겪지만 **감히 체제를 뒤집을 생각**을 못한다.

여자들에게 성별 구분 체제는 특히 더 불리하다. 성별 위계의 아랫자리에 억지로 끓어앉혀져 있기 때문이다. 케이트는 남성 특권이 젠더 체제를 지탱시키는 접착제 역할을 한다면서, 성별 체제가 없으면 남성-여성 사이의 권력 역학도 없는 것 아니겠냐고 한다. 우리 페미니스트들이 가장 깔끔하게 새 세상을 건설할 수 있는 방법은, 그래, 일단 성별 체제를 안드로메다로 훅 날려버리는 것일 수 있다. 그러면 일단 괴상한queer; 퀴어 것들이 판치면서 자꾸 새로운 젠더 개념을 발명하는 것에 공포와 분노를 느끼는 주류 남성중심권력(교회, 학교,

정부…)과 유독 게이를 열심히 혐오하는 남성 호모포비아들을 상대 안 해도 된다. 그들이 아예 존재를 안 하니까! 낄낄.

관용보다 실험과 실습!

I Ask for Experiments Rather than Tolerance

성별 체제를 넘어서자. 이 발상 자체는 꽤 마음에 드는데 현실성은 있는 것인지 도통 감이 오지 않는다면, 지금 실생활에서 바로 실습하면서 적어도 자기 삶에선 **혁명적 시간을 미리 살아볼 수** 있다. 연애 얘기는 원래 깔때기 같은 화제니까 거기서 시작해보자. 부부, 연애, 썸 타는 중, 아니면 판타지에서라도 다르게 사랑하자. 먼저 성별 정체성이나 성 역할을 대신할 것을 궁리하고 실행해보자. 성별을 잊고, 다른 어떤 정체성을 연기하면서 그로 인해 느껴지는 끌림, 설렘, 욕망을 즐기면 된다. 나와 현재 애인에겐 기분따라, 때와 장소에 따라 고를 수 있는 다양한 정체성 세트가 있다. 일어나기 싫은 아침, 월경전 우울감이 심할 때, 한국에 두고 온 누룽지가 그리울 때 나는 그로부터 멍멍이를 소환한다. 반려인-반려견 세트다. 그는 내 목덜미를 핥고 내 귀에 대고 킁킁거리고 네 발로 뛰어다니고 다채롭게 짖는다. 나는 그를 부드럽게 쓰다듬어 주고, 주둥이를 붙잡고 뽀뽀해주고, '손'을 시킨 뒤에 간식을 준다. 그와 나는 평소엔 코뿔소와 토끼다. 코뿔소는 좀 느리지만 튼튼하다. 토끼는 잽싸고 신경이 예민하다. 또, 그는 나의 전담 안마사이고 나는 흰머리와 눈썹, 코털을 특별

관리해주는 전속 미용사다. 나는 한국, 인도, 중국, 일본 레시피를 잘 소화하는 요리사이고, 그는 이탈리아 할머니와 멕시칸 셰프에게 전수받은 솜씨를 뽐낸다. 나는 조만간 생길 문화기획사의 사장이고 그는 내 비서다. 심리상담사-회계사, 사진 강사-운전 강사 세트도 있다. 너는 남자니까, 나는 여자니까, 이런 구분 따위 없어도 우린 각자의 차이와 욕구, 취향 사이에서 매 순간 줄타기하며 수많은 역할을 기꺼이 맡는다.

이제 좀 더 야한 얘기로. 성별 없는 섹스, 혹은 성별과 별 상관 없는 섹스가 가능할까? 케이트는 책에서 다양한 예시를 펼쳐 보인다:

- **섹스 모델**
  지배자-피지배자, 3인 혹은 그 이상, 주인-노예, 장애인, 부모-자식 등

- **게이와 레즈비언의 섹스**
  이 둘이 섹스하면 그건 대체 뭔가? 두 사람은 이성애자가 양성애자 되나? 꼭 그렇진 않다. 두 사람이 퀴어고 그들이 젠더와 상관없는 섹스를 하면 그건 그냥 '퀴어 섹스'로 보면 된단다.

- **선호 행위에 따른 분류 (주거나 받음)**
  주먹 삽입, 항문 성교, 구강성교, SM, 발 페티시, 골든샤워(오줌), 유니폼, 연하 선호, 스캇(대변) 플레이, 본디지, 채찍, 피어싱, 생리 중 여성, 그룹 섹스, 가슴 애무, 매춘

세 번째 '행위에 따른 분류'를 처음 보고 사실 난 어이없어서 웃었다. 맞아, 섹스가 저렇게 다양할 수 있지. 저 리스트 중에서 난 이제껏 일곱 개 정도 해봤고, 다 좋았다. 나머지는 안 해봤지만 해보고 싶은 것도 있고, 완전히 비호감인 것도 있다. 문득 저 리스트에서 아예 빠진, 성별과 연결된 **페니스-질 결합 섹스도 취향의 문제일 뿐**이라는 생각이 들었다. 그리고 그건 진짜 아하!였다. 임신을 위한 성행위가 아니라면 (그조차 인공수정이란 선택지가 있다) 페니스-질 섹스는 해도 그만 안 해도 그만인 것이다. 이처럼 우리에게 절실히 필요한 건, 앞으로 쟁취해야 할 것은 '섹스 다양성'이다. 관점을 달리하니 좀 허무하기까지 했다. 난 성기 결합 섹스가 껄끄럽고 아프고, 그래서 별로 원하지도 않았는데 그런 스스로를 '섹슈얼리티에 한계가 있다'고 규정했다는 것이. 내가 스캇플레이를 원하지 않듯이, 페니스-질 섹스도 그저 내 취향이 아닌지 모른다. 뭐랄까, 그냥 그렇게 못 생긴 게 내 몸 속으로 들어온다는 게 달갑지 않고, 민감하고 연한 내 질에 과격한 마찰이 가해지는 게 부담스럽다. 오르가슴에 이르는 방법은 무궁무진한데 왜 꼭 그걸 해야 해? 몇 년 동안 고민한 문제가 한순간에 풀리면서 앞으로 더 재밌게 다양한 섹스를 해보겠다는 의욕이 올라오는 걸 느꼈다.

나아가 주어진 성별 정체성을 **의심하고 무효화**하기 시작하면 당연히 혼란이 줄줄이 따라온다. 내가 여자인지, 내 애인이 남자인지 확신할 수가 없으면 지금 이 관계는 이성애인지 양성애인지 뭔지도 알 수가 없다. 난 누구? 여긴 어디? 푸하하… 정말 재밌다. 페니스가 달렸다고 무조건 남자인 것도 아니니 페니스와 남근 권력을 비로소 분리할 수도 있게 된다. 사실 남근 권력은 이쯤 되면 극도의 혼란을 못 견디고 뿔뿔이 해체되고 말 것이다. 나는 이 유쾌한 혼돈 속으로 더 많은 사람들이 다같이, 더 자주 빠져버리길 원한다. 흔히 퀴어이즘을 논할 때 똘레랑스(관용)를 말한다. 나와 다른 사람을 있는 그대로 인정하고 공존하는 것이 성숙한 공동체 의식이라고. 물론 맞는 말이다. 그것만 되도 이 세상은 딴 세상이다. 하지만 내 야심은 거기서 멈추질 않는다. 지금 범성애를 넘보는 나는 언젠가 젠더의 규칙도 경계도 모른다는 젠더 플루이드(유동적인 젠더)가 될지도 모른다. 타자에 대한 관용과 존중에서 더 나아가 그들의 이야기를 내 이야기로도 만든다. **삶을 풍요롭게 만드는 발칙한 젠더 혁명**을 원한다. 그리고 이것은 살아 있는 한 계속될, 나의 **가장 길고 흥미로운** 프로젝트다.

7.
나의 섹슈얼리티 이상향을 쓰며

Writing Down My Sexuality Ideals

sexuality

해가 바뀌면 새해 목표와 다짐을 적듯이, 나는 앞으로 매년 '섹슈얼리티 이상향'을 적어볼까 한다. 서른 살을 맞은 올해부터, 흰머리가 차츰 눈에 띌 마흔 살, 애증의 월경과 작별하는 쉰 살, 주름꽃이 만개할 예순 살, 그리고 그 이후에도 쭉. 내 삶이 파란만장하면 할수록 나의 섹슈얼리티 역시 때로는 화려하게, 때로는 처절하게 춤을 추겠지. 올해 내가 꿈꾸는 섹슈얼리티 이상향은 **치유와 성장**의 다른 이름이다. 과거의 상처와 사회적 현실에 대한 분노, 억울함, 두려움을 기억하되 그로 인해 오늘의 섹슈얼리티 실천이 제한되지 않았으면 한다. 또, 몸과 마음이 서로 긴밀하게 호응하는 가운데 **자유롭고 건강한 나만의 고유한 섹슈얼리티**를 탐구하고 싶다. 내 안에 자리 잡은 성적 고정관념과 편견은 더 열심히 발굴하고 밖으로 쓸어낼 것이다. 성 정체성의 문제에서 가능성을 계속 열어두고, 유쾌한 혼란 속에 되도록 많은 사람들과 소통하고 싶다. 그리고 마지막 다짐. 아마도 매년 빠지지 않고 등장할 이 항목은 바로 **지성-이성-영성-감성이 조화를 이루는 섹슈얼리티 탐구 생활**하기이다. 삶이 매일 무언가를 새롭게 배우고 일깨우는 과정이듯이, 섹슈얼리티에 있어서도 나는 매일 크고 작은 지식, 지혜, 경험을 축적해나갈 것이다.

이 긴 섹슈얼리티 여정 곳곳에서 당신들을 만나고 싶다. '그녀'도 '그'도 아닌 그냥 '우리'가 함께 걸었으면 좋겠다. 각자 품은 꿈과 상처, 욕망과 고통은 꼭 같지 않지만 서로 끌어주고 잡아주며 이 모험을 함께하기를 원한다. 가는 길목마다 나비처럼 떼 지어 춤을 추자. 강하고 자유롭고 섹시한 춤을!

월경 만다라

이것은 미란다 그레이의 월경 주기 4단계에 착안해 만든 월경 만다라입니다.
월경 주기에 따른 여성의 신체 각 단계에 모두 긍정적인 의미를 부여하면서,
그 시기에 적절한 활동, 운동법과 식단, 명상이나 요가법을 기록하고 수행하는 데 의미를 둡니다.
산스크리트어로 본질을 뜻하는 만다라를 통해,
각자의 마음을 살펴보고 자신을 수용하고 창의적인 에너지를 발견하는 힘을 얻길 바랍니다.
이 만다라에서 표현된 꽃은 새롭게 출발할 수 있는 봄, 새 생명을 상징합니다.
그리고 별은 개개인의 영혼과 영감, 창조성, 열성 등을 의미합니다.

색과 모양에 따른 자세한 설명은 아래의 주소로 접속해 확인하시면 됩니다.
설명 참조: http://iii.im/22ED

사용법

01 자신의 생리 주기에 맞춰, 달 모양 옆에 색을 칠합니다.
(주기가 정확하신 분은 날짜를 적어도 좋습니다.
달이 하얗게 비었을 때가 월경 시작일, 보름달이 뜰 때를 배란기로 봅니다.)

02 각 단계에 맞춰 자신의 신체 리듬을 기록합니다. (본문 271쪽 참조)
단계별 명칭은 본인에게 해당하는 단어로 만들어서 기록합니다.

예시)

1단계	**성찰하는 단계** reflexive phase	월경주기의 1~5일. 월경일과 일치
2단계	**역동적인 단계** dynamic phase	월경주기의 6~13일 출혈이 끝난 이후부터 배란일 직전까지
3단계	**표현하는 단계** expressive phase	월경주기의 14~20일. 배란기와 일부 겹침
4단계	**창조적인 단계** creative phase	월경주기의 21~28일

03 원 바깥의 꽃잎에 자신의 내면에 채워지길 바라는 단어를 적어봅니다.

04 원 가운데의 만다라 문양에 (명상하는 마음으로) **원하는 색을 칠해주세요.**